新时代市域社会治理现代化的实践探索

绍兴公安创新发展新时代“枫桥经验”

ECUPL 1952-2022

汪伟全 等 著

2021年度科技部国家重点研发计划项目
“多元矛盾纠纷成因分析及疏导技术研究与应用示范”（2021YFC3300500-01）

法律出版社
LAW PRESS·CHINA
北京

图书在版编目(CIP)数据

新时代市域社会治理现代化的实践探索 ：绍兴公安创新发展新时代“枫桥经验” / 汪伟全等著. -- 北京 ：法律出版社, 2024

（华东政法大学70周年校庆文丛）

ISBN 978 -7 -5197 -8427 -0

Ⅰ. ①新… Ⅱ. ①汪… Ⅲ. ①城市管理－社会管理－现代化管理－研究－绍兴 Ⅳ. ①D675.53

中国国家版本馆CIP数据核字（2023）第190414号

新时代市域社会治理现代化的实践探索

——绍兴公安创新发展新时代“枫桥经验”

XINSHIDAI SHIYU SHEHUI ZHILI XIANDAIHUA DE SHIJIAN TANSUO

—SHAOXING GONG'AN CHUANGXIN FAZHAN XINSHIDAI “FENGQIAO JINGYAN”

汪伟全　等著

策划编辑 沈小英
责任编辑 沈小英 任 娜
装帧设计 李 瞻

出版发行 法律出版社
编辑统筹 法治与经济出版分社
责任校对 王语童
责任印制 吕亚莉
经　　销 新华书店

开本 710毫米×1000毫米 1/16
印张 14　**字数** 259千
版本 2024年8月第1版
印次 2024年8月第1次印刷
印刷 北京中科印刷有限公司

地址:北京市丰台区莲花池西里7号(100073)
网址:www.lawpress.com.cn
投稿邮箱:info@lawpress.com.cn
举报盗版邮箱:jbwq@lawpress.com.cn

销售电话:010 - 83938349
客服电话:010 - 83938350
咨询电话:010 - 63939796

书号:ISBN 978 -7 -5197 -8427 -0　**定价**:86.00元

凡购买本社图书,如有印装错误,我社负责退换。电话:010 - 83938349

谨以此书献给华东政法大学70周年华诞！

以心血和智慧服务法治中国建设

——华东政法大学70周年校庆文丛总序

华东政法大学成立70周年了！70年来，我国社会主义法治建设取得一系列伟大成就；华政70年，缘法而行、尚法而为，秉承着“笃行致知，明德崇法”的校训精神，与共和国法治同频共振、与改革开放辉煌同行，用心血和智慧服务共和国法治建设。

执政兴国，离不开法治支撑；社会发展，离不开法治护航。习近平总书记强调，“没有正确的法治理论引领，就不可能有正确的法治实践。高校作为法治人才培养的第一阵地，要充分利用学科齐全、人才密集的优势，加强法治及其相关领域基础性问题的研究，对复杂现实进行深入分析、作出科学总结，提炼规律性认识，为完善中国特色社会主义法治体系、建设社会主义法治国家提供理论支撑”。

厚积薄发七十载，华政坚定承担起培养法治人才、创新学术价值、服务经济社会发展的重要职责，为构建具有中国特色的法学学科体系、学术体系、话语体系，推进国家治理体系和治理能力现代化提供学理支撑、智力支持和人才保障。砥砺前行新时代，华政坚定扎根中国大地，发挥学科专业独特优势，向世界讲好“中国之治”背后的法治故事，推进中国特色法治文明与世界优秀法治文明成果交流互鉴。

“宛如初升的太阳,闪耀着绮丽的光芒”——1952年11月15日,华东政法学院成立之日,魏文伯院长深情赋诗,“在这美好的园地上,让我们做一个善良的园工,勤劳地耕作培养,用美满的收获来酬答人民的期望”。1956年6月,以“创造性地提出我们的政治和法律科学上的成就”为创刊词,第一本法学专业理论性刊物——《华东政法学报》创刊,并以独到的思想观点和理论功力,成为当时中国法学研究领域最重要的刊物之一。1957年2月,更名为“法学”,坚持“解放思想、不断进步”的治学宗旨,紧贴时代发展脉搏、跟踪社会发展前沿、及时回应热点难点问题,不断提升法学研究在我国政治体制改革中的贡献度,发表了一大批高水平的作品。对我国立法、执法和司法实践形成了重要理论支持,在学术界乃至全社会产生了巨大影响。

1978年12月,党的十一届三中全会确定了社会主义法制建设基本方针,法学教育、法学研究重新启航。1979年3月,华东政法学院复校。华政人勇立改革开放的潮头,积极投身到社会主义法制建设的伟大实践中。围绕“八二宪法”制定修改、土地出租问题等积极建言献策;为确立社会主义市场经济体制、加入世界贸易组织等提供重要理论支撑;第一位走入中南海讲课的法学家,第一位世界贸易组织争端解决机构专家组中国成员,联合国预防犯罪和控制犯罪委员会委员等,都闪耀着华政人的身影。

进入新世纪,在老一辈华政学人奠定的深厚基础上,新一代华政人砥砺深耕,传承中华优秀传统法律文化,积极借鉴国外法治有益成果,为中国特色社会主义法治建设贡献智慧。16卷本《法律文明史》陆续问世,推动了中华优秀传统法律文化在新时代的创造性转化和创新性发展,在全国人民代表大会制度、互联网法治理论、社会治理法治化、自贸试验区法治建设,以及公共管理、新闻传播学等领域持续发力,华政的学术影响力、社会影响力持续提升。

党的十八大以来,学校坚持以习近平新时代中国特色社会主义思想为指导,全面贯彻党的教育方针,落实立德树人根本任务,推进习近平法治思想的学习研究宣传阐释,抓住上海市高水平地方高校建设契机,强化“法科一流、多科融合”办学格局,提升对国家和上海发展战略的服务能级和贡献水平。在理论法学和实践法学等方面形成了一批“立足中国经验,构建中国理论,形成中国学派”的原创性、引领性成果,为全面推进依法治国,建设社会主义法治国家贡献华政智慧。

建校70周年,是华政在“十四五”时期全面推进一流政法大学建设,对接国家重大战略,助力经济社会高质量发展的历史新起点。今年,学校将以“勇担时代使命、繁荣法治文化"为主题举办"学术校庆"系列活动,出版"校庆文丛"即是其重要组成部分。学校将携手商务印书馆、法律出版社、上海人民出版社、北京大学出版社等,出版70余部著作。这些著作包括法学、政治学、经济学、新闻学、管理学、文学等多学科的高质量科研成果,有的深入发掘中国传统法治文化、当代法学基础理论,有的创新开拓国家安全法学、人工智能法学、教育法治等前沿交叉领域,有的全面关注"人类命运共同体",有的重点聚焦青少年、老年人、城市外来人口等特殊群体。

这些著作记录了几代华政人的心路历程,既是总结华政70年来的学术成就、展示华政"创新、务实、开放"的学术文化;也是激励更多后学以更高政治站位、更强政治自觉、更大实务作为,服务国家发展大局;更是展现华政这所大学应有的胸怀、气度、眼界和格局。我们串珠成链,把一颗颗学术成果,汇编成一部华政70年的学术鸿篇巨作,讲述华政自己的"一千零一夜学术故事",更富特色地打造社会主义法治文化引领、传承、发展的思想智库、育人平台和传播高地,更高水准地持续服务国家治理体系和治理能力现代化进程,更加鲜明地展现一流政法大学在服务国际一流大都市发展、服务长三角一体化、服务法治中国建设过程中的新作为、新担当、新气象,向学校70年筚路蓝缕的风雨征程献礼,向所有关心支持华政发展的广大师生、校友和关心学校发展的社会贤达致敬!

七秩薪传,续谱新篇。70年来,华政人矢志不渝地捍卫法治精神,无怨无悔地厚植家国情怀,在共和国法治历史长卷中留下了浓墨重彩。值此校庆之际,诚祝华政在建设一流政法大学的进程中,在建设法治中国、实现中华民族伟大复兴中国梦的征途中,乘风而上,再谱新章!

郭为禄
叶　青
2022年5月4日

时代之间的绍兴答卷（序）

市域社会治理是国家治理和基层治理的关键环节,同时也是国家治理的重要基石。党的十九届四中全会提出“加快推进市域社会治理现代化”之后,党的十九届五中全会进一步提出“加强和创新市域社会治理,推进市域社会治理现代化”,这集中凸显了市域社会治理现代化的重要性和紧迫性。

与此同时,新时代“枫桥经验”是党领导人民创造的一整套行之有效的社会治理方案。新时代“枫桥经验”被写入《中国共产党农村基层组织工作条例》、2019 年和 2020 年中央“一号文件”①、2019 年《国务院政府工作报告》、党的十九届四中全会《中共中央关于坚持和完善中国特色社会主义制度 推进国家治理体系和治理能力现代化若干重大问题的决定》、党的十九届五中全会《中共中央关于制定国民经济和社会发展第十四个五年规划和二〇三五年远景目标的建议》、党的十九届六中全会《中共中央关于党的百年奋斗重大成就和历史经验的决议》以及《中共中央国务院关于支持浙江高质量发展建设共同富裕示范区的意见》等党和国家重要文件。

---

① 《中共中央国务院关于坚持农业农村优先发展　做好“三农”工作的若干意见》,人民出版社 2019 年版,第 21 页;《中共中央国务院关于抓好“三农”领域重点工作　确保如期实现全面小康的意见》,人民出版社 2020 年版,第 17 页。

习近平总书记要求“坚持和发展新时代‘枫桥经验’”。[①]全国学枫桥，枫桥怎么办？绍兴市怎样在社会治理体系和治理能力现代化方面取得新的进展？绍兴公安怎样为此作出新的贡献？

这是摆在绍兴公安面前的“时代之问”。为此，对该问题展开为期2年的研究，形成了此书。

“枫桥经验”是在党的领导下，基层干部群众创造的有效化解各类社会矛盾冲突的经验做法。“枫桥经验”是发展、开放的系统，其内涵与理论体系在发展中不断完善。2021年，坚持和发展新时代“枫桥经验”写入《中共中央关于党的百年奋斗重大成就和历史经验的决议》，[②]“枫桥经验”实践从农村走向城市，从派出所走向全警，从公安走向市域，以新的内涵和功能作用于市域社会治理。

“枫桥经验”的可持续性在于其内核中人民本位、群众路线、公民参与、民主协商等对治理的有效支撑以及与国家治理现代化目标的契合。它的成功在于自我调试下与治理环境、治理需要的相洽，塑造稳固的治理结构实现治理功能。经验性理论源于实践又作用于实践，在修正与反哺过程中互相促进。但在社会治理日趋复杂的环境下，“枫桥经验”不仅面临着自身进一步创新发展的挑战，还面临着政策扩散的压力。在国家与地方多层互动下，“枫桥经验式治理”“枫桥式公安派出所”等实践在多地扩散。有效扩散的前提是经验本身成为可复制与推广的理论模式，并且该模式能够有效应对复杂风险背景下的挑战，满足新时代人民群众对更高水平的平安中国的需要。因此，“枫桥经验”的理论研究有待进一步推进。

习近平总书记多次强调“坚持和发展新时代‘枫桥经验’”[③]。如何坚持、如何发展，使新时代“枫桥经验”满足新形势下的治理要求，并对其进行结构性概括，成为可推广、可复制的模式尤为重要。

市域社会治理是一个新的概念，体现的是国家对推进社会治理现代化的总体要求在“市域”范围内的落实。“市域层面具有较为完备的社会治理体系，具有解决社会治理中重大矛盾问题的资源能力，是将风险隐患化解在萌芽、解决在基层的

---

① 中央农村工作领导小组办公室组织编写:《习近平关于“三农”工作的重要论述学习读本》，人民出版社2023年版，第107页。

② 参见《中共中央关于党的百年奋斗重大成就和历史经验的决议》，载求是网，http://www.qstheory.cn/yaowen/2021-11/16/c_1128070038.htm。

③ 中央农村工作领导小组办公室组织编写:《习近平关于“三农”工作的重要论述学习读本》，人民出版社2023年版，第107页。

最直接、最有效力的治理层级”。[①]市域是新时代“枫桥经验”实践与发展的新场域。将新时代“枫桥经验”作用、服务于市域社会治理是一个新的研究重点,也是市域社会治理现代化的实现路径探究。

市域社会治理范围广泛,是一个大命题,需要一个中观切入点。公安机关作为市域社会治理的重要主体,具有一定代表性,且“枫桥经验”诞生于公安系统的地方实践,公安机关以“枫桥经验”为引领参与社会治理有着文化优势和历史传统。

对公安机关这一治理主体进行研究,需要回答三个问题:

第一,市域社会治理与公安机关有何关系?

第二,“枫桥经验”与公安机关有何关系?

第三,“枫桥经验”对公安机关从事社会治理有什么特殊作用?

这三个问题是本书的基本课题。对上述问题的学术回应即尝试对“枫桥经验”进行系统的理论构建和治理模式建构,以期形成可推广的基本理论和基本模式。

“枫桥经验”诞生于浙江省绍兴市诸暨市。绍兴公安与“枫桥经验”有着密切的历史渊源。绍兴公安作为新时代“枫桥经验”实践的“排头兵”,不仅在对“枫桥经验”的理解上有着自身优势,更重要的是对其创新和发展有着特殊的使命感和责任感。党的十八大以来,绍兴公安,一方面,积极发掘“枫桥经验”的本质和内涵,继承与实践其核心要义;另一方面,在新时代“枫桥经验”引领下改革体制、机制,破解治理顽疾,建立了与市域社会治理现代化相匹配的现代化警务,取得了显著的治理效能,因而具有实践与理论多维度的研究意义。通过对绍兴公安创新发展新时代“枫桥经验”的研究,可以有效回应上述三个问题。

一、市域社会治理与公安机关的关系

市域社会治理是社会治理的创新,对治理现代化有着更为迫切和高标准的要求。同时,在复杂风险环境下,对社会稳定环境的更高需求也需要公安机关积极参与,发挥引领作用。公安机关作为社会治理的重要主体,在现代化建设过程中也需要主动贴合市域社会治理理论。

其一,市域社会治理在治理责任上要求公安机关参与。社会的安全与稳定是国家与政府产生的原因之一。在契约论视角下,人们为了满足基本的人身安全和财产安全需求,相互订立契约,让渡个体权力组成国家和政府,由公共部门

---

① 龚维斌:《加强和创新基层社会治理》,载光明网,http://epaper.gmw.cn/gmrb/html/2020-09/18/nw.D110000gmrb_20200918_1-15.htm。

行使公共权力维护公共安全。在马克思主义视角下，矛盾具有普遍性，当社会发展处于特定时期，国家或政府的缺失会使社会陷入自我矛盾，分裂为不可调和的对立面。因而，国家与社会治理中对社会安全稳定的维护是必然的。在当前社会发展阶段，公安机关作为维护社会安全稳定的主体之一，具有不可或缺、不可替代的作用。

其二，市域社会治理需要公安机关打造安全稳定的治理环境。市域社会治理提出的原因之一是为了更好地实现对社会风险的治理。随着现代化特别是城市化的日益深入，社会发展过程中的“城市病”“城乡冲突”“公共服务不均衡”等现实问题影响着市域发展与社会稳定。随着互联网平台与信息技术的发展，公共安全在虚拟空间和线下之间震荡，社会风险治理日趋复杂。“市域社会治理做得怎么样，事关顶层设计落实落地，事关市域社会和谐稳定，事关党和国家长治久安。”①在市域社会治理中，公安机关不仅需要发挥积极作用，在部分领域还要发挥引领作用，为市域社会治理开展提供一个基础的稳定环境。

其三，公安机关作为社会治理的主体之一，在新时代背景下同样需要现代化，需要与市域社会治理理论紧密结合。自改革开放以来，我国公共部门进行了9次重大改革，对公共管理理念进行了创新，转变了公共部门行政职能，调整了行政关系，使公共行政效能得到了提高②。“治理”与“善治”已成为一种社会普遍性共识，服务、开放、透明、法治等成为治理现代化的目标。市域社会治理理论是我国社会治理理论本土化的创新，兼具西方治理理论中开放、协同等理念和中国特色社会主义制度下的人民性。公安机关这一主体主动参与到市域社会治理中，即是对市域社会治理理论的吸收与实践，有助于治理主体自身的改革。

本书在第一章“市域社会治理现代化的时代使命”、第九章“绍兴公安市域社会治理的理论与实践意义”、第三章第四节“公安机关在市域社会治理现代化中的任务”等章节，详细论述市域社会治理与公安机关之间的关系。市域社会治理是实现社会风险有效治理的目标，公安机关则是实现这一目标的重要载体。

二、“枫桥经验”与公安机关的关系

“枫桥经验”诞生于地方公安机关的工作实践，发展于公安机关的工作实践，

---

① 陈一新：《推进新时代市域社会治理现代化》，载《人民日报》2018年7月17日，第7版。

② 参见王海燕：《我国公共管理发展的历程、成就与经验教训》，载《中共山西省委党校学报》2011年第2期。

在某种程度上可以说,当初如果没有公安机关的推动,就难以形成“枫桥经验”,更无法形成政策的扩散。这也注定“枫桥经验”的实践与公安机关始终具有密切关系。“枫桥经验”之所以得到发展和扩散在于其能够有效服务于治理主体,公安机关也需要新时代“枫桥经验”引领。

首先,“枫桥经验”诞生和发展于绍兴公安的工作实践。1963 年 5 月,《中共中央关于目前农村工作中若干问题的决定(草案)》印发,以此作为指导当时正在开展的农村社会主义教育运动的纲领性文件。浙江省诸暨县(现为诸暨市)被选为试点地区之一,时任浙江省公安厅党组副书记、副厅长吕剑光和从浙江省公安厅、浙江省宁波市公安处抽调的 30 多名公安民警参加了这次试点工作。① 正是在公安机关的推动下,浙江省诸暨县枫桥镇的党组织领导干部群众理性地选择了以发动群众、教育说理的方式教育、改造“四类分子”,出现了在教育、改造过程中不打人、不捕人的良好局面。枫桥镇的做法得到毛泽东同志的肯定,并要求好好总结枫桥的经验。发动和依靠群众,坚持矛盾不上交,就地解决,实现矛盾少、治安好的“枫桥经验”诞生。随后,“枫桥经验”被公安机关应用于改造流窜犯、开展帮扶教育、为“四类分子”评审摘帽等工作中。改革开放后,社会矛盾与社会环境发生变化,公安机关特别是基层派出所又将“枫桥经验”推广至基层社会矛盾纠纷化解、社会治安维护等领域,形成了“小事不出村,大事不出镇,矛盾不上交”的经验。新时代背景下,社会治理任务繁重,公安机关大力推广“枫桥经验”、发展创新“枫桥经验”,形成“矛盾不上交、平安不出事、服务不缺位”等新内涵,并在全国范围内创建“枫桥式公安派出所”,使这一经验得到进一步推广。公安机关持续推动“枫桥经验”的发展,使其与社会治理、市域社会治理紧密结合,贴合服务型政府与社会治理现代化需要,保持了“枫桥经验”的生命力。

可以说,公安机关的实践奠定了“枫桥经验”的基本内容;公安机关的丰富与发展,使“枫桥经验”在实践中深化了内涵、始终保持与时俱进的活力与社会适用性;公安机关的推动,使“枫桥经验”超越地方性经验上升为国家层面的治理经验与政策。

其次,“枫桥经验”实践与公安机关密切相关。当前对“枫桥经验”的研究和实践存在一定不足。包括理论层面泛化,或是在既定的治理理论上验证和优化“枫桥经验”。这类研究虽然在一定程度上有助于解释“枫桥经验”,但在话语体系上

---

① 参见全国公安文联、诸暨市公安局编:《枫桥经验故事集》,群众出版社 2018 年版,第 3 ~4 页。

并没有多大创新,研究导向依旧是西方治理理论,这不仅不利于中国特色治理理论的构建,还有可能冲淡"枫桥经验"的自身特性,使经验"异化"。在实践层面则表现在对"枫桥经验"的滥用,"枫桥经验"似乎成为"万能"的工具,被机械应用于社会治理各领域。这种滥用看似推广了"枫桥经验",实则使该经验成为一种宣传口号,在实践中逐渐削弱其合法性与正当性。"枫桥经验"实践的核心领域是社会安全稳定,而非直接作用于经济发展、生态修复等,也不可能跃升为解决所有社会问题的工具。实际上,"枫桥经验"并非直接作用于社会治理,而是需要相应的载体。如前所述,公安机关对维护社会安全稳定有着不可推卸的责任和使命,在机构设置上也自然是经验实践的核心主体。而且,"枫桥经验"要更好地发挥作用,促进社会和谐稳定,也需要公安机关这一重要主体的实践。

最后,公安机关需要新时代"枫桥经验"的指引。为人民利益而奋斗,是马克思主义政党同其他政党的根本区别。在中国特色社会主义制度下,各权力机关权力分配不同、职责不同、功能不同,但都需要体现人民性,彰显人民性。公安机关作为执法机关,权责广泛,工作内容与群众密切相关,权力的行使与结果直接影响着群众的生活,也影响着群众对党和政府的评价。在基层,公安派出所等机构更是乡镇政府和群众少部分能够直接依赖的执法力量。我国公安机关除了打击犯罪等刚性执法,还肩负众多社会服务功能,甚至要介入原本不属于职责范围内的工作。这就对公安机关提出了更高的要求,既要保证公安队伍的战斗本色又要贴合服务型政府的需求。在现实境遇下,我国公安机关特别是派出所一直面临着人员不足、资源不齐等难题,打击违法犯罪、维护社会治安、调解社会矛盾等任务需要大量力量,公安机关的自身能力有限,还需要一定的社会力量的介入和辅助。而"枫桥经验"就很好满足了上述要求,能够弥补公安机关自身的不足。"枫桥经验"强调积极的公安工作,及早介入问题,尽可能减少事件恶化或扩大的可能;强调贴近基层,与群众面对面,而非单纯充当事后执法机关;强调发动群众、充分调动社会资源,补充基层有限警力,形成良好的互动。正是在"枫桥经验"的引领下,公安机关能够实现"自律与他律、刚性与柔性、治身与治心"的有机统一,浙江省绍兴市社会治理进入"人人有责、人人尽责、人人共享"的良好局面。

本书第二章较为系统地归纳了"枫桥经验"的诞生与发展,厘清在发展中"枫桥经验"与公安机关之间的紧密关系。第三章"枫桥式公安派出所"的创建与发展同样是为了进一步说明两者间关系,第一章第二节"绍兴市域社会治理的使命与责任"等章节则详细论述了公安机关为什么需要"枫桥经验"。

三、“枫桥经验”与公安机关参与市域社会治理的特殊关系

“枫桥经验”与公安机关参与市域社会治理的特殊关系及其作用,是本书的重点内容,也是对绍兴公安实践的系统概括和新时代“枫桥经验”在公安机关实践的理论解释。

绍兴公安在新时代“枫桥经验”的引领下,在市域社会治理中发挥着重要作用,其作用的逻辑可以用“理念—结构—功能”进行概括。“枫桥经验”指引公安机关形成市域社会治理的基本理念,这种理念影响着治理结构的重塑。而通过警务结构的改革,绍兴公安构建了现代化警务结构,满足市域社会治理对社会稳定环境的需求。理念的作用与结构的改革最终都体现在功能上(本书第七章、第八章)。

一是理念作用。理念是治理活动的前提与基础,也是治理主体对治理活动具体安排达成的一种共识。新时代“枫桥经验”强调对社会风险的整体性治理,包括治理主体的结构整合、资源整合等多方面,这是一种积极性的治理理念。在这种理念的引领下,绍兴公安完成了内部整合,各层级、各职能机构的改革顺利进行,治理的注意力得到合理分配与集中,社会矛盾纠纷、社会治安治理等方面的工作能够形成统一意见。理念上的统一与整合还使结构改革拥有足够的动力,部门、警种的利益障碍得以破除,顺利度过改革的“阵痛”。“枫桥经验”下的积极性理念还使公安机关能够主动介入,对社会风险进行全过程治理。这种理念已经内化于绍兴公安和广大民警,成为一种文化共识,具有极强的正向作用。这种理念的作用满足了公安机关对市域社会的治理要求。市域社会治理的提出和目标即是构建一种新的整体性治理,从而实现理念在源头上的相洽。

二是结构作用。在新时代“枫桥经验”引领下,绍兴公安主要在警务模式(第四章)、警务体系(第五章)、警务机制(第六章)等领域进行改革,重塑整个公安机关的治理结构。根据“枫桥经验”中的“矛盾不上交”,浙江省绍兴市公安局构建了前置性社会风险治理体系;根据“平安不出事”,创新全方位的基层警务;结合“服务不缺位”,创建了共建共治共享的社会治理格局。针对“枫桥经验”关于服务和精细化治理的新内涵,绍兴公安开发了全域旅游智慧警务、民意感知警务、乡警回归警务、项目警官制等特色警务。这些特色警务不仅满足了特定主体的特定需求,还在整个市域层面形成了“品牌效应”。在警务机制层面,绍兴公安在“枫桥经验”的加持与驱动下,对警务决策机制进行了整体改革;在警务执行机制上,按照风险闭环治理原则进行了改革;在保障机制上,从公安系统内外两个系统出发,进行

双向改革；在监督机制上，以人民为中心进行优化改革，形成了现代化的警务机制。绍兴公安的结构改革使当地整个公安系统战斗力和服务能力得到有效提升，在市域社会治理中起到一定的引领作用，推动和支持了全市其他领域的社会治理。

三是功能的体现。功能是对新时代“枫桥经验”理念在公安机关的行政管理和公共服务等的实践检验。其功能主要体现在社会矛盾化解和社会治安等领域。通过公安机关的改革，基层力量与基层结构得以调整，组建或参与社会矛盾纠纷调处化解中心（以下简称矛调中心），发挥公安机关在技术层面的优势，赋予“矛调中心”数据与平台优势。在新时代“枫桥经验”的加持下，矛盾调解不再仅限于“不上交”，而是开始转向风险治理，即关口的前移与矛盾的全周期治理。在社会治安领域，社会治安防控体系的建立、平安社会组织力量的培育、整体智治网络的构建使整个治理活动更为高效、智能、平安。

新时代“枫桥经验”、市域社会治理、公安机关三者间的关系可以纳入三角形框架，如图 1 所示。其中，新时代“枫桥经验”是市域社会治理，特别是公安机关开展治理活动的治理理念（灵魂），有效作用和影响治理主体对治理体制机制的设计以及最终服务的产出；市域社会治理及其现代化，是公安机关在“枫桥经验”引领下所要达成的治理目标；公安机关是市域社会治理的重要主体，也是“枫桥经验”实践发展的重要载体。三者之间互相作用影响，达成均衡，持续产出高质的公共服务效能。

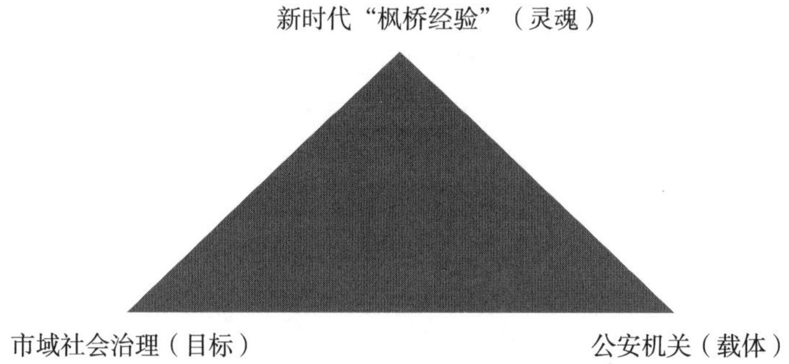

图 1　新时代“枫桥经验”、市域社会治理、公安机关三者间关系

习近平总书记强调要坚持好、发展好新时代“枫桥经验”。①

① 《习近平在浙江考察时强调　始终干在实处走在前列勇立潮头　奋力谱写中国式现代化浙江新篇章》，载《人民日报》2023 年 9 月 26 日，第 1 版。

全国学枫桥,枫桥怎么办?

绍兴公安怎样为此作出新的贡献?

相信读者会说,绍兴公安已对“时代之问”作出了令人满意的回答。

汪伟全

2024 年 1 月

目

录

第一章　市域社会治理现代化的时代使命

第一节　市域社会治理理论和实践

一、市域社会治理的理论基础

（一）治理理论的缘起

治理（governance）这一概念性词汇最早出现于市政学，是由世界银行于1989年讨论非洲发展问题时发明的术语，提出了治理危机（crisis in governance）。治理理论（governance theory）是20世纪90年代在经济学、政治学、管理学学科领域兴起的新理论，在于探索国家和社会公共事务的管理模式。治理理论涉及公共管理（new public governance）、科层治理（hierarchical governance）、市场治理（market governance）、网络治理（network governance）、合作治理（cooperative governance）、协同治理（collaborative governance）、整体性治理（holistic governance）、元治理（meta-governance）等。

治理理论的提出用以克服国家管理危机和科层制调节机制的弊端，适应了快速成长的社会组织集团对于自由民主化运作的强烈追求。

学界公认的治理理论的主要创始人有詹姆斯·N. 罗西瑙（James N. Rosenau）、格里·斯托克（Gerry Stoker）、唐纳德·F. 凯特尔（Donald F. Kettl）、B. 盖伊·彼得斯（B. Guy Peters）、简·库伊曼（Jan Kooiman）、鲍勃·杰索普（Bob Jessop）等人。

我国关于治理理论的研究，约始于20世纪90年代中后期，以毛寿龙（1998年）、俞可平（1999年，2000年）、徐勇（2001年）、王诗宗（2010年）、周雪光（2013年）和邓国胜（2019年）等学者为代表。

对于治理的内涵，不同学者给出的解释有所不同。普遍认为治理是多元主体共同支持的活动，且这些管理主体不一定仅是政府。例如，格里·斯托克认为，在治理视角，社会经济问题的解决过程存在界限和责任的模糊性，其主体并不限于政府，还有政府以外的机构和行为体。①

在治理理论范式下，治理在于创建基于制度、规则的合作参与和新的联合行动共同体，而“参与”“谈判”“协商”是治理的重要关键词②。简·库伊曼将治理视为“政府、私人部门、志愿组织与社区应对复杂、变化和多样世界的动态变化现象”③。治理理论的产生发展与国际化管理活动的出现、信息技术的应用发展和现代管理思想的进步密切相关。治理理论强调社会管理力量多元化、主张对政府角色重新定位、倡导构建政府和其他行动主体共同参与的网络体系，目的是规避传统“自上而下”的科层化运作弊端，提倡参与协作、沟通对话、责任共担、利益共享，着力于重塑新的社会结构和功能。

（二）多中心治理理论

该理论强调参与治理的主体有政府、非政府部门等各类行动主体，网络治理是治理模式发展出的一种典型模式，个体与群体的关系或纽带形成的社会网络（social network）构成网络治理的基础网络组织。关系嵌入与结构嵌入是社会关系网络作用的具体机制形式，互动机制与整合机制是网络治理的两个重要机制。网络治理的目标在于协调促进网络维持运行和维护网络整体功效、运行机能以及维护参与者利益的均衡。

在多中心治理场域中，参与治理的有政府、非政府部门等各类行动主体，治理的运作依靠各利益相关主体共同参与制定的规则、秩序和一致认可的权威，在协商机制、多元参与决策机制的支持下达成方向一致的行动，旨在维护、促进和实现共同的公共利益。罗伯特·罗茨主张将市场激励机制和私人部门管理手段运用于公

---

① 参见［英］格里·斯托克、华夏风：《作为理论的治理：五个论点》，载《国际社会科学杂志（中文版）》1999年第3期。

② 参见唐贤兴：《全球治理与第三世界的变革》，载《欧洲》2000年第3期。

③ Jan Kooiman, *Governance and Govern Ability: Using Complexity, Dynamics and Diversity*, In Modern Governance, ed, Sage, 1993.

共服务，强调效率、法治、责任、善治的公共服务体系，关注政府与社会、公共部门与私人部门的协同、合作与互动，倡导建立在信任与互利基础之上的社会协同治理网络。

关于社会治理，张康之（2004 年）将公共管理看成“社会治理中的一种革命”，建立在“服务价值”的基础上，是一种有别于“传统统治型、管理型的服务型社会治理模式”，认为“公共管理是属于德治与法治相统一的模式”，法律和道德为其存在的本质。在张康之看来，公共管理是属于“德治”性质的全新制度类型，其出现契合了由“权治”到“法治”再到“德治”的治理活动的历史变迁，同时也契合了人类社会制度由“权治”到“法治”再到“德治”的演进历程。①

多元主体参与的新社会形态，合作治理是社会治理变革的归宿。“合作治理模式”需要引导公民、非政府组织、协会和以社区为基础的组织参与公共话语体系建构，建立公民意识，与公民共同投入合作行动。构建由政府、非政府组织及其他社会自治力量组成的社会治理行动者系统是变革的重点，这是由现代社会的“高度复杂性和高度不确定性”消弭了政府本位所导致的结果，体现了“他在性”对“政府本位”的取代，正因如此，服务型政府建设的逻辑是社会治理创新的首应破解之题。②

二、市域社会治理的国家战略

党的十九届四中全会明确指出：“加快推进市域社会治理现代化。”③习近平总书记强调：“推进国家治理体系和治理能力现代化，必须抓好城市治理体系和治理能力现代化。”④2019 年 12 月 3 日，时任中央政法委秘书长陈一新在全国市域社会治理现代化工作会议中指出：“推进市域社会治理现代化，是推进国家治理现代化的题中之义，是崭新的时代命题。”⑤全国市域社会治理现代化试点工作实施方案的出台，标志着试点工作正式启动，并纳入全国平安建设（综治工作）体系，市域治理成为国家治理战略节点。

市域治理在这方面具有独特优势。（1）在重要性方面，市域社会治理是国家

---

① 参见张康之：《公共管理：社会治理中的一场革命（上）》，载《北京行政学院学报》2004 年第 1 期。

② 参见张康之：《合作治理是社会治理变革的归宿》，载《社会科学研究》2012 年第 3 期。

③ 《中共中央关于坚持和完善中国特色社会主义制度 推进国家治理体系和治理能力现代化若干重大问题的决定》，载中国新闻网，http://www.chinanews.com/gn/2019/11-05/8999040.shtml。

④ 李明：《人民日报：不断提高城市治理水平》，载人民网，http://www.opinion.people.com.cn/n1/2020/1221/c1003-31972749.html。

⑤ 陈一新：《市域社会治理现代化试点启动 全部地市都有均等机会参与！》，载微信公众号“中央政法委长安剑”2019 年 12 月 3 日，https://mp.weixin.qq.com/s/v31b1F0fv1T5YuM45sgMag。

治理的基石，要把重大风险化解在市域作为努力方向。① 市域是重大矛盾风险的产生地、集聚地，但市域具有较为完备的社会治理体系，具有解决重大矛盾问题的资源能力和统筹能力，把重大矛盾风险化解在市域效率最高、成本最低、影响最小。(2)在战略层次方面，市域是宏观和微观转承点，是重大矛盾风险的聚集地、化解地，是较多行政资源和较强司法能力的综合体，其要成为社会治理现代化的集成体。(3)在工作重点方面，市域社会治理要重点防范化解政治安全风险、社会治安风险、重大矛盾纠纷、公共安全风险、网络安全风险五类风险。(4)在工作机制方面，建设党委领导、政府负责、群团助推、社会协同、群众参与的“人人有责、人人尽责、人人享有”的社会治理共同体，以“五治”发挥政治引领、法治保障、德治教化、自治强基、智治支撑的作用，构建市域数据共享体系、市域风险防控体系和市域服务供给体系。②

理论与实践中，市域社会治理至少应围绕两条主线展开。第一条主线是在市域社会治理体系方面。以建构都市共同体为目标，充分利用地方立法权，通过社会政策统筹解决不平衡不充分发展的问题。③ 市域社会治理的总体目标需要结合现代化要求作出系统性改革，构建城乡一体化的社会治理体制。④ 提出创新协商民主实践形式，激发市域社会治理效能和潜能。第二条主线是在市域社会治理能力建设方面。市域社会化治理不仅要政府、市场和社会协同合作，还要加强公众参与能力、政社互动能力、协商共治能力、回应监督能力、数据治理能力、平台运营能力等全能力建设；基于浙江省绍兴市社会治理的探索实践，总结了“党的领导 + 自治德治法治”的治理模式，通过提升党组织统筹能力、依法办事能力、文化引领能力、矛盾纠纷预防化解能力、工作推进保障能力等推进市域社会治理现代化。

在实践层面，我国各地开展了市域治理现代化的积极探索，辽宁省沈阳市积极推进智慧城市建设。⑤ 江苏省扬州市以“谋”当头，打造建强市级统筹、县级统抓、乡级统办的社会市域治理中心，建强三级领导指挥架构；以“实”打底，建立三级实

---

① 参见陈一新：《武汉战疫督导50天，倍感市域社会治理亟需现代化》，载微信公众号“中央政法委长安剑”2020年3月28日，https://mp.weixin.qq.com/s/iKAG4UqZUhSsHKL7O18JXA。

② 参见陈一新：《着眼把重大矛盾风险化解在市域 打造社会治理的“前线指挥部”》，载中国长安网，https://www.chinapeace.gov.cn/chinapeace/c100007/2020-10/22/content_12406293.shtml。

③ 参见成伯清：《市域社会治理：取向与路径》，载《南京社会科学》2019年第11期。

④ 参见党国英：《论城乡社会治理一体化的必要性与实现路径——关于实现“市域社会治理现代化”的思考》，载《中国农村经济》2020年第2期。

⑤ 参见李佳、李兆友：《智慧城市建设过程中的社会治理问题研究——以沈阳市为例》，载《东北大学学报(社会科学版)》2017年第6期。

体指挥中心，制定了《乡镇（街道）指挥调度中心设置与工作规范》；以“智”支撑，建设三级智能指挥平台，提升社会治理智能协同协调平台。① 浙江省衢州市、杭州市、温州市、嘉兴市、绍兴市等地是市域社会治理现代化的率先探索城市。此外，一些其他城市也进行了市域社会现代化治理尝试，如福建省厦门市实施“科技治市”②、四川省成都市“5＋1”区域市域社会治理现代化试点和党建引领社区“五步工作法”③、广东省珠海市“五治融合”④、江苏省南通市“一网统管”和“平安前哨”工程⑤、江苏省盐城市推进“法治基石”的市域治理现代化⑥、山东省聊城市“平安聊城”建设等，均是市域社会治理现代化建设的积极有益尝试。

三、市域社会治理的地方实践

党的十八届三中全会以来，中国开启了全面深化改革，着力推进国家治理体系和治理能力现代化建设。“改革的内涵无非是社会治理的变革。”⑦社会治理需要积极变革，改革不适应社会治理现代化的体制机制障碍，构建出一种有效的治理模式，提高社会治理社会化、法治化、智能化、专业化水平。

在治理的区域划分层面，除一般的区域治理外，中国学者结合国家行政区划层级提出“省域治理”“市域治理”“县域治理”“乡域治理”等概念。市域治理是层级概念，是国家治理和省域治理在市域层级的贯彻落实，是国家治理体系运转的枢纽和社会治理的重要维度。

市域治理有广义和狭义的区分。广义的市域治理为“区域一体化意义上的大都市圈或大中型城市群，即以核心城市为中心向外辐射周边城市一体发展、共同繁荣的地方治理格局”；狭义的市域治理则为“行政区划意义上的地级市或设区（县）的大中型城市，以中心城区为轴心带动下辖区（县）和街道（乡镇）协作发展、共同富强的社会治理格局”。二者的区分在于对市域的宽度、广度和内核定位有所差异；并将市域治理的特征概括为枢纽性、整合性、联动性、复杂性，提出坚持以人民

---

① 参见王少鹏：《“平安文化”建设的实践探索与理性思考——以扬州市公安局的实践为例》，载《公安研究》2013 年第 8 期。

② 杨安：《大数据与市域社会治理现代化——厦门实践与探索》，载《经济》2018 年第 Z2 期。

③ 侯麟军、马成粮：《基层党建引领社区治理的创新实践及经验启示——以成都市新都区“五步工作法”为例》，载《行政科学论坛》2020 年第 8 期。

④ 孙莹：《市域社会治理现代化视野下的“珠海实践”》，载《探求》2020 年第 6 期。

⑤ 曹钰华：《南通：打造“平安前哨”工程》，载《人民公安》2020 年第 23 期。

⑥ 参见吴敦：《市域社会治理现代化与地方立法探求——以〈盐城市黄海湿地保护条例〉为视角》，载《人大研究》2020 年第 11 期。

⑦ 张康之：《合作治理是社会治理变革的归宿》，载《社会科学研究》2012 年第 3 期。

为中心、城乡共进、市域主导、多元协同、“五治”融合的治理策略。

在市域治理经验上，我国各地方先行先试，在实践中创出了多种市域治理模式。

第一，自治模式，以浙江省杭州市为代表。浙江省杭州市不仅在自组织建设和多元化社会治理共同体建设上重塑了新治理机制，而且实践出“法德并进”的社会治理模式，将法治与德治在社会治理领域有机结合，取得了良好的政治效益、经济效益和社会效益①。

第二，法治模式，以广东省佛山市为代表。广东省佛山市坚持以法治推进社会治理体系和治理能力现代化，实施以法治护航营商环境建设、以法治强基提升社会治理能力、以法治开路深化行政权力监督制约、以法治助推法治格局完善。广东省佛山市荣获“2020法治政府建设优秀城市”奖，其《法治化营商环境“佛山模式”》案例入选《法治影响中国典范案例汇编》，广东省佛山市司法局获评“2020推进法治政府建设优秀组织”。

第三，德治模式，以浙江省宁波市为代表。2018年以来，浙江省宁波市成为全国文明城市“五连冠”城市，着力推进全域化高水平文明城市，弘扬“爱心宁波·尚德甬城”良好社会风尚，深化群众性精神文明创建活动，全市涌现出国家、省、市等各级别的道德模范，如“中国好人”“浙江好人”“宁波好人”等，以社会主义核心价值观、模范力量凝聚爱心。

第四，共治模式，以广东省广州市为代表。广东省广州市健全党委领导、政府负责、社会协同、公众参与、法治保障的社会治理体制。2019年上半年完成各区、镇街平安促进会（社区社会组织联合会）的组建工作，推行“广州街坊”服务。“广州模式”强调社区（村）议事厅建设全覆盖，坚持基层治理和基层党建相结合，推动政府、企业、社会组织和市民协同参与城市治理，推动社会治理和服务重心向基层下移，提高精细化服务，努力提升群众工作能力。

第五，智治模式，以广东省深圳市为代表。深圳市运用信息和智能技术建设数字政府、智慧城市，提升城市治理质效，推进移动互联网、物联网、人工智能、大数据、云计算、区块链等技术应用到政府运作和城市管理的各领域各环节，将智治落实在政务服务和行政执法、司法工作、网络环境治理等诸方面。例如，在政务服务和行政执法方面，深圳市推行互联网人工智能+政务服务和执法监督的改革，“秒

---

①　参见俣作前、周鲁耀、王茂庆：《论“法德并进”的社会治理模式：理论基础、经验与展望——以杭州探索为例》，载《法治研究》2013年第1期。

批”“不见面审批”“不见面服务”“一窗通”等提高了政务服务效率；在司法工作方面，持续推进智慧法院建设，开发运用“类案在线办理系统”“电子卷宗随案生成系统”“深融·多元化平台”“法库·电子卷宗平台”“深腾微法院”“鹰眼执行综合平台”等；在多元化纠纷解决方式方面，实施“云上仲裁”“远程司法确认”，建立了以人口、法人、房屋、通信、事件为内容的“五码关联”块数据库。

第二节　绍兴市域社会治理的使命与责任

绍兴历史悠久，名人荟萃，素有水乡、桥乡、酒乡、书法之乡、名士之乡的美誉，是首批国家级历史文化名城、首批中国优秀旅游城市，是长江三角洲重点开放城市。绍兴市域社会治理是在快速城市化，绍兴经济与社会发展的同时，出现了“城市病”“城乡冲突”“公共服务矛盾”等发展不平衡不充分等问题的背景下产生的。随着互联网在时空范围内的快速扩张与盘踞，绍兴像全国其他城市一样也面临新问题，公共安全从虚拟空间蔓延到线下实践，“平安中国”建设任务日益繁重，市域治理现代化也成为时代使命。

一、“人民本位”的使命原则

（一）人民本位的时代内涵

绍兴市是“枫桥经验”的发源地，而“枫桥经验”为市域治理提供了指导原则。经过不断发展，“枫桥经验”已经成为党和国家推进社会治理体系和治理能力现代化，以及中长期发展战略规划的有机组成部分，成为党和国家制定政策、作出决策的重要依据和经验。总结起来，“枫桥经验”的基本理念就是“人民本位”，即贯彻以人民为中心的警务治理与市域社会治理实践相结合。

“人民本位”的理论依据是以人民为中心的发展思想，社会治理的核心是人。习近平总书记指出：“我们必须始终坚持人民立场，坚持人民主体地位，虚心向人民学习，倾听人民呼声，汲取人民智慧，把人民拥护不拥护、赞成不赞成、高兴不高兴、答应不答应作为衡量一切工作得失的根本标准，着力解决好人民最关心最直接最现实的利益问题，让全体中国人民和中华儿女在实现中华民族伟大复兴的历史进程中共享幸福和荣光！”[①]2019 年 11 月，在上海调研时，习近平总书记进一步指

---

① 《习近平谈治国理政》（第 3 卷），外文出版社 2020 年版，第 142 页。

出：“要抓一些‘牛鼻子’工作，抓好‘政务服务一网通办’、‘城市运行一网统管’，坚持从群众需求和城市治理突出问题出发，把分散式信息系统整合起来，做到实战中管用、基层干部爱用、群众感到受用。”①

（二）人民本位的三个维度

绍兴社会治理在根本上是“绍兴人民”的福祉和美好生活建设。表现为“人人有责、人人尽责、人人共享”三个层面：

人人有责，激发市民参与的动力热情。一方面，人人有责从共同体意识的高度濡化人们的参与意识，为参与社会治理的行动自觉奠定思想基础。传统“枫桥经验”中的那些社会矛盾，本质上是民事纠纷，人们愿意接受调解就说明共同体意识的濡化工作是有效的；另一方面，人人有责对社会治理不同主体提出了新要求。除政府部门之外，市民也需要接受基层部门提供的安全教育培训，配合政府机关工作，提升自己的危险判断意识，对于生活中或者工作中出现的威胁社会安全事件自觉防范，形成以公众为主体的监督防范机制。

人人尽责，确立市民参与社会治理的行动性目标。从根本上说，就是让每一位市民都相信自身所作出的各项贡献能够有所回报，在贡献与回报的有机平衡中推动社会治理走向深入。在“新枫桥经验”中，很多市民在表达意见或参与决策上表现出热情，说明市域社会治理的行动在市民层面达成了共识，一旦能够形成自觉行动，就意味着人人尽责走上了一个新台阶。

人人共享，构建社会治理共同体。从人民需求层面来看，市域社会治理的目标是实现全体公众都能够公平公正地享受社会资源以及公共服务。市民在共享价值观的基础上实现对公共资源和社会治理成果的共享，继而在制度上实现共享，在法律规章的实施中享有制度秩序带来的福祉。与传统县域治理不同，市域的范围更广、难题更多，资源配置与享有的要求更高。在更深的层面，人人共享还表现在人人都能够在市域社会治理过程中发挥创造性、主动性和积极性。

（三）人民本位的实践特征

在绍兴的市域社会治理实践中，“人民本位”得到了充分体现。在吸收了中国传统乡土社会和中国共产党社会治理经验的基础上，绍兴市域治理践行了以人民

① 《习近平在上海考察时强调 深入学习贯彻党的十九届四中全会精神 提高社会主义现代化国际大都市治理能力和水平》，载央广网，http://china.cnr.cn/news/20191104/t20191104_524843259.shtml。

为中心的实践。[1] 一是组建各种类型的社会组织,开展集体活动,搭建共同议事平台。二是举办"平安议事"活动,以"亲情警务"密切基层派出所、民警与人民群众的情感联系,注重矛盾纠纷事件的预防和化解。三是开展警民互动,将"线上警务工作"与"线下警民关系"建设同步,防止"非接触性"警民互动导致的警民关系疏离,增进警民在工作、生活上的信任。四是在基层社会治安治理工作中充分尊重居民参与意愿,用情感沟通拉近警民关系,调动居民群众参与警务工作和社会治安综合治理工作的积极性和主动性,构建警民联合治理共同体,提高市域社会治理的协同治理能力和水平。

二、平安绍兴建设的部署

从市域社会治理的角度来看,平安绍兴建设是平安城市建设、平安浙江建设、平安中国建设的重要环节,具有承上启下的意义。按照《中华人民共和国宪法》和行政区划、行政管辖权、行政隶属关系的有关规定,浙江省绍兴市是省辖地级市,直接受浙江省管辖和领导;浙江省绍兴市管辖若干区、县(市),之下又有乡(镇)、街道、村,在行政区划结构中处于承上启下的枢纽地位,负有贯彻、落实国家、省级治理政策、方针、部署的政治责任、行政责任。

在平安中国建设的层面,绍兴的平安城市建设是落实国家战略的有机构成。2020 年 5 月 16 日,中共中央、国务院印发《关于加快推进社会治理现代化开创平安中国建设新局面的意见》,对建设更高水平的平安中国作出重大战略部署。2020 年 11 月 11 日,习近平总书记对平安中国建设作出重要指示,要求"各地区各有关部门要认真贯彻党的十九届五中全会精神,落实总体国家安全观,坚持共建共治共享方向,聚焦影响国家安全、社会安定、人民安宁的突出问题,深入推进市域社会治理现代化,深化平安创建活动,加强基层组织、基础工作、基本能力建设,全面提升平安中国建设科学化、社会化、法治化、智能化水平,不断增强人民群众获得感、幸福感、安全感"。[2]

比较而言,浙江省是全国最早提出并全面部署"大平安"建设战略的省份,早在 2004 年浙江省就审时度势作出建设平安浙江的重大决策部署。2017 年 3 月 31

---

① 参见吴新叶、赵挺:《建设性空间:党员干部联系点的运转及其不确定性的克服——以基层治理为视角》,载《政治学研究》2018 年第 2 期。

② 《习近平对平安中国建设作出重要指示强调 全面提升平安中国建设水平 不断增强人民群众获得感幸福感安全感》,载新华网,http://www.xinhuanet.com/politics/leaders/2020-11/11/c_1126725791.htm。

日，浙江省认真贯彻落实习近平总书记关于建设平安中国建设的指示，提出“大力推进更高水平平安浙江”①，争当平安中国建设的模范生。2020 年 4 月 14 日，浙江省召开全省建设平安浙江工作会议，并作出如下部署：一是妥善有序处置涉疫情各类矛盾风险，深入推进“最多跑一地”改革；二是聚焦县级社会矛盾纠纷调处化解这个中心，变矛盾“中转站”为问题“终点站”、变群众“往上跑”为干部“往下跑”、变业务“数字化”为全程“智慧化”；三是力求在整体建设与专项建设上实现平衡，既要在大统筹、大治理、大协同中实现新突破，又要开展平安建设专项整治，开展市域社会治理现代化试点；四是创新和发展新时代枫桥经验，共建“矛盾不上交、平安不出事、服务不缺位”的社会治理共同体，大力推进“雪亮工程”“智安小区”“城市大脑”等智慧化建设，提出以建设“重要窗口”的前列意识和标杆水准来推动平安浙江建设取得更大进展。②

平安绍兴建设就是在平安中国、平安浙江统一部署下展开的，是满足绍兴人民群众对公共安全需要的市域社会治理。绍兴在构建平安城市的长效机制方面处于全国先进水平。2006 年 6 月 27 日，公安部、科技部联合下发了《关于天津等城市开展第二批科技强警示范城市建设工作的通知》，绍兴市被列为第二批科技强警示范城市建设试点城市。③

为了贯彻落实总体部署，浙江省绍兴市践行习近平总书记指示精神，把平安绍兴建设推向一个新高度，为开创新时代“枫桥经验”提供了新的试验创新基础。在具体建设上，落实“五大举措”：一是大力创建实施枫桥警务，积极推动公安工作融入现代社会治理大格局；二是实施“情指行”一体化改革，积极构建现代警务组织体系；三是实施雪亮工程建设，积极构建现代警务大引擎；四是实施能力素质提升工程，积极构建现代警务力量保障机制；五是实施民意警务，积极构建现代警务评价体系。

需要指出的是，绍兴市积极探索科技支撑的市域社会治理路径，并取得了显著成效。比如，以大数据驱动的现代警务模式初具雏形，经受了一系列重大任务的实

---

① 《大力推进更高水平平安浙江建设》，载浙江省人民政府网，https://www.zj.gov.cn/art/2020/6/29/art_1554467_49317441.html。

② 参见《车俊在全省建设平安浙江工作会议上强调 以继续走在前列的自觉推进平安浙江建设 为建设“重要窗口”保驾护航助力添彩 袁家军主持 葛慧君出席》，载浙江省人民政府网，https://www.zj.gov.cn/art/2020/4/15/art_1545482_42577097.html。

③ 参见《全国科技强警示范城市建设工作取得显著成效》，载电子政务网 2012 年 4 月 13 日，http://www.e-gov.org.cn/egov/web/article_detail.php? id=50298。

战检验，得到了党委、政府和人民群众的充分肯定。随着外部环境变化、经济发展和科技进步，平安城市建设还面临着新挑战，绍兴在加强城市防护系统建设、提升城市安全防范目标、促进平安城市向智慧城市发展等方面，还面临新挑战，还需要在进一步的实施中加以巩固。

三、治理现代化的责任担当

市域治理现代化是国家治理现代化和省域治理现代化的重要组成部分，任何有责任感的主体都必须勇于承担这一时代责任。党的十九届四中全会对“中国之治”应该“坚持和巩固什么，完善和发展什么”作了系统阐述。2019 年 11 月，浙江省委十四届六次全会审议通过了《中共浙江省委关于认真学习贯彻党的十九届四中全会精神　高水平推进省域治理现代化的决定》，全面谋划布局浙江高水平推进省域治理现代化，为浙江建设省域治理现代化排头兵作出了系统完备的制度安排。①

因此，作为承上启下的市级治理层级，浙江省绍兴市在落实以人民为中心的发展思想，探索从“最多跑一次”到“最多跑一地”改革中体现出时代担当。浙江省绍兴市已经在全市范围内全部实现了矛调中心的实体化运作，以“小切口、大治理”原则推动和完善社会治理体系，营造了矛盾纠纷“不升级、不激化、不上行”的良好态势，打造了新时代“枫桥经验”升级版、矛盾纠纷调处化解“终点站”。显然，绍兴市在落实省委部署方面体现出应有的政治担当，向实现“人民本位”的市域社会治理共同体愿景目标迈出了坚实的一步。

面对新形势、新挑战，浙江省绍兴市体现出勇于探索、积极拓展创新的责任担当，继续坚持和发展“枫桥经验”。“枫桥经验”在 20 世纪 60 年代体现出“发动和依靠群众，坚持矛盾不上交，就地解决”的创新，60 年来仍然历久弥新，根本原因在于浙江省绍兴市将这一创新不断完善、维系和拓展。2019 年 12 月 30 日，中共绍兴市委第八届委员会第七次全体会议通过《中共绍兴市委关于认真学习贯彻党的十九届四中全会精神　更高水平推进市域治理现代化的决定》，提出了建设浙江市域治理现代化排头兵的目标，从构筑市县镇村四级联动的社会治理体制机制、创新社会治理方式、完善防范化解各类风险体制机制、提升社会治理智能化水平等方面着手，构建市域社会治理现代化制度体系。此外，浙江省绍兴市还印发了《坚持和

---

① 参见《中共浙江省委关于认真学习贯彻党的十九届四中全会精神　高水平推进省域治理现代化的决定》，载人民网，http://cpc.people.com.cn/n1/2019/1125/c64387-31472885.html。

发展新时代“枫桥经验”　更高水平推进市域社会治理现代化的实施意见》，总结了浙江省绍兴市市域社会治理现代化的成果经验，对市域社会治理现代化进行了顶层制度设计。

绍兴的创新维系和拓展的责任担当体现在以下方面：

其一，落实精神，构建市域社会治理现代化的“五大体制机制”。绍兴市立足市域社会治理实际，统筹体制、制度、机制设计，在市级层面构建“党委领导、政府负责、民主协商、社会协同、公众参与、法治保障、科技支撑”的社会治理体系，构建了“五大体制机制”，即为总揽全局、协调各方的领导体制，联动融合、集约高效的政府负责体制，程序科学、环节完整的民主协商制度，开放多元、互利共赢的社会协同体制，政策研究和学术交流的理论支撑机制。

其二，在完善“枫桥经验”的基础上，致力维系和拓展具有现代化水平的经验创新。“枫桥经验”始于公安，扩大于浙江省诸暨市枫桥镇的干群创新。目前，全国正在全面深化“枫桥式公安派出所”创建，推动公安工作与省域治理现代化相匹配。时任浙江省副省长、省公安厅厅长王双全说：“进入新时代，‘枫桥经验’被赋予了新的内涵，但其精髓不变，就是矛盾不上交，化解在基层。县级是将矛盾风险化解在萌芽、解决在基层最直接最有效的治理层级。”浙江省绍兴市作为“枫桥经验”的发源地和新时代“枫桥经验”的创新地，坚持以发展新时代“枫桥经验”为使命，将新时代“枫桥经验”与市域社会治理进行创新性融合，把浙江省绍兴市建设成为新时代“枫桥经验”创新典型示范市，推动建设内涵丰富、特色鲜明、服务有力的新时代“枫桥经验”，努力打造具有“枫桥特色”的市域社会治理新模式，使绍兴“枫桥特色市域社会治理模式”成为面向现代化、面向未来的典型范式。

其三，围绕现代化标准开展治理创新，形成“新标杆”。经过几代人的不懈努力，“枫桥经验”经历70年的风风雨雨，在绍兴人的责任担当中得以维系，并有效拓展到其他领域，实现了从“枫桥人”到“绍兴人”的华丽转身，市域社会治理在不断的创新拓展中持续开花和结果。例如，在依赖科技支撑的治理创新方面，浙江省绍兴市完成了高标准推进县级矛盾调解中心建设，形成“县级终点站、镇级主阵地、村级触角器”功能布局，6个县级中心已全部实体化运作，还实现了镇街矛盾调解中心全覆盖，使90%以上矛盾纠纷化解在镇村两级。

其四，立足治理现代化，勇于担当可复制、可推广的先行者责任。面对新时代社会治理的紧迫任务，浙江省委书记和省长多次作出指示，强调要开展省域治理现代化的开创性改革,打造新时代“枫桥经验”升级版。绍兴公安在肩扛新时代“枫桥经验”旗帜上责无旁贷,既要实现警务治理与市域社会治理实践相结合,又要将警务改革与人民的幸福感和获得感相结合,还要努力实现警务现代化与现代科技相结合,为“新枫桥经验”的可复制、可推广积累作出新的更大贡献。

第二章　“枫桥经验”与市域治理现代化

“枫桥经验”源于20世纪60年代枫桥镇在“四类分子”改造过程中的做法，并得到毛泽东同志的批示；在改革开放初期“枫桥经验”得到进一步发展，并在社会治理多个领域得到实践；新时代背景下，习近平总书记强调“要坚持好、发展好新时代‘枫桥经验’”①，“枫桥经验”的理论和实践得到丰富与创新。党的十九届四中全会提出了“加快推进市域社会治理现代化”和“坚持和发展新时代‘枫桥经验’”的要求。与“枫桥经验”一样，市域社会治理的提出也是扎根于我国国情，实现中国之治的可行路径。新时代“枫桥经验”的发展与实践证明，发挥其在市域社会治理中的引领作用既有必要性，又具可行性。

第一节　“枫桥经验”的产生与推广

一、枫桥镇在“四类分子”改造过程中的做法

20世纪60年代，我国处于社会主义建设时期。为深化群众对社会主义的了解，1963年2月，中共中央决定在全国开展社会主义教育运动。任何教育都不能脱离实践，必须依托具体

---

① 《习近平在浙江考察时强调　始终干在实处走在前列勇立潮头　奋力谱写中国式现代化浙江新篇章》，载《人民日报》2023年9月26日，第1版。

的实践活动才能落地生根、深入人心。社会主义教育伊始,对“四类分子”(地主、富农、反革命、坏分子)的改造成为农村社会主义教育运动的重要抓手。

1963年5月2日至12日,中共中央在杭州召开工作会议,在毛泽东同志主持下,起草了《中共中央关于目前农村工作中若干问题的决定(草案)》,5月20日该草案印发。

1963年6月19日,浙江省委根据《中共中央关于目前农村工作中若干问题的决定(草案)》的精神,部署农村社会主义教育运动。在这次教育活动中,浙江省委选取诸暨市、萧山市、上虞市三个试点地区开展试点工作。其中,绍兴诸暨的枫桥区便包含枫桥、新枫、视北、视南、栎江、檀溪、东溪7个试点公社。枫桥是有名的革命老区,早在1927年就成立了党支部,在新中国成立后开展的政治运动中表现也非常突出,1958年还曾受邀参加第九次全国公安会议。[①]

时任浙江省委书记处书记兼宣传部部长林乎加带领省委工作队进驻绍兴市诸暨枫桥区,在当地7个公社开展社会主义教育运动试点。时任浙江省公安厅领导带领省厅及宁波等地公安局局长组成工作队政法组,重点在枫桥镇参加试点。1963年7月,诸暨枫桥经过摸底调查发现,7个公社现有6.5万人,其中存在“四类分子”911人,有163人尚未改造好。[②] 中央为争取“四类分子”的家人,对改造活动下达了“一个不杀,大部(95%以上)不捉”的指示。然而,受国内外形势影响,干部群众普遍有过激的情绪,运动伊始便提出要逮捕其中45人。

在随后的改造活动中,干部和群众坚持摆事实、讲道理,以理服人,不打不骂,不逮捕不上交,允许“四类分子”申辩。为了贯彻“文斗”的精神,当时浙江省委工作队制定了一旦在对“四类分子”的评审会中出现武斗就要重来的规定。[③] 1963年10月底,枫桥区以最终没有逮捕1人且顺利完成了对“四类分子”改造的成果宣告社会主义教育运动对敌斗争阶段基本结束。

二、毛泽东同志对“枫桥经验”批示的意义

1963年10月下旬,公安部主要领导注意到诸暨枫桥在社会主义教育运动中“一个不杀,大部不捕,采取说理斗争方式‘教服’四类分子”的做法。向正在杭州

① 参见赵义:《枫桥经验——中国农村治理样板》,浙江人民出版社2008年版,第37页。

② 参见中共浙江省委工作队、中共诸暨县委:《关于〈诸暨县枫桥区社会主义教育运动中开展对敌斗争的经验〉的报告》(1963年12月1日)。

③ 参见吕剑光:《“枫桥经验”的前前后后》,载政协诸暨市文史资料委员会、诸暨市公安局编:《枫桥经验实录》,中共党史出版社2000年版。

视察的毛泽东同志进行了口头汇报。毛泽东同志听后十分高兴,说,“这叫矛盾不上交,就地解决”,并要求公安部上报汇报材料,总结做法。①

根据毛泽东同志的指示,时任公安部一局局长凌云、办公室主任刘复之等人奔赴枫桥,协助浙江省公安厅进一步研究枫桥经验。最后,在浙江省委的主持和公安部的协同下形成《诸暨县枫桥区社会主义教育运动中开展对敌斗争的经验》。1963 年 11 月 22 日,毛泽东主席在谢富治准备在第二届全国人民代表大会第四次会议作的发言稿上批示:“此件看过,很好。讲过后,请你们考虑,是否可以发到县一级党委及县公安局,中央在文件前面写几句介绍的话,作为教育干部的材料。其中应提到诸暨的好例子,要各地仿效,经过试点,推广去做。”②1963 年 11 月,毛泽东同志重点提及诸暨枫桥的经验并表示:“从诸暨的经验看,群众起来之后,做的并不比你们差,也不比你们弱,你们不要忘记动员群众,群众工作好了,可以减少反革命案件,减少刑事犯罪案件”。

毛泽东同志对“枫桥经验”的认可具有重要的意义。“枫桥经验”的成功是党中央一以贯之的群众路线在实践中应用的成果,这在一定程度上彰显了社会主义建设的伟大精神。枫桥经验成功的背后是依靠群众、发动群众的理念得到了肯定,这作为枫桥经验的核心内涵从未更改。枫桥经验始终坚持以人为本,肯定人民群众的主体地位。正是精准把握了党中央一以贯之的群众路线的精髓,才得以让“枫桥经验”在实践中持续性地建构、发展与创新,而坚持核心内涵不变且与时俱进发展是“枫桥经验”得以长青的关键法宝,这一切都始于毛泽东同志对于枫桥经验的肯定。

国家领导人的肯定是枫桥经验一跃成为“典型经验”的关键。国家领导人的关注与认可使经验的推广与实践增加了社会和人们对它的感知。

枫桥经验成为典型经验之后,其不仅在农村适用,还在全国得到推广。毛泽东同志表示“中央在文件前面写几句介绍的话”,更是从中央层面专门为此做宣传推广的标志。自此,枫桥经验从这个古越小镇走向之江两岸,走向祖国大地。“枫桥经验”不再依托某一特定地域,而转化为国家治理的“典型经验”,历久弥新,成为我国社会主义强本固基和长治久安可汲取的宝贵资源。

---

① 参见吕剑光:《“枫桥经验”的产生过程》,载祝春林主编:《历史瞬间》,群众出版社 1999 年版。

② 中共中央文献研究室编:《毛泽东年谱(一九四九—一九七六)》(第 5 卷),中央文献出版社 2013 年版,第 283 页。

三、“枫桥经验”在全国的推广

1964年1月，中共中央向全党发出《中共中央关于依靠群众力量，加强人民民主专政，把绝大多数四类分子改造成新人的指示》，同时转发《诸暨县枫桥区社会主义教育运动中开展对敌斗争的经验》，特别指出，“浙江省委批转的《诸暨县枫桥区社会主义教育运动中开展对敌斗争的经验》是一个很好的典型。诸暨县枫桥区在运动开始阶段，一部分基层干部和积极分子要求多捕人（七个公社共有六万五千人口，有地、富、反、坏分子九百一十一名，其中有比较严重的破坏活动的四类分子一百六十三名，要求捕四十五人），在运动过程中，贫下中农组织起来，干部和群众觉悟进一步提高之后，一个也没有捉，就把多数敌人制服了。他们的经验充分地说明现在完全可能和应该基本上实行‘一个不杀，大部（百分之九十五以上）不捉’的方针”。①

中央推广“枫桥经验”的主旨在于发扬“依靠群众力量，加强人民民主专政，把绝大多数四类分子改造成新人”的精神。“枫桥经验”贯彻落实党中央一以贯之坚持的“群众路线”，放手发动群众、依靠群众、相信人民群众的力量与智慧，充分发挥党的政治优势，依靠基层组织和广大群众，就地解决矛盾纠纷，最大限度地把问题解决在基层、解决在萌芽状态。对于“四类分子”改造的做法符合社会主义的理念，以理服人而后是将敌人转化为人民，成为社会主义建设的力量。而非投入大量人力、物力、财力进行监督和控制。正如1962年毛泽东同志提出的：“对于反动阶级实行专政，这并不是说把一切反动阶级分子统统消灭掉，而是要改造他们，用适当的方法改造他们，使他们成为新人。”②枫桥发挥群众力量不仅实现了对于敌对分子的改造，增加了社会主义建设的力量，而且在这一过程中，群众学习到了我国社会主义的精神——发动群众、依靠群众，归根结底是为了人民。

党中央发文指示最后指出，“在依靠群众力量制服反革命和其他犯罪分子方面，现在我们已经有了很成功的经验。这两篇讲话和浙江省委的文件是很有说服力的，特别是诸暨县社会主义教育运动试点的经验是一个很好的典型”。③

---

① 中央档案馆、中共中央文献研究室编：《中共中央文件选集（一九四九年十月—一九六六年五月）》（第45册），人民出版社2013年版，第15页。

② 中央档案馆、中共中央文献研究室编：《中共中央文件选集（一九四九年十月—一九六六年五月）》（第45册），人民出版社2013年版，第16页。

③ 中央档案馆、中共中央文献研究室编：《中共中央文件选集（一九四九年十月—一九六六年五月）》（第45册），人民出版社2013年版，第17页。

第二节　改革开放初期“枫桥经验”的发展

一、改革开放初期社会治安环境的变化

改革开放初期,我国由计划经济体制转向社会主义市场经济体制。伴随单位制解体与商品经济的发展,中国经济社会转型的齿轮开始转动。中国的经济社会转型是一场全方面、全领域、持续时间长、波及范围广、影响程度深的社会转型,从根本上改变了社会治安的环境。体制转轨与社会转型带来社会结构、利益结构、价值观念的转变,使社会治安面临新问题、迎来新挑战。

就社会结构而言,单位制解体,个人与社会连接纽带断裂,社会整合程度降低使社会问题复杂化。在计划经济时期,国家通过对资源的全面控制实现对社会的管理,个人和社会的纽带是兼具政治、经济、社会性质的生产单位。单位赋予个体合法的社会身份、生存必需的资源以及对未来生活稳定的预期,国家通过单位进行有效的资源动员。在单位制下,个人对单位是全方位的人身依附关系,国家对个体的管理呈现家长式作风。但是随着体制改革,个体与国家的联系纽带出现了改变,个体由“单位人”变成“社会人”,个体从原有的共同体内“脱嵌”出来。对于社会治安而言,一方面,大量“脱嵌”人口的再就业问题增加社会治安的任务。由于城市就业岗位有限,难以保障大批返城知青就业务工。① 社会治安的根本目标是维护社会秩序、社会公正与社会稳定,化解社会矛盾,追求社会长治久安,百姓安居乐业。工作的稳定与犯罪之间有密切的关系,大量无业游民是社会治安直接面临的难题。另一方面,伴随单位制解体,长期受单位束缚而不能自由流动的状态发生变化。大量流动人口的出现在促进社会发展的同时,也对治安管理中的“属地原则”提出挑战。原有的治安力量在单位内部,依托特殊性的地方性规则进行管理。随着流动人口的增加,静态化社会治安模式不足以应对大量流动人口的挑战,社会治安模式改革势在必行。

就利益结构而言,商品经济发展改变传统利益分配格局,社会分化使社会问题多样化。在计划经济时代,国家掌握全部资源;随着改革开放,社会出现自由流动的资源。原有的互惠、宗族观念不再成为资源分配的主导规则,市场经济重塑利益

① 参见武胜伟:《转型期中国社会治安治理问题研究》,郑州大学2016年博士学位论文,第48页。

分配格局。城镇化建设和乡镇企业的发展使社会发展水平提高,但同时使经济标准逐渐取代政治标准和道德标准成为社会排序的主要衡量指标。在市场经济条件下,对于利润的追求催生冒险精神,其在正确观念指引下会成为社会创新的关键力量,但是受金钱蛊惑则有可能演变为践踏社会底线的行为,走向犯罪。除此之外,市场经济带来社会分化,社会贫富差距拉大。与受绝对贫困和绝对剥夺的状况不同,相对剥夺感更为弥散,孕育着更为普遍的犯罪可能性。从这些方面来看,利益结构的调整绝不仅仅是个经济问题,其背后更是一个治安问题。

就价值观念而言,传统价值观念受到冲击,社会控制力减弱使社会问题普遍化。单位制解体和市场经济的发展使原有的指导社会行为的社会规范发生了重要变化。在改革开放之前,中国社会以伦理观念、集体观念和政治观念为主导观念,社会依靠道德和政治力量规范个体行为。但改革开放后市场经济的发展催生功利主义,个体脱嵌于原有的共同体,在城市,单位制解体;在农村,宗族、家族观念趋向淡薄。随着社会变迁的加速,各种传统的社会控制手段,诸如宗教、舆论、道德、信仰、伦理、个人理想、价值观、法律等,对社会群体的控制力出现不同层次的下降。这一切都源于社会转型导致社会分化,社会群体异质性增加,多元分化的主体呼唤多元利益诉求,社会共识被打破。与此同时,新的社会形态相适配的价值体系尚未建立起来,社会面临信仰荒漠、价值选择混乱的局面。

总之,体制转轨和社会转型带来政治、经济、文化、社会等方面的结构变化和制度变迁。在社会转型期,社会不确定因素增加,社会矛盾复杂化、多样化和普遍化,社会纠纷必然增加。对待纠纷应辩证看待,纠纷太少的社会在某种程度上可能是僵化的社会,而纠纷太多也会成为妨碍经济发展的阻力。如何正确处理纠纷是这一时期社会治安实践急需解决的重要议题。

二、“枫桥经验”内涵和适用领域的扩展

随着我国进入改革开放新时期,围绕新的中心任务和现实问题,“枫桥经验”也在实践中被注入新的内涵。在新的发展阶段,社会矛盾多样化、社会问题复杂化,社会治安面临考验。最原始的“少捕人,矛盾不上交,依靠群众,以说理斗争的形式把绝大多数四类分子改造成新人”的“枫桥经验”也在与时俱进、不断进化。“枫桥经验”始终坚持“依靠群众、发动群众、实现矛盾就地解决”这一核心内涵不变,但适应新时期新情况,其内涵和外延也发生了相应的改变。“枫桥经验”的内涵变化主要体现在以下方面:

从处理阶级斗争的经验转变为解决人民内部矛盾的经验。实践表明,整顿治安要两手:一手是对严重危害社会治安的犯罪分子要依法“严打”,另一手是切实深入发动依靠群众自我教育,并依法监督、教育、改造违法犯罪分子和其他坏人。要双管齐下,治标与治本相结合,从长远来看,教育人改造人是更重要的和根本的方面。面对敌对分子,“枫桥经验”可以使之转化为“自己人”,面对“自己人”,“枫桥经验”可加强人民内部团结。坚持“依靠群众、发动群众”这一理念不动摇,坚持以理服人的基本方法不变更,“枫桥经验”得以顺利转化成为解决人民内部矛盾的经验。

从化解矛盾的经验到纠纷解决与预防的经验。“枫桥经验”从重视事后的解决转向社会矛盾全链式管理,较之以往更为注重社会纠纷的预防工作。在我国,司法调解、行政调解和人民调解是解决纠纷的三种调解机制。作为人民调解的典型,枫桥经验在实践中积极探索“组织建设走在工作前,预测工作走在预防前,预防工作走在调解前,调解工作走在激化前”的工作机制,只有让服务走在需要前才能实现有效的预防与化解。组织建设与制度建设走在矛盾发生之前才能真正实现“小事不出村,大事不出镇,矛盾不上交”。对可能发生和已经发生的矛盾纠纷,本着积极的态度去化解,避免激化矛盾,使现实冲突转变为价值冲突,损害大局利益。

“枫桥经验”走向法治化,坚持将群众路线与法治化相结合。“枫桥经验”走向法治化,是在中华文明基因中探求道德伦理,将之与法律的实质正义相结合。“枫桥经验”在纠纷解决中为个人提供便利的解决途径,在当地党员、乡贤等人的帮助下实现纠纷的有效解决。

“枫桥经验”内涵与时俱进,其适用领域也在不断扩展。随着国家治理走向社会治理阶段,“枫桥经验”也实现了从社会治安经验、维稳经验向社会治理经验的发展,成为国家和社会治理的重要资源。“枫桥经验”作为基层治理的典型经验,其先进思想融入社会综合治理。从最初的公安领域扩展到检察院、法院等政法综治领域,延伸到包括经济、政治、文化、社会、生态“五位一体”的社会建设过程中。“枫桥经验”的适用领域实现了由点到线及面的扩展。近年来,“枫桥经验”在各领域实践中不断推陈出新,已经成为“平安中国”建设的重要理论来源。

三、“枫桥经验”理论的新发展

由于社会治安问题更为复杂,且出现了前所未有的形态(如金融犯罪),关于“枫桥经验”的存废也一度引起讨论。公安部调查组在绍兴市深入调查的基础上,认为“枫桥经验”依然适用,这是因为“枫桥经验”理论注重社会化、专业化、法治化建设,发展出符合时代的新内容,从社会主义教育的经验发展成为“群防群治”的社会治安经验、维稳经验。“社会综合治理理论”是“枫桥经验”在这一阶段的理论新成果。

社会综合治理顾名思义即治理不再“头痛医头、脚痛医脚”，治理走向统筹系统化。一方面，治理主体多元化。枫桥集中行政资源，在全国率先创立乡镇综治工作中心，整合综治办、司法所、信访办、调解委、警务室、流动人口管理办等多个部门。除此之外，枫桥还创造了综治进民企、“网格化管理、组团式服务”等在全国有重要影响的特色工作模式，建立了“治安联防、矛盾联调、问题联治、事件联处、平安联创、管理联抓”的新机制。另一方面，注重治理过程全链式统筹。尤其注重预防工作，即社会矛盾化解的前置处置机制。枫桥干部一直致力于追求服务走在需求前，形成“组织建设走在工作前，预测工作走在预防前，预防工作走在调解前，调解工作走在激化前”和“预警在先，苗头问题早消除；教育在先，重点对象早转化；控制在先，敏感时期早防范；调解在先，矛盾纠纷早处理”的“四前”“四早四先”工作方法。在纠纷解决过程中，注重“参与式调解”，探索构建党建引领下，政府负责、社会协同、社会组织参与、公民参与、法治保障的社会治理新格局。

“枫桥经验”所形成的以依靠群众、发动群众、群防群治为中心的社会综合治理经验符合中国国情，是在充分解读我国小城镇治理所面临的特殊状况的基础上构建的。“枫桥经验”围绕矛盾的预防和化解，积极调动各方力量，实现各主体良性互动，实现“小事不出村，大事不出镇，矛盾不上交”，加强本区域横向联系与互动，形成一个自我治理结构。借鉴和运用这一理念来指导实践，能更好地促进社会稳定和社会和谐。

第三节 新时代“枫桥经验”的理论与实践创新

一、习近平总书记与新时代“枫桥经验”

新时代“枫桥经验”是在习近平新时代中国特色社会主义思想引领下创新发展的。

2003 年 7 月 10 日，时任浙江省委书记习近平同志在浙江省委十一届四次全会上提出“八八战略”①，成为指引浙江改革发展和全面小康建设的总方略。为了“八

① 《一张蓝图绘到底——习近平总书记擘画浙江“千万工程”带来乡村巨变》，载中华人民共和国中央人民政府网 2023 年 6 月 25 日，https://www.gov.cn/govweb/yaowen/liebiao/202306/content_6888068.htm? eqid = 89607b770000868d000000036497c151。

八战略”的顺利推进和落实,2004 年 5 月,中共浙江省委十一届六次全体(扩大)会议作出了建设“平安浙江”、促进社会和谐稳定的决定;2006 年 4 月,中共浙江省委十一届十次全体(扩大)会议审议通过了《中共浙江省委关于建设法治浙江的决定》。同时,将“坚持以人为本”作为建设“平安浙江”和“法治浙江”的基本原则。在此过程中,不断总结、推广和创新发展“枫桥经验”。“枫桥经验”由最初的乡村治理延伸到浙江省内的各区域,涉及领域也拓展到流动人口服务管理、特殊群体服务管理、环境治理、农村土地经营权流转、企业治理和网络治理等方方面面。

2003 年 11 月,习近平同志在纪念毛泽东批示“枫桥经验”40 周年暨创新“枫桥经验”大会上指出,“要牢固树立‘发展是硬道理、稳定是硬任务’的政治意识,充分珍惜‘枫桥经验’,大力推广‘枫桥经验’,不断创新‘枫桥经验’,切实维护社会稳定”。① 同时,习近平同志还把“枫桥经验”概括为“坚持统筹发展,治本抓源;坚持依法治省,以德治省;坚持以人为本,执政为民;坚持与时俱进,创新发展;坚持专群结合,群防群治”。② 在浙江省全省社会主义新农村建设会议的讲话中,他指出:“这些做法,实质就是标本兼治、综合治理,依靠群众、预防为主,把矛盾和纠纷化解在基层,把问题和困难解决在基层。”③

学习、推广和创新“枫桥经验”要坚持预防在先、工作在前,努力把不稳定因素解决在基层,解决在内部,解决在萌芽状态。④

“枫桥经验”在浙江省的实践和成效使“枫桥经验”再次受到全国的关注。2004 年 6 月 12 日,《人民日报》发表了题为《平安是福,和谐为乐——浙江省诸暨市创新“枫桥经验”纪实》的长篇通讯,并配发《“枫桥经验”的启示》的评论员文章,高度肯定了“枫桥经验”的意义和价值。

2013 年 10 月,习近平总书记就坚持和发展“枫桥经验”作出重要批示,“各级党委和政府要充分认识‘枫桥经验’的重大意义,发扬优良作风,适应时代要求,创新群众工作方法,善于运用法治思维和法治方式解决涉及群众切身利益的矛盾和

---

① 《习近平讲党史故事》编写组编:《习近平讲党史故事》,人民出版社 2021 年版,第 250 页。

② 《学习创新“枫桥经验”正确处理新时期人民内部矛盾》,载浙江在线,https://zjnews.zjol.com.cn/05zjnews/system/2003/11/27/002149354.shtml。

③ 习近平:《加强基层基础工作 夯实社会和谐之基》,载《求是》2006 年第 21 期。

④ 参见金伯中:《坚持发展新时代“枫桥经验”》,载浙江新闻网 2018 年 11 月 13 日,https://zj.zjol.com.cn/news.html?id=1072865。

问题,把‘枫桥经验’坚持好、发展好,把党的群众路线坚持好、贯彻好”。①

2017年,在党的十九大报告中,习近平总书记指出,“打造共建共治共享的社会治理格局。加强社会治理制度建设,完善党委领导、政府负责、社会协同、公众参与、法治保障的社会治理体制,提高社会治理社会化、法治化、智能化、专业化水平”;“加强社区治理体系建设,推动社会治理重心向基层下移,发挥社会组织作用,实现政府治理和社会调节、居民自治良性互动”;“加强农村基层基础工作,健全自治、法治、德治相结合的乡村治理体系”。② 有关“三共格局”“三元互动”“三治结合”的思想既来源于包括“枫桥经验”在内的社会治理实践经验,同时又为“枫桥经验”在新时代创新发展指明了方向和路径。

2018年1月,在党的十九大后首次召开的中央政法工作会议提出,“要以总结推广新时代‘枫桥经验’为契机,提升城乡基层社会治理现代化水平。这为新时代‘枫桥经验’赋予了新的使命,指明了新的发展方向”③。“依靠群众就地化解矛盾,确保社会和谐稳定,新时代‘枫桥经验’最重要的成果和最鲜明的特色,就是实现自律和他律、刚性和柔性、治身和治心、人力和科技相统一,其生命力就在于基层治理创新。”④这进一步阐明了“枫桥经验”的时代价值和内涵,为加快推进国家治理现代化指明了方向。

二、新时代“枫桥经验”与国家治理现代化

在2013年召开的党的十八届三中全会上,习近平总书记将全面深化改革的总目标设定为“完善和发展中国特色社会主义制度,推进国家治理体系和治理能力现代化”,⑤明确回答了坚持改革总目标必须解决好制度模式选择、价值体系建设等重大问题,这是中国政治发展的重要里程碑。党的十九届四中全会审议通过了《中共中央关于坚持和完善中国特色社会主义制度、推进国家治理体系和治理能

① 习近平:《把“枫桥经验”坚持好、发展好 把党的群众路线坚持好、贯彻好》,载《人民日报》2013年10月12日,第1版。

② 《习近平:决胜全面建成小康社会 夺取新时代中国特色社会主义伟大胜利——在中国共产党第十九次全国代表大会上的报告》,载中华人民共和国中央人民政府网,https://www.gov.cn/zhuanti/2017-10/27/content_5234876.htm。

③ 周望:《新时代如何坚持和发展“枫桥经验”》,载中国日报中文网,https://cnews.chinadaily.com.cn/2018-01/25/content_35581675.htm。

④ 《聆听“枫桥经验”的新时代回响——从新时代公安派出所工作看社会治理现代化之路》,载新华网,http://www.xinhuanet.com/politics/2019-11/27/c_1125282373.htm。

⑤ 《授权发布:中国共产党第十八届中央委员会第三次全体会议公报》,载新华网,http://www.xinhuanet.com//politics/2013-11/12/c_118113455.htm。

力现代化若干重大问题的决定》，全面阐释了坚持和完善中国特色社会主义制度、推进国家治理体系和治理能力现代化的重大意义和总体要求，对坚持和完善党的领导制度体系等13个方面的制度作出战略部署，并确定了建设的目标：“坚持和完善中国特色社会主义制度、推进国家治理体系和治理能力现代化的总体目标是，到我们党成立一百年时，在各方面制度更加成熟更加定型上取得明显成效；到二〇三五年，各方面制度更加完善，基本实现国家治理体系和治理能力现代化；到新中国成立一百年时，全面实现国家治理体系和治理能力现代化，使中国特色社会主义制度更加巩固、优越性充分展现。”①

新时代“枫桥经验”既是我们党治国理政的重要经验，又是在习近平新时代中国特色社会主义思想和国家治理现代化引领下的创新发展。

第一，坚持党的全面领导是推进国家治理现代化的根本保证，也是发展“枫桥经验”的政治优势和根本保障。中国共产党领导是中国特色社会主义最本质的特征，是中国特色社会主义制度的最大优势，党是最高政治领导力量。党在国家治理体系中居于核心地位，党的领导也是中国国家治理体系不同于西方的最本质特征。中国国家治理体系要把党的领导贯穿各领域各方面各环节。

回顾“枫桥经验”的发展历程，党的领导都是其产生和发展的前提条件。在“社教运动”时期，正是在党中央“一个不杀，大部不捉”的指示下，在中共浙江省委的领导下，作为社会主义教育运动试点地区的诸暨干部群众才能创造就地转化和化解矛盾的方法。正是经过毛泽东同志的批示和提炼，“枫桥经验”得以作为一种模式在全国推广。

改革开放后，党中央将工作重心转移到经济建设上来，这为“枫桥经验”的创新发展指引了方向。枫桥等地的基层党组织根据中央的方针政策，创造性地提出“社会治安综合治理”，尝试由过去的管控模式向综合性的社会管理模式转变，从而更好地维护社会稳定，为经济建设提供良好的外部环境。

党的十八大以来，党中央确定了全面建成小康社会和全面深化改革开放的目标，对新时代条件下推进中国特色社会主义事业，实现国家治理体系和治理能力现代化作出了全面部署。同时，党的十九大报告指出，“中国特色社会主义进入新时代，我国社会主要矛盾已经转化为人民日益增长的美好生活需要和不平衡不充分

① 《中共十九届四中全会在京举行》，载《人民日报》2019年11月1日，第1版。

的发展之间的矛盾”①。正是在这种历史背景和政治导向下，浙江省委、绍兴市委和基层党组织充分发挥党的领导力、凝聚力和辐射力，新时代“枫桥经验”得到不断创新发展。

第二，国家治理现代化是具有中国特色的治理现代化，与坚持和完善中国特色社会主义制度，实现伟大的中国梦有机地统一在一起。“‘新时代’是我国发展新的历史方位，也蕴含着中国特色社会主义的新任务和新目标：一是实现中华民族从站起来、富起来到强起来的伟大飞跃；二是在世界上高高举起科学社会主义伟大旗帜；三是为世界发展和人类进步贡献中国智慧和中国方案”。② 国家治理现代化与新时代的这些内涵是密切相连的。

党的十九届四中全会通过的《中共中央关于坚持和完善中国特色社会主义制度 推进国家治理体系和治理能力现代化若干重大问题的决定》指出，“必须坚持从国情出发、从实际出发，既把握长期形成的历史传承，又把握党和人民在我国国家制度建设和国家治理方面走过的道路、积累的经验、形成的原则，不能照抄照搬他国制度模式，既不走封闭僵化的老路，也不走改旗易帜的邪路，坚定不移走中国特色社会主义道路”。

“枫桥经验”就是源于基层，经过党和政府的提炼和推广而形成的社会治理模式。新时代“枫桥经验”继承了这一传统，始终坚持群众路线，创新新时代群众工作。

第三，坚持以人民为中心，贯彻党的群众路线是国家治理现代化的价值导向，也是“枫桥经验”的本质体现。坚持以人民为中心，贯彻党的群众路线是党的生命线，也是我们社会主义建设不断取得成功的法宝。群众路线还是我们实现国家治理现代化的要义所在，它能保证国家治理的合法性，提升国家治理的有效性，彰显国家治理的正当性。③ 这也是我国与西方国家治理的根本区别之一。习近平总书记在《中共中央关于坚持和完善中国特色社会主义制度 推进国家治理体系和治理能力现代化若干重大问题的决定》中指出：“健全为人民执政、靠人民执政各项制度。坚持立党为公、执政为民，保持党同人民群众的血肉联系，把尊重民意、汇集民智、凝聚民力、改善民生贯穿党治国理政全部工作之中，巩固党执政的阶级基础，厚

---

① 韩保江：《新时代我国社会的主要矛盾及其现实意义》，载中国共产党新闻网，http://theory.people.com.cn/n1/2017/1101/c40531-29619775.html。

② 杜志章：《中国国家治理现代化的时代性、民族性和实践性简析》，载《国家治理》2020年第13期。

③ 参见宁洁、韩桥生：《以人民为中心：我国国家治理现代化的价值导向》，载《江西社会科学》2020年第6期。

植党执政的群众基础，通过完善制度保证人民在国家治理中的主体地位，着力防范脱离群众的危险。贯彻党的群众路线，完善党员、干部联系群众制度，创新互联网时代群众工作机制，始终做到为了群众、相信群众、依靠群众、引领群众，深入群众、深入基层。”①

“枫桥经验”的创建和发展过程都体现了人民性的特征，创造枫桥社教运动新做法的主体是人民群众，“枫桥经验”就是对发动和依靠群众就地解决问题的经验总结。毛泽东同志认为，“枫桥经验”回答了两个问题：一是群众为什么懂得要这样做；二是证明依靠群众办事是个好办法。前者是要相信群众，后者则是工作方法和路线。正因如此，所以“枫桥经验”能实现“小事不出村，大事不出镇，矛盾不上交”的效果。这也成为“枫桥经验”的本质特性。

新时代“枫桥经验”进一步拓展和丰富了原来的“枫桥经验”。在推进我国国家治理体系和治理能力现代化过程中，随着社会基本矛盾的变化，人民对美好生活的需要日益广泛，特别是对知情权、参与权、表达权和监督权的要求日益增长。加之随着社会风险不断出现，单一主体的社会管控已难以实现社会的健康发展，国家和社会治理主体和方式也发生了改变。新时代“枫桥经验”始终坚持以人民为中心的发展思想，始终将获得群众满意作为“枫桥经验”创新和实践的起点和落脚点。浙江省绍兴市公安局树立“让民意领跑警务，让改革惠及民生”的警务改革理念，以党建统领，改变以往关门自评的办法，在情指行一体化（情报、指挥、行动一体化）改革引领下，全面构建智慧民意感知体系，做到全域全量，应放尽放，听清群众呼声，找准民意走向；“五民工程”（平安护民、执法为民、服务惠民、沟通亲民、形象暖民），对群众报警求助的事情做到“零懈怠”、对群众深恶痛绝的事情做到“零容忍”、对群众需要服务的事情做到“零距离”。群众的幸福感、获得感和安全感得到了极大的保证，实现了“基础牢、出事少、治安好、党和人民满意”的目标。

第四，国家治理现代化需要回应新时代社会提出的新挑战，而新时代“枫桥经验”以基层社会治理的方式较好地回应了这些挑战。这些新挑战包括我国社会主要矛盾的变化、科技和大数据带来的技术风险和治理手段的变化、风险社会特征彰显、国内外传统和非传统安全加剧社会发展的不确定性等。《中共中央关于坚持和完善中国特色社会主义制度 推进国家治理体系和治理能力现代化若干重大问

---

① 《中共中央关于坚持和完善中国特色社会主义制度 推进国家治理体系和治理能力现代化若干重大问题的决定》，载中华人民共和国中央人民政府网，https://www.gov.cn/zhengce/2019-11/05/content_5449023.htm。

题的决定》对这些新挑战作出了全面的部署。

“枫桥经验”实质是一种基层社会治理方式，基层社会治理是国家治理的重要组成部分。《中共中央关于坚持和完善中国特色社会主义制度 推进国家治理体系和治理能力现代化若干重大问题的决定》的第九个问题“坚持和完善共建共治共享的社会治理制度，保持社会稳定、维护国家安全”中专门提到“构建基层社会治理新格局。完善群众参与基层社会治理的制度化渠道。健全党组织领导的自治、法治、德治相结合的城乡基层治理体系，健全社区管理和服务机制，推行网格化管理和服务，发挥群团组织、社会组织作用，发挥行业协会商会自律功能，实现政府治理和社会调节、居民自治良性互动，夯实基层社会治理基础。加快推进市域社会治理现代化。推动社会治理和服务重心向基层下移，把更多资源下沉到基层，更好提供精准化、精细化服务。注重发挥家庭家教家风在基层社会治理中的重要作用。加强边疆治理，推进兴边富民”。①

新时代“枫桥经验”的生命力在于基层治理创新，通过实现自律和他律、刚性和柔性、治身和治心、人力和科技相统一，探索出一种基层社会治理的中国模式。

三、新时代“枫桥经验”的理论创新

随着我国社会主要矛盾的变化，在习近平新时代中国特色社会主义思想的引领下，新时代“枫桥经验”在践行社会治理过程中，继承和发展了优良传统和精神，在实践和理论上不断适应社会发展的变化，与时俱进，进行了一系列创新，具有鲜明的时代特征，成为国家治理和基层社会治理的中国样本之一。

2018 年 11 月 12 日，中央政法委和中共浙江省委在“枫桥经验”发源地绍兴市联合召开纪念毛泽东同志批示学习推广“枫桥经验”55 周年暨习近平总书记指示坚持发展“枫桥经验”15 周年大会。此次大会对“枫桥经验”的理论、实践创新进行了系统的总结。② 在此基础上，新时代“枫桥经验”的理论创新主要表现为以下几个方面：

第一，新时代“枫桥经验”证明了通过发挥党建的统领作用，可以把党的领导和我国社会主义制度的优势转化为社会治理效能，不断完善中国特色社会主义基

---

① 《中共中央关于坚持和完善中国特色社会主义制度 推进国家治理体系和治理能力现代化若干重大问题的决定》，载中华人民共和国中央人民政府网，https://www.gov.cn/zhengce/2019-11/05/content_5449023.htm。

② 参见金伯中、蒋国长：《坚持创新发展新时代“枫桥经验” 加快推进基层社会治理现代化——纪念毛泽东同志批示学习推广“枫桥经验”55 周年暨习近平总书记指示坚持发展“枫桥经验”15 周年大会精神综述》，载《社会治理》2018 年第 12 期。

层社会治理体系的可行性和必要性。

第二,新时代“枫桥经验”证明了国家治理的时代性与民族性。① 习近平总书记在党的十九大报告中指出,“经过长期努力,中国特色社会主义进入了新时代,这是我国发展新的历史方位”②。新时代有着新变化与新要求,“枫桥经验”在习近平新时代中国特色社会主义思想的引领下得到不断的创新和发展。新时代“枫桥经验”体现了国家治理的本土性,只要嵌入本土社会,结合中国的历史传统和现实国情,我们就能发展中国特色社会主义国家治理的可行模式,为中国之治提供可复制、可推广的方案和样本。

第三,新时代“枫桥经验”证明了以人民为中心的发展思想在推进基层社会治理中的强大生命力。从社会管理到国家治理理念的转变,关键之一就体现在治理主体的变化。如何在党的领导下发挥多元主体的作用,达成共建共治共享的社会治理格局?新时代“枫桥经验”的创新和实践表明,只要我们坚持以人为本,坚持人民的主体地位,坚持以人民为中心,一切工作都是为了人民,依靠人民,秉承治理和服务并重的原则,我们就能发展出治理共同体,探索出具有强大内生性力量的社会治理之路。

第四,新时代“枫桥经验”证明了只要把握好治理之道,治理之术就能发挥效用的最大化。坚持党的领导、坚持治理的时代性和民族性,坚持以人民为中心是推进治理现代化之道,是我们必须坚持的原则,也是我们不断走向胜利的根本保证。在此基础上,新时代“枫桥经验”既挖掘诸如乡贤治理等传统资源,又利用大数据平台等先进技术,不仅在结果上增强了人民群众获得感、幸福感、安全感,不断满足民众对美好生活的需求,而且在过程中很好地实现了自治、法治、德治相结合,政府治理、社会调节和居民自治良性互动。

总的来说,新时代“枫桥经验”重要理论意义在于,只要坚持党的领导,实现自律和他律、刚性和柔性、治身和治心、人力和科技相统一,我们就能实现基层治理创新,实现治理的现代化。

四、新时代枫桥经验的实践创新

基于上述理论创新,在制度和实践方面,新时代“枫桥经验”也发展出一系列

---

① 参见杜志章:《中国国家治理现代化的时代性、民族性和实践性简析》,载《国家治理》2020 年第 13 期。

② 《习近平指出,中国特色社会主义进入新时代是我国发展新的历史方位》,载中华人民共和国中央人民政府网,http://www.gov.cn/zhuanti/2017-10/18/content_5232625.htm。

新的做法，集中体现于其核心要义表述的变化：从20世纪60年代诞生之时的“矛盾就地解决”，改革开放新时期的“小事不出村、大事不出镇、矛盾不上交”，到新时代的“矛盾不上交、平安不出事、服务不缺位”。“矛盾不上交”是毛泽东同志提出的“依靠群众”、教育改造人的体现；“平安不出事”是习近平总书记关于平安建设的重要论述的体现；“服务不缺位”是全心全意为人民服务的党的根本宗旨的体现，更是习近平总书记指出的坚持以人民为中心的发展思想的体现。① 这赋予新时代“枫桥经验”以新的内涵，其表现为以下几个方面：

第一，坚持党建统领，打通科层制间的制度性区隔，通过组织建设将治理延伸到基层各个角落，实现了联动共治、多元共治。在基层社会治理过程中，从党和政府角度来看，可能存在两个问题：一是因为科层制的本位主义秉性和条块分割的格局造成交叉地带和“灯下黑”领域；二是因各种原因而被有意或无意忽视的领域、区域或个体。新时代“枫桥经验”打造党建统领平台，整合各种资源，协调不同机构和部门，实现社会治理的联动共治、多元共治。

如在基层，浙江省绍兴市探索出以“区镇一体，条抓块统，实时联动”为主要特征的融综治工作、综合执法、市场监管、便民服务于一体的镇街“基层治理四平台”，把镇街和部门派驻机构承担的职能相近、职责交叉和协作密切的日常管理服务事务进行归类，区级机关相关部门常态派驻干部职工入驻，实现统一指挥，属地管理。同时积极推动“最多跑一次”向社会治理领域延伸，建立起“一站式服务、一条龙调处、一揽子化解”的矛调中心，区机关16个部门轮驻中心。同时，在镇街成立镇村两级矛调中心。此外，通过发挥党建统领的辐射力，浙江省绍兴市打通了基层警务、基层治理的每一个神经末梢，通过提升支部组织力，推行社区民警兼任村（社区）党支部副书记或主任助理，建立起社区治理的新体系。在积极培育平安类社会组织时，浙江省绍兴市还引导他们依法注册登记并成立党组织，创设义警平台，研发党建云模块，推进组织力指数网上评价等，通过激发基层党员先锋模范作用，提升多元共治的能力和水平。

作为“枫桥经验”的创建主体之一，浙江省绍兴市公安局充分发挥党建统领的领导力和凝聚力，通过党建统领改革，党建统领业务和党建统领队伍实施市县警务组织体系改革，按照“党建统领、机构虚拟、实体运作”的要求和“整体智治”的原

① 参见杨婷：《新时代“枫桥经验”的新内涵、新境界——访浙江省公安厅副厅长金伯中》，载《社会治理》2018年第6期。

则，建立了以情指行一体化合成作战中心为“大脑”、大部门大警种为“躯干”，基层网格化勤务警力为“手脚”的现代警务模式。首先，建立市、县、所三级组织架构，市局组建全市情指行一体化“1+6+7+X”[①]合成作战体系，各区县（市）参照市局中心组织架构，结合实际成立“1+7+N”合成作战中心，派出所组建综合指挥室。其次，通过党建整合市公安局机关24个建制单位，组建大政工、大情指、大治安、大侦查、大监管、大保障等大部门大警种中心，成立基层党委或党总支，统筹党建、业务和队伍；充分发挥基层党支部作用，引领和推进派出所警务机制改革，统筹网格内的派出所民警、交警和巡特警“三警融合”，不断提升基层实战能力。[②] 2020年，首创“大数据+情指行一体化+网格化”闭环管控机制，成为最强公安“防疫大脑”，彰显了绍兴公安新时代枫桥警务模式的核心战斗力。

第二，坚持源头治理，全面提升防控化解风险的能力，做到“矛盾不上交”。风险社会理论告诉我们，现代社会的风险具有扩散性和系统性，如果不在源头加以控制，往往会造成严重的影响。依靠群众实现“源头治理”一直就是“枫桥经验”的优良传统。

在新时代“枫桥经验”的创建活动中，一方面，突出“早”和“实”，围绕人、地、物、事、组织等基本要素，常态化地开展矛盾纠纷和风险隐患大排查、大化解和大落实。浙江省绍兴市委政法委出台了《重大涉稳风险隐患处置工作机制》，建立起风险隐患排查、评估、流转、化解、跟踪、督办、销号闭环处置机制，实现了重大风险排查率、建档率、评估率、流转率、责任落实率均为100%，2020年排查管控的450条风险隐患实现了零滋事、零群访。另一方面，突出“化”，建构起矛盾纠纷多元化解机制。面对社会主要矛盾的新变化，浙江省绍兴市通过党群组织网络，形成“横向到边，纵向到底”社会治理架构，形成乡镇吹哨、部门报到的良好格局。

第三，坚持预防为主，全面提升整体防控水平，做到“平安不出事”。浙江省绍兴市坚持“立体化、智慧化、法治化、社会化、专业化”的方向，高水平地推进社会治安防控体系，绍兴市出台《全面推进社会治安防控体系建设三年规划》，全面推进环绍封控圈、路面巡控、社区防控、基础防控、公共安全、网络安全、智慧防控和心防工程等“一圈七网”32项重点建设任务；制定《绍兴市公安机关“智安小区”建设技

---

① “1”个市局“情指行”合成作战中心，“6”个侦查、反诈、维稳防控、反恐、舆情、督察（民意感知）等分中心，“7”个县市局情指行合成作战中心，“X”则是根据现实需求设立的其他中心。

② 参见潘益民、陈福连：《创新发展新时代枫桥警务模式研究——基于新时代“枫桥经验”的视角》，载《公安教育》2021年第2期。

术规范》《关于进一步加强新建住宅小区配套智慧安防设施建设的通知》,在市内全覆盖建设智安单元,并推广到智安医院、学校、景区、商场等,连点成片,实现对各类风险隐患、治安要素的精准、智慧管控;出台治安相关基础要素管控制度,从管理架构、管理方法和管理责任三方面入手,实现基础要素点穴式管理、精准式推送、规范式执法。

这些预防措施有力地维护了社会稳定,提升了民众的安全感。在2020年,浙江省绍兴市“无案村”占比达82.3%,连续12年获得“平安市”的称号,获得浙江“平安金鼎”。

第四,坚持服务为先,全面提升服务群众的能力,做到“服务不缺位”。在践行新时代“枫桥经验”过程中,浙江省绍兴市始终坚持以人民为中心的理念,寓治理于服务之中,以更优质、高效和便捷的服务提升群众获得感,实现共建共治共享。

一方面,进一步深化“最多跑一次”改革,全面落实“一窗受理,集成服务”。公安机关建设市县两级公安网办中心,开展“枫桥式公安窗口”创建,在80个派出所建立“1+X”型综合窗口,月均网办超15万件,办件平均满意率99.78%;建立市、县、镇、村、点五级服务机构等,其中交通事故处理“一件事”的集成改革得到了时任浙江省委书记车俊的肯定,公民身份信息变更“一件事”联办改革被省委改革办《竞跑者》推荐。另一方面,浙江省绍兴市利用科技手段,精心完善网上服务体系。打造的集网上调解、一站办理等168项功能于一体的“枫桥警务—越警管家”服务平台,获评浙江省民生获得感示范工程,实名注册数已达194万,访问量逾2400万。

同时,在服务过程中,为积极回应群众的关切,提高工作的针对性和科学性,浙江省绍兴市还不断完善群众评价体系。例如,浙江省绍兴市公安局进一步发展“民意主导警务”,让民意领跑警务,依托智慧民意感知体系,实现了全量汇聚、实时感知和精准研判;通过对民意评估数据的分析,以问题为导向,针对性地实施“五民工程”,精准描绘民意画像,真正将民意转化为绍兴治警实践的行动指南。[1]丰富“三治”融合,推进基层社会治理体系建设。

第五,以自治为基础、法治为保障、德治为先导,构建自治、法治、德治“三治融合”的基层社会治理体系。这是“枫桥经验”创新发展的重要成果,也是新时代基层社会治理创新的重要发展方向。

① 参见潘益民、陈福连:《创新发展新时代枫桥警务模式研究——基于新时代“枫桥经验”的视角》,载《公安教育》2021年第2期。

首先,基层民主自治制度不断完善。基层群众自治是我国宪法确定的一项基本民主政治制度,也是基层社会治理的重要基石和基层社会治理内生力的重要来源。除进一步落实《中华人民共和国村民委员会组织法》(以下简称《村民委员会组织法》)、《中华人民共和国城市居民委员会组织法》外,民众还结合本地实际发展出具有特色的民主决策机制,如枫桥镇对村级重大事项的“三上三下”决策机制。同时,“枫桥经验”还非常重视村规民约在基层治理中的自律规范作用,深化村规民约、社区公约“村社两约”的创建活动。例如,枫桥镇《陈家村村规民约》就很好地实现了乡村治理的功能,成为基层社会治理的制度样本。从 2015 年开始,浙江省推广“枫桥经验”,在全国率先组织开展制定、修订和实施村规民约、社区公约活动。“枫桥经验”还积极培育各类社会组织,涌现出诸如“红枫义警”、新乡贤、老娘舅等社会组织,此外,还鼓励企业的广泛参与,形成多元化、社会化的治理模式。

其次,法治和德治并举,坚持基层社会治理中的自律与他律,刚性与柔性相统一,实现专业化与社会化的统一。新时代“枫桥经验”是法治与德治同行善治的样本。

法治强调他律,具有刚性的特征,属于正式社会控制范畴。全面依法治国是中国特色社会主义的本质要求和重要保障,是国家治理的一场深刻革命。新时代的“枫桥经验”回应了法治中国和我国基本矛盾新变化的要求。浙江省绍兴市通过制定和完善基层社会治理地方性法规、依法化解基层矛盾纠纷、依法执法等方式,运用法治思维和法治方式进行社会治理。

德治强调自律,具有柔性的特征,属于非正式社会控制。中国社会,特别是基层社会仍具有鲜明的人情社会和熟人社会特征,乡风民俗等非正式社会控制方式仍可发挥维持社会秩序的功能。正如孔子所言,“道之以政,齐之以刑,民免而无耻。道之以德,齐之以礼,有耻且格”,德治有助于治身和治心的统一。“枫桥经验”诞生之时就具有德治文化的基因。新时代“枫桥经验”秉承习近平总书记的法治与德治并举的思想,充分发挥中华优秀传统文化的优势,大力弘扬社会主义核心价值观,通过发挥乡贤文化、道德榜样、家训家风、生活礼俗等教化作用,为基层社会自治和法治提供道德底蕴、情感支持。① 这也在乡村治理、公益事业、纠纷化解等工作中取得了显著成效,创造出别具风格的新乡贤参与治理的“枫桥经验”。②

---

① 参见中国法学会“枫桥经验”理论总结和经验提升课题组:《“枫桥经验”的理论建构》,法律出版社 2018 年版,第 143 页。

② 参见汪世荣、褚宸舸:《“枫桥经验”:基层社会治理体系和能力现代化实证研究》,法律出版社 2018 年版,第 174 页。

第六，推行“智治”，科技赋能，助力基层社会治理。在治理领域，技术的应用可以改变政府组织，改变政府与其他行动者的地位，以及改善生活品质。① 改革开放以来，我国国家治理发生了巨大变化，由总体支配转向技术治理。② 技术治理的实质是把智能技术嵌入公共治理之中，成为社会治理的“准主体”。③ 国家治理中的管理逻辑、超复杂和风险社会逻辑以及善治逻辑都要求实现治理的精细化、高效性和互动性，而网络等信息技术的使用可在一定程度上达成这些目标。因此，新兴技术形塑着现代社会国家治理的现代化面向，使行政权力下沉，促使政府部门之间联动，增强社会活力，提升治理的整体水平。

在当代生活中，“基层社会治理没有信息化，就不可能实现现代化”。④ 新时代“枫桥经验”将互联网、大数据和最新的科技运用于党建统领、“矛盾不上交”、“平安不出事”和“服务不缺位”等领域，构建起大数据驱动的情指行一体化现代警务模式、打通110接处警系统与基层社会治理“四平台”的深入融合、“矛盾纠纷多元化解一体化网络平台”和“越警管家”等多元矛盾纠纷化解平台；构建起聚焦智慧警务的“双十工程”，打造“泛感知、一中心、一平台、N应用”防控体系等社会风险防控平台；构建起“平安浙江App”，助力“最多跑一次”改革的政务服务创新等大数据驱动的公共服务体系。

第四节 新时代“枫桥经验”引领市域社会治理

一、“枫桥经验”引领的必要性

从宏观环境来看，我国即将开启全面建设社会主义现代化的新征程，向第二个百年奋斗目标前进。当今世界正经历百年未有之大变局，我国发展仍然处于重要战略机遇期，但也面临着内部经济结构转化、社会结构改革、社会矛盾风险增加和

① See Robert Wilhelm Siegfried Ruhlandt, *The Governance of Smart Cities: A Systematic Literature Review*, 81 Cities 1 (2018).

② 参见渠敬东、周飞舟、应星：《从总体支配到技术治理——基于中国30年改革经验的社会学分析》，载《中国社会科学》2009年第6期。

③ 宋辰熙、刘铮：《从“治理技术”到“技术治理”：社会治理的范式转换与路径选择》，载《宁夏社会科学》2019年第6期。

④ 中国法学会“枫桥经验”理论总结和经验提升课题组：《“枫桥经验”的理论建构》，法律出版社2018年版，第147页。

外部错综复杂的国际环境变化等挑战，如何防范化解各类风险隐患，推动平安中国建设迈上新台阶，实现第二个百年奋斗目标、实现中华民族伟大复兴的中国梦，成为当前国家治理的急迫任务。

从城乡社会的构成来看，城市社区面临着更大的挑战。随着我国社会的发展，城市化进程快速推进。根据中国科学院可持续发展战略研究组的研究，我国内地城市化率在2011年首次超过50%，即城市人口超过农村人口。① 到2019年，常住人口城镇化率突破60%，城镇人口已达8.5亿，其中有2.9亿农民工。从其创建到发展历程来看，“枫桥经验”重在基层社会治理，尤其在县以下的镇街乃至村的熟人社会。而相比农村，在城市中社区治理面临的问题更为复杂，更为繁重，城市社会异质性更高、流动性更强、个体原子化突出以及民众多元化需求更高。

从纵向治理架构来看，市域社会治理是城市社会治理与农村社会治理的融合体。② 在治理过程中，与县乡治理相比，地级市在省与县之间，是“顶层”和“基层”之间的“中层”，③具有更强的维护公平正义的法治能力（如拥有地方立法权）、统筹城乡区域治理的能力，也拥有更丰富的智慧治理资源。④ “新时代面临的社会矛盾具有复杂性、关联性、跨界性、动态性等特征，凭一镇之力、一县之力往往难以有效解决，必须要提升到更高层级来统筹化解。”⑤因此，在国家治理体系中，形成市级统筹协调、县级组织实施、乡镇（街道）强基固本的市域社会治理链条是符合我国实际的有效之举。因此，市域社会治理可成为国家治理的重要支柱，发挥承上启下的枢纽作用，以点带面的示范作用和以城带乡的引擎作用，可更有效地应对社会治理中的重大矛盾和风险。

从现实情况来看，面对社会快速的变迁，社会主要矛盾的变化，当前市域社会治理存在一些短板，如风险预测预防不够、公共服务供给缺失与失衡、治理缺乏整

---

① 参见《中科院报告：中国内地城市化率已突破50%》，载中国新闻网，https://www.chinanews.com/gn/2012/10-31/4290659.shtml。

② 参见陈成文、张江龙、陈宇舟：《市域社会治理：一个概念的社会学意义》，载《江西社会科学》2020年第1期。

③ 参见余钊飞：《新时代“枫桥经验”与市域社会治理现代化》，载《人民法院报》2019年11月22日，第5版。

④ 参见姜方炳：《推进市域社会治理现代化：历史源流与现实动因》，载《中共杭州市委党校学报》2021年第1期。

⑤ 卢芳霞、刘开君：《新时代“枫桥经验”与市域社会治理现代化》，载《中国社会科学报》2020年5月6日，第4版。

体性与可持续性、群众参与不足和无序,以及数据化智能化程度不高等问题,①亟须有效的治理方案。

二、“枫桥经验”引领的可行性

从实践效果来看,“枫桥经验”虽诞生于枫桥地区,但绝非一种“地方性知识”。习近平同志担任浙江省委书记期间,“枫桥经验”不断地创新和发展,而且在浙江全省普遍推广。习近平同志担任总书记后,“枫桥经验”更是走出浙江,在全国各地都得到了创新实践,取得了非常好的社会治理效果。从这个角度来看,新时代“枫桥经验”,已不仅是诸暨枫桥镇人民的经验,更是全国各地人民群众的智慧结晶,已经成为“中国之治”的样本之一。

新时代“枫桥经验”坚持党的领导和群众路线相结合,可为市域社会治理提供治理之“道”的根本支持。“枫桥经验”是党领导人民群众治理基层社会的典范。在浙江省绍兴市开展新时代“枫桥经验”的创新实践过程中,党不仅起着思想引领和方针政策指引的作用,而且还积极发挥统领作用,超越科层制的羁绊,实现组织架构的大融合,迸发出强大的活力。这体现了“以党的治理体系现代化引领国家治理体系现代化”②的中国之治统领之“道”。新时代“枫桥经验”还证明了决定治理模式成功与否的另一个关键性因素,即能否贯彻党的群众路线,坚持“以人民为中心”,这是实现中国之治的依托之“道”。

新时代“枫桥经验”的核心内容可为市域社会治理提供支撑。我国的社会治理模式正从管制和管理向治理转变,如何在治理过程中打破之前的行政手段依赖,同时又促进社会和谐,提升群众的获得感、安全感和幸福感,成为社会治理破局的关键点。新时代“枫桥经验”的核心要义——“矛盾不上交、平安不出事、服务不缺位”,体现了寓治理于服务之中,是治理与服务的有机统一,可为市域社会治理提供整体框架支撑。

新时代“枫桥经验”的方式方法为市域社会治理提供了治理之“术”。通过浙江省绍兴市的新时代“枫桥经验”创新,可以看到,在行政上实现多部门、多层次功能融合,在方式上推进社会治理社会化、法治化、智能化、专业化,在方法上实行三治融合,在途径上实现属地与属人的结合,就能实现多元社会治理的化学反应,就能构建起共治共建共享的社会治理格局。这不仅适用于乡村、镇街和县域,也适合

---

① 参见林延斌:《基于“枫桥经验”推进市域社会治理现代化》,载《科学发展》2020 年第 6 期。

② 杨典:《以党的治理体系现代化引领国家治理体系现代化——基于政党社会学的分析》,载《社会科学》2020 年第 7 期。

于市域的社会治理。

新时代“枫桥经验”在具体措施上因地制宜的原则也可为市域社会治理提供借鉴。在浙江省绍兴市创建和实践新时代“枫桥经验”过程中，各地根据属地情况采取了扎根于本地区，具有明显属地文化和社会特色的治理方式，取得了非常好的成效。习近平总书记强调：“党在百年奋斗中始终坚持从我国国情出发，探索并形成符合中国实际的正确道路。”①无论是市域之间，还是市域内不同县市，抑或县市之下的不同镇街，它们在社会经济发展、地方文化传统等方面都会存在差异，在有效的治理之“道”和“术”的指引下，发展出具有地方特色的“三治融合”方式也是推进国家治理现代化的应有之义。

① 《中共中央关于党的百年奋斗重大成就和历史经验的决议（全文）》，载中华人民共和国中央人民政府网，https://www.gov.cn/xinwen/2021－11/16/content_5651269.htm。

第三章 “枫桥式公安派出所”的创建与发展

公安派出所是公安机关的基础单元，是基层多功能综合性战斗与服务实体，也是基层社会治理的第一级平台，在公安工作中具有基础性、先导性、根本性的战略地位。“枫桥式公安派出所”发源于浙江省诸暨市枫桥派出所，也是枫桥经验的最初实践证明，随着社会发展与社会治理嬗变，枫桥经验与枫桥派出所的理念、内容都发生了相应变化。对“枫桥式公安派出所”的系统研究有利于更好地推广该模式，进一步加强党在基层的领导，助力社会治理、市域社会治理现代化，公安机关警务现代化的实现。

第一节 “枫桥式公安派出所”的历史沿革

一、“枫桥式公安派出所”的创建与初期内涵

（一）枫桥派出所的创立与发展

“枫桥式公安派出所”的源头在浙江省诸暨市公安局枫桥派出所。1950年7月，枫桥镇在青年街34号一幢老楼内设立了枫桥派出所。管辖区域包括枫桥、栎江、新枫、东一等15个公社。设立之初由于还担负着剿匪的任务，配置了6名民警、6名武装警察。20世纪60年代至1986年民警数量只有6人。

1956 年上半年,枫桥派出所被撤销,镇治安任务交由县公安局特派员负责。

20 世纪 60 年代,国内外安全形势严峻,如何维护与保证基层社会安全稳定,是基层公安部门的重要职责。

1963 年年底,毛泽东同志对“枫桥经验”作出重要批示,枫桥镇派出所重新设立。在经过进一步调研、研究、总结后,当时的“枫桥经验”被概括为:“依靠群众,对阶级敌人进行有效改造;依靠群众,教育改造有犯罪行为的人;依靠群众,查破一般性案件;依靠群众,搞好防范,维护社会治安。”①1965 年,中央强调了“枫桥经验”和“枫桥经验”下公安派出所工作的重要性,并要求全国各基层学习推广,在社会治安领域实现捕人少、杀人少。

但在“文化大革命”期间,“枫桥经验”和枫桥经验下的派出所工作被污蔑为“放纵和包庇敌人”,被视为修正主义的黑样板,1968 年,枫桥派出所因故被迫停止工作。1970 年年底,周恩来同志在第十五次全国公安会议上再次肯定了“枫桥经验”。1971 年,枫桥派出所再次挂牌恢复工作,直至现在。

(二)枫桥派出所的初期内涵

枫桥派出所在维护社会治安时,先后成立了监督改造、矛盾调研、帮助教育、安全检查四个组,解决了大量的人民内部矛盾,尤其是创造了依靠群众,关心教育帮助懒汉、二流子、流窜犯改正的经验,受到公安部高度肯定。

具体工作包括:第一,就地改造流窜犯。20 世纪 60 年代至 70 年代,受自然灾害等因素的影响,国民经济发展缓慢,部分民众在城乡之间流窜,产生偷、抢等犯罪行为。枫桥派出所的公安干部与群众创立了“三管”办法,管好流窜犯,即做好流窜犯的思想工作,纠正犯罪人员偷抢盗等犯罪思想,关注头脑;管住抓获和记录的流窜犯手脚,不让其再次逃跑犯罪;管好流窜犯人员的吃住,不让其继续饿肚皮。

第二,开展帮扶教育工作。本着“少捕少杀”的方针,枫桥派出所对一般违法人员以教育为主。受“文化大革命”的影响,当时青少年犯罪大量增加,影响社会稳定。枫桥派出所和基层干部群众率先提出“帮扶教育”的理念,采取“三清一落实”措施进行具体帮扶。主动查清青少年犯罪的原因,了解背景情况,并对犯罪规律进行总结分析,为后续的帮扶提供支撑,消除各项不利因素,发挥有利因素。

第三,为“四类分子”评审摘帽。② 从 20 世纪 60 年代至改革开放前,在枫桥经

---

① 俞红霞:《“枫桥经验”的形成和发展历程》,载《中共党史资料》2006 年第 2 期。

② “摘帽”的标准是:“凡是十年动乱时期,老实劳动,没有跳出来干坏事,没有违法犯罪活动的,就可以认定他们已经改造好,给予摘掉‘帽子’。摘多少不受比例限制,实事求是,能摘多少摘多少。”

验的影响下,“四类分子”已经得到了较长时间的教育,绝大部分已经成为劳动群众的一员。浙江省诸暨市枫桥镇从实际出发,大胆冲破思想禁锢,依靠群众、相信群众,对已经整改、遵纪守法、表现良好的分子进行摘帽,实现应摘尽摘,并允许表现良好的“四类分子”子女入团、当干、参军。1979 年 2 月 5 日,《人民日报》刊登了《摘掉一顶帽,调动几代人——记浙江省诸暨县枫桥区落实党对“四类分子”的政策》一文,肯定了这种做法。

二、“枫桥式公安派出所”的探索创新

(一)夯实基础,风险就地化解

1. 深化传统帮教机制,就地提前化解风险

20 世纪 70 年代,枫桥派出所就地改造流窜犯和帮助失足青少年,就地及早化解各类社会风险,降低辖区内犯罪率。这类化解重大社会风险的帮教制度,成为枫桥经验的重要内容之一。这也使积极、主动,不等案、不等事的工作风格成为枫桥派出所的特色。此后,枫桥派出所在这一经验下,根据社会发展与社会需要不断创新。

20 世纪 80 年代,枫桥派出所探索了“民警包尖子、乡镇干部包重点、其他人员帮一般”的帮教机制,并建立了月评、季度考核、年度考评的工作制度。将帮教制度进一步规范化,引入新的力量参与其中,进行分类帮教。

20 世纪 90 年代后,枫桥派出所又创新了“三帮三延伸”的教育转化工作机制。“三帮”指的是帮人要帮心,帮人要帮富,帮人帮到底。帮教制度的内容更加丰富,成为顺应社会发展与社会价值变化的新方式。同时,在“三延伸”方面,将帮扶延伸进监狱,帮助服刑人员回归社会,使犯案人员不再犯案;帮教注重实效,将帮扶延伸至帮扶对象的生活中,继承和发扬传统枫桥经验,帮助帮教对象解决基本生活问题、使其自力更生;帮助讲究成效,将帮扶延伸至事后,并巩固帮扶成效。构建了分层、分类、全过程的帮扶机制,将社会各类重大隐患及时及早提前在当地有效化解,将游离于社会轨道外的群体重新吸纳进来,减少各类社会冲突与社会越轨行为的发生。

在新时代背景下,枫桥派出所的帮教制度与行动更加科学合理,引入了律师、心理师等专业团队参与,采用联动或联体的方式,与社会力量、村委会(街道办)共同帮教,解决相关人员的帮教难题。使特殊群体及时得到帮助与教化,及早化解社会风险,使整个社会风气温和不戾气。

2. 建立提前机制,及早化解社会矛盾纠纷

社会矛盾纠纷化解是枫桥经验的重要内容(见第七章),也是枫桥派出所日常

工作中的重要内容。例如,人身或财产受损索赔、婚姻纠纷、邻里纠纷、劳动纠纷、财产纠纷、家庭纠纷等。这些矛盾纠纷如果缺乏良好的调解机制,在环境或事件的催化下,很有可能演变成暴力恶性事件,增加社会犯罪率。在既有的矛盾纠纷解决机制学术研究中,经典解释包括"纠纷金字塔""纠纷宝塔""纠纷金字塔漏斗化"等。① 不同类型的纠纷和化解方式下,纠纷化解有着不同的结果,如何将矛盾纠纷尽早完全化解,避免纠纷的扩大化与激化,甚至是暴力事件的发生是重中之重。

20 世纪 90 年代以来,枫桥派出所创造了防范化解矛盾的"四前工作法"和"四先四早"工作机制。"四前工作法"指的是,组织建设走在工作前,使具体工作有依托、有载体,解决组织缺失问题;预警工作走在前,注重对各类社会风险的预警,建立科学的预警制度;化解工作走在处置前,注重对矛盾纠纷的化解;调解工作走在激化前。"四先四早"指的是预警在先,苗头问题早消除;教育在先,重点对象早转化;控制在先,敏感时期早防范;调解在先,矛盾纠纷早处置。

随着市场经济的飞速发展,社会风险矛盾更为复杂多样,且相互作用。各类群体性事件发生数量在一段时间内也有所增加,传统的社会矛盾化解方式显然已经滞后,需要创新治理模式与路径。在此背景下,枫桥派出所积极主动吸纳社会力量参与,建立提前化解机制,将各类矛盾纠纷化解在初期。坚持抓早抓小抓苗头,围绕人、地、物、事组织等基础要素,常态化开展风险隐患排查、化解。

(二)依靠群众,整合枫桥治安力量

枫桥经验的一个重要内容就是依靠群众、发动群众,在基层形成良性的自治循环。经过数十年的探索创新,枫桥派出所培育和发展了完善规范的基层治保组织,使基层治安力量得到极大补充,将"警力有限,民力补充"进行有机结合。

枫桥派出所在治保组织建设过程中建立了"五有五必"工作制度。"五有"是指基层有稳定的治保组织,组建专人团队,与基层派出所相互配合,形成合力;有固定的治保工作场所,为治保队员提供固定办公、聚集场所;有完整的治保工作档案,使治保人员管理规范化;有规定的治保工作待遇;有规范的治保工作制度。"五必"指的是:为任满 15 年以上的治保干部颁发荣誉证书,并落实相关养老金政策;尽力帮助生病或有特殊困难的治保干部;及时查处治保干部因工作遇到打击报复的情况;逢年过节慰问治保干部;建议上级部门对成绩显著的治保干部给予表彰和

① 参见郭星华、曲麒翰:《纠纷金字塔的漏斗化——暴力犯罪问题的一个法社会学分析框架》,载《广西民族大学学报(哲学社会科学版)》2011 年第 4 期。

嘉奖。稳固的基层治保组织成为枫桥派出所的补充力量和联系群众的桥梁纽带。

建立群众警务。坚持民事民议、民事民办、民事民管,提升共建共治能力。20世纪90年代末期,枫桥派出所建立了专群结合的工作方针,构建平安型农村社区警务模式。2002年以后,枫桥派出所按照综合网格化管理要求,优化原有模式,在偏远地区农村建立了集聚警务模式,在镇边缘社区建立了“一区一警、一村一员”的警务模式,在重点区域和治安复杂区域建立“一村一室一员”警务模式,逐步下沉警力。

(三)积极探索,构建现代化派出所

1. 以群众需求和满意为导向

按照信息警务的发展导向,及时掌握民情民意。枫桥派出所采取上门走访、警民恳谈、问计于民、网络沟通等多种形式广泛收集社情民意。将社情民意的梳理分析和信息警务有效结合,通过每日例会、每周分析、每月综合研判,深度应用社情民意和警情信息,形成“警务跟着民意走,民警围绕群众转”。

搭建警务平台,将派出所的场域前移至群众家门口。枫桥派出所在每一个网格(村)、每一个站点建立警区,使基层相关警务与政务结合。依托枫桥镇的三个行政管理网格,枫桥派出所建立了3个警务站、25个村级警务工作点,形成以“行政管理区为依托、社区警务站为中心、村级警务站管片、警务点控村”的群众警务新格局。

2. 建立网格化治安防控体系

坚持“五个一”为主导,建立建好一个电子监控网、组建一支专业巡防(消)队、设置一批路口治安岗亭、建设一批社区警务点、创建一批公共安全村的网格化治安防控体系,形成“点上控、面上巡、卡点守、社区防”的群防群治模式。

网格化管理,组团式服务。枫桥派出所将枫源村首创的“网格化管理、组团式服务”民主治村管理机制与社区警务活动相融合,积极依靠村“两委”、人口专协管员、应急信息员、安全监督员、驻村指导员等社会资源组成网格化基础警务管理组,向村民小组与村民延伸。通过网格联系人走访群众,掌握社情民意,化解一般矛盾纠纷,实行网格责任化管理。

创建乡村“110”快速反应机制。枫桥派出所根据社会矛盾纠纷“小事拖大、大事拖炸”的发展逻辑,建立由所内值班接警组、社区民警、驻村平安专管员和村级治调人员构成的三级处警网络。按照就地出警、就近处置、就快处理的原则,一旦辖区内发生警情,派出所信息中心将依托信息系统,将警情推送至相关处理人员,并及时跟进处理情况。

强化治保力量保障。枫桥派出所按照“警务装备配齐、综合制度做保障”的原则,在每个警务站配置用于应急处置的车辆,给社区民警配备警用电瓶车、公安信息联网便携电脑、多功能警务通等警用装备,让社区民警出得去、能联络、可联动、信息可共享。

第二节　新时代“枫桥式公安派出所”的主要特点

新时代“枫桥式公安派出所”是以新时代枫桥经验为引领,对“枫桥式公安派出所”的再改革。对党忠诚,其核心特点是以人民为中心,通过群众路线,增强基层警力,实现社会风险源头治理。

一、对党绝对忠诚,以人民为中心

(一)党建统领

公安派出所是人民警察队伍的基本组织单元,是队伍的根基,与民众直接面对面。对党绝对忠诚,听党指挥,始终坚持以人民为中心是各基层派出所的根本特点,也是新时代“枫桥式公安派出所”的主要特点之一。

新时代“枫桥式公安派出所”始终将党的政治建设放在首位,加强对基层民警的政治教育、忠诚教育,使党性教育深入人心。将“党建统领”等内容纳入基层派出所考评,进一步细化党组织标准化规范建设、严格执行党内组织生活。在派出所健全“三会一课”、民主生活会等制度,使公安派出所党建不缺位,有载体、有内容、有方式。

聚焦政治建警,以党建统领新时代“枫桥式公安派出所”创建。首先,深入推进“枫桥经验”学习活动,利用各类讨论会和党课学习上级精神,围绕基层派出所的相关工作展开研讨,征集民警意见,在思想碰撞与交流过程中提升全警思想认同、理论认同、实践认同和工作认同。其次,将党建纳入必考内容。以提升组织力为重点,突出政治功能,将“党建统领”纳入基层派出所创建考评办法,进一步细化党组织标准化、规范化建设、严格执行党内组织生活、社区民警兼任村(社区)党支部副书记或副主任助理等具体要求,确保党的建设各项制度在基层派出所落到实处。最后,将战斗堡垒作为创建基石。充分发挥“支部建在连上”的优良传统,在各类义警和平安类社会组织中建立党支部,将党建延伸到基层。聚焦现代警务模式组织体系中的街(路)面勤务机制改革,统筹网格内的基层派出所民警、交警、巡特警等警力党员组成相应的网格党组织,以党组织的统领加强三警融合,同时注重对党支部建设的支持与表彰。

(二)以民意为中心

“不忘初心,方得始终。中国共产党人的初心和使命,就是为中国人民谋幸福,为中华民族谋复兴。”①为人民、民本主义是我党的本色和初心使命,贯穿于习近平新时代中国特色社会主义思想。公安派出所作为维护地方平安、服务基层社会治理的基础性和支撑性力量,与民众直接面对面,绝不能脱离民众。

基层派出所民警与民众直接联系,与群众面对面,是基层执法的主要力量,相关服务展现的是党和政府的第一形象。服务的好坏、对群众的态度好不好影响着民众对警察、对公安队伍的态度。因此,派出所民警的工作和考评机制应将人民是否满意作为最重要的标准,要最大限度地提升服务质量,满足人民群众日益增长的安全需求,赢得民心、聚拢民心,为公安在基层工作打好扎实的群众基础。

新时代“枫桥式公安派出所”是建立在“枫桥经验”的基础上,与群众有着极为密切的联系,始终与民众站在一起。新时代“枫桥式公安派出所”要坚持民意导向,始终把人民满意作为立警之本。在此基础上,急民众之所急、除民众之所恨、解民众之所忧。围绕民众展开犯罪打击、社会治安维护、社会矛盾纠纷化解、基础性窗口服务等工作,依照不同时期、不同地域民众的需求,切实提升民众的满意度与幸福感、安全感。

二、坚持群众路线,增强基层警力

新时代“枫桥式公安派出所”既要坚持好枫桥经验,还要发展好枫桥经验。新时代枫桥经验同样重视对人民群众的发动与依靠。依靠群众、综合治理、共享治理是新时代“枫桥经验”的重要内容,也包含着协同治理与整体性治理的理念内涵。有这样一句话“要进枫桥派出所大门槛,先进群众工作这一关”。新时代“枫桥式公安派出所”在人员上注意配齐配强社区民(辅)警,增强末梢力量。通过这些力量与民众进行广泛深入的联系(如群众对社区民警知晓率需要超过95%),一方面,及时了解民情民意,帮助群众排忧解难,维护一方平安,及时宣传普法;另一方面,通过这些嵌入性力量带动人民群众,依靠群众,发动群众参与社会治安与基层社会治理,将各类社会风险消除在初期,达到群防群治的最佳效果。

---

① 习近平:《习近平谈治国理政》(第3卷),外文出版社2020年版,第1页。

首先,将群众的呼声作为新时代“枫桥式公安派出所”工作的立足点。始终坚持创建为民的理念,在创建过程中最大限度尊重民意、汇聚民力、赢得民心。从人民群众最关注的事情、最痛恨的治安问题入手,不断优化基层派出所服务工作,让群众“最多跑一次”、少跑一次、为不便和偏远地区群众上门服务。新时代“枫桥式公安派出所”既重视大案,也重视小案,实施“每案必研、每案必侦、每人必研、每逃必追”的“四必机制”。同时,在基层派出所的推动下,积极创建无诈骗、无邪教、无吸毒等村(社)。坚持群众利益无小事,从小事做起,推进“破小案、办小事、解小忧、帮小忙、惠小利”的新五小工程。同时,实行“五议一创”“向人民报告、请人民评议、对人民负责”,派出所所长每半年汇报一次、警务站站长每季度报告一次、社区民警每月报告一次,听取民众意见,建立回访和民意画像机制,及时准确感知民意,优化基层派出所工作。

其次,始终把做实走访作为基层派出所群众工作的切入点。响应公安部“百万警进千万家”倡议,让基层警员与民众面对面,加强网上网下的沟通,不因智能技术的变革而丢失传统枫桥经验精髓。例如,浙江省绍兴市规定,机关层面,按照每一名机关民警联系一个村(社区)的要求,每月至少两次下基层开展走访调查、服务群众等工作;派出所层面,按照每月走访60户的要求,进万家门、知万家情、解万家忧、办万家事、保万家安,开展常态化大走访。特别是通过“乡警回归”等活动,发挥警员的熟人作用,配合好基层民警开展矛盾调解等功能。利用智能技术,在互联网平台上,基层派出所突破传统地域与时间的限制,能够在第一时间、不分场域了解民情,及时解决群众困难。通过这些多元性制度与技术的渠道,进一步增加了警民之间联系,打牢基层基础,将民心与群众力量聚拢。

最后,推动群众组织与派出所多元共治。基层派出所需要承担最基本的打击犯罪与维护社会治安的任务,还需要与其他公共部门协同参与社会治理,以及完成其他突发性任务。但在现有建制与派出所设计中,基层派出所不可能持续扩充,其力量终究是有限的。那么,就需要依靠人民群众、发动群众、引导群众,依靠枫桥经验、发展枫桥经验,在基层社会形成共建共治共享的和谐稳定的社会环境。坚持民事民议、民事民办、民事民管,提升共建共治能力。大力在基层引导培育平安类社会组织,建设义警组织,并制定配套章程。以“义警”总会等组织为主干,建立义警队伍框架,推动工作常态化(截至2020年12月绍兴市共有义警组织108支2.5万余人)。同时,开发相关义警平台,落实精细化、集约化、流程化管理。将义警组织与基层公安派出所力量相结合,在基层形成多股合力,并将义警等群众组织融入社会组织中,构建社区生命体、治理共同体和生活综合体“三位一体”的共治社区(村)。在前述社区民警兼任村(街道)党支部副书记或副主任的基础上,积极引导民众因地制宜修订完善村规民约,提升自治的能力。采用众筹与政府购买服务等方式,大力推进村级监控建设和重点场所监控“全覆盖”,将派出所感知系统进行延伸。利用智能技术将人民群众和基层警务力量结合起来。

三、风险源头治理,矛盾不上交

从“坚持矛盾不上交,就地解决,实现捕人少,治安好”到“小事不出村、大事不出镇、矛盾不上交”再到“矛盾不上交、平安不出事、服务不缺位”,可以看出,“矛盾不上交”一直是枫桥经验中的重要内容,是基层派出所的工作的重点和目标。在新时代枫桥经验中,“矛盾不上交”不只是字面上的各类社会纠纷,而是具有广泛意义的影响基层社会平安稳定的因素。矛盾不上交是新时代“枫桥式公安派出所”的工作重点,也是工作目标,新时代“枫桥式公安派出所”的工作内容也不仅限于对矛盾纠纷的调解,还包含着对党和人民的承诺,有效化解各类社会风险,维护一方社会平安稳定的承诺。

风险的本质是引发损失的不确定性,而危机或重大突发事件是指某种损失所引发的政治、社会后果,本质是已然发生。① 二者有先后之分和因果关系,要最大限度减少突发事件发生的概率和降低事件所引发的损失,就需要在源头上进行控制或治理。基层派出所作为国家层面基础性力量,具有相应的权力和责任化解相关社会风险,特别是对于基层社会治安和社会矛盾纠纷问题。

新时代“枫桥式公安派出所”作为一种聚合中国治理智慧、治理经验的新模式,对社会风险的化解突出在“矛盾不上交”。这种“矛盾不上交”式的治理并非一种消极的将众多风险积蓄和留存到基层的“权宜性治理”,而是主张在基层派出所力量的牵引下,最大限度地消除与化解社会风险,实现一种积极之治。具体体现在三个层面:

一是做实基层,增强基层社会风险化解能力。通过派出所民警、社区民警等力量的嵌入,提升社区、村、企业等基础性单元的治理能力。例如,将各自为政的物业公司联合起来,协助公安机关参与风险排查、治安巡逻、流动人口管理、信息采集等工作。在农村推动“村社治保调解组织”的建设与发展,为该组织配套人员及资金,并协助制定相关章程,落实相关责任。同时,对高风险或复杂地区的治理力量

---

① 参见张海波:《风险社会与公共危机》,载《江海学刊》2006 年第 2 期。

升级,改造原有的派出所或警务站,整合警方、其他公共部门、社会力量,打造联勤警务站等联动联体平台,使复杂风险能够得到有力化解,切实提升新时代“枫桥式公安派出所”的社会风险治理能力。

二是突出早化解,将风险消除于初期。社会风险的化解或治理与危机处置有着显著区别,更为突出与侧重的是风险前期处置。新时代“枫桥式公安派出所”针对辖区内人、事、物等基础要素展开常态化巡查、滚动排查,消除各类风险、调解相关矛盾纠纷。注重全过程管理,将风险预防、化解、处置落实到社区民警走访、接处警、治安防控、办案等过程中,每周组织一次集中排查,每月全面摸排梳理一次。推进精细化管理,对所排查出来的各类违法犯罪线索以及各类影响社会稳定因素的风险,建立问题清单、任务清单、责任清单,将风险问题的化解逐一落实,防止问题的落空与搁置。同时,将派出所等治安力量主动融入基层社会治理平台中,与多部门形成协同与整合,建立多元化解机制。

三是以防为主,切实做到“平安不出事”。“防为上,救为次,戒为下”,注重预防,主动做好服务工作和做好应对可能的社会风险是“枫桥式公安派出所”的特色。在风险社会中,除风险的广泛性与互联网平台的影响外,基层辖区还需要面临大量外部风险,这些风险源头的管控治理,派出所难以干预甚至只能被动承担,因而需要在常态下就做好准备,建立起相应的制度、准备好相应资源。新时代“枫桥式公安派出所”利用智能技术,强化自身的敏感性,同时在辖区内推动平安社区、学校、医院的建设,做强基础单元,提升基层抗逆力。

四、服务不缺位与高质量并重

公安派出所不仅担负着基层社会风险化解的责任,还需做好基层服务工作。新时代“枫桥式公安派出所”注重服务不缺位和服务高质量,在新时代枫桥经验下,借助智能技术,融合推进现代化警务模式下的公安网上网下服务机制改革,全力打造新时代“枫桥式公安派出所”服务窗口,实现了从单纯提升单一事项或某项服务向基层整体警务服务能力提升的跨越,有效提升了基层派出所的公安服务效能、品牌识别度和人民群众的满意度与安全感。

(一)创新民生服务档案,构建普惠性线下窗口

实现服务能力清单化管理,以群众实际需求为导向,建立派出所归口的民生需求档案。派出所通过线上和线下相互结合的方式,广泛征集社情民意,制定出本辖区内的公安服务事项清单、高频事项清单以及服务短板清单,并对各类清单实现动态调整和管理。通过上述措施,基层派出所能够清晰了解辖区内的服务情况,并避

免了基层派出所的千篇一律与服务资源匹配不平衡的问题。

做强派出所实体窗口,实现“一窗办”,通过权力下放、窗口融合和网上帮办等方式,保证公安高频事项在派出所服务窗口等均能办理。按照不同类别的事项,能够在线下窗口全流程办理的及时办理,能够网上办理的可以网上办理,需要指导群众办理的要配齐相关举措,基层派出所无法办理的要及时推送并告知群众。

创新移动窗口“延伸办理”。全面配强“三级公安办事员队伍”,在警种层面,组建交警、出入境、流动人口等专业部门组成的流动办理队伍;在派出所层面,建立由机关民警、社区民警、辅警组成的走访办理队伍;在村或社区层面,组建由网格员、代办员、警务助理组成的家门口办理队伍。切实提升派出所的办事能力和服务能力。

推进智能终端的智能办理,将各类自助办理终端机器配置至有需求的村或社区一级,使人民群众能够在家门口自主办理。

(二)供需双侧变革,打造标准化的“云上服务窗口”

注重线上枫桥式服务窗口的规范化与标准化,使各地民众能够在一个平台或类似平台实现简单办理,享受便捷的网上服务。一是打造公安网上服务新矩阵,提升群众网上办事体验度。借助各类政务平台与省市公安平台,将众多公安服务事项“一网办”。践行“大数据 + 网格化”的理念,由社区民警等为辖区群众提供实时的线上咨询服务,使得群众在线上不仅能办还能办好。二是建立闭环流转机制,提升网上服务效能。建立网办事项全过程管理,对网上收件、网上流转、网上办结、邮寄送达等环节实行全闭环管理,实现服务、监管全流程追踪。同时,建立定期的通报和评估机制,将网办全面纳入民意感知和民意评价体系,实现民意数据对网络办理的倒逼与高效运行。

(三)聚焦人民群众期盼,拓展新时代“治理窗口”

聚焦服务质量新需求,推进服务能力提升工程。首先,提升服务群众能力。坚持管理与服务并重,加强事前监管,运用新的新技术和改革对公安派出所进行评估,对可能影响群众体验和增加风险的行为进行把控,特别是对要取消的窗口服务持慎重态度,或出台相应的救济措施,保证不同群体的需求。提升事中服务能力,加强常态化的网络安全执法检查和监督,提高工作的针对性和主动性。结合“最多跑一次”“马上办”等改革,借助智能平台等 App,主动将派出所服务事项融入其中,优化办事流程、提供智能化完备办事指南,便于群众免跑腿办事和一次办好事,提升服务体验感。同时在基层探索建立“互联网 + ”工作模式,在网吧、租赁等行业推广“安心码”等认证服务，方便民众在保证公民隐私权的基础上直接获取相关安全信息。

其次，落实事后服务评价。针对派出所的各项服务，落实科学的评价方式，以群众满意为评价核心。相关评价结合线上与线下的方式，并针对评价内容进行优化改革，对共性问题系统研究，对特殊性个案落实到社区民警，满足行动不便等特殊群体的服务需求，切实做到服务不缺位。

最后，提升服务企业能力。枫桥经验从农村走向城市，“枫桥式公安派出所”工作内容也不再局限于传统农村，而是进行扩展与深化，对企业等主体的服务同样重要。这里的服务包括对企业日常生产经营提供便捷性服务，主动优化营商环境，为企业等提供安全的营商环境。浙江省绍兴市新昌县等地创立了“项目警官制”（见第五章第五节），将基层派出所的警力及服务主动与企业生产经营相结合，与企业项目同步推进，打破沟通障碍，打造“零纠纷”的安全工程，对侵企犯罪严厉打击，提供高质量的服务。特别是在智能技术背景下，为企业等主体提供线上服务。2020 年，出台了《绍兴市公安机关新冠肺炎疫情防控期间服务企业返工复工十五条措施》，通过监督检查、安全通报、技术检测、预警处置、落实责任等多种举措，为企业提供全方位的服务。同时，也对企业等进行提前监督，严厉打击各类违法行为。

五、打铁还需自身硬，坚持从严治所

在国家与社会治理现代化的进程中，必须坚持全面依法治国。新时代“枫桥式公安派出所”作为基层执法的一线，始终坚持习近平法治思想，坚持依法治理，把公平正义作为基层派出所执法工作的生命线。

（一）狠抓执法源头，增强执法主体能力素质

狠抓执法源头，增加基层执法主体的法治能力素质。在派出所开展各类执法专项教育活动，开设相关课程，从源头上规范完善执法机制。针对执法过程中带有普遍性、倾向性的问题，专题开展执法专项教育整改和执法规范化水平提升活动。如浙江省绍兴市出台了《绍兴市县级公安机关执法责任层级管理规定》《绍兴市县级公安机关中层领导执法履职规定》等规定，在规制层面将执法内容、执法规范落实到细则，落实到所队长、办案民警等专人，使责任清晰。

完善执法指引。对各类接处警、窗口服务、监督管理警务活动出台实操细则，为基层民警，特别是街头执法人员提供清晰明确、教科书式的指引。对于容易引发警民矛盾等事项，出台执法意见与工作方案，规范民警街头执法，从源头上减少可

能突发事件。针对重特大突发事件及时出台相关规制,使基层民警执法有据可依,增强民警执法的公信力与法律效力,从源头上提升派出所执法主体的能力素质。并通过严格的学习制度与考试制度规范学习,保证学习不走样、不缺位。

强化服务保障。由上级公安机关推动,在基层常态化开展“大讲堂”“小讲堂”,以及法律知识培训考试,增强民警相关知识储备。端正执法理念、规范执法行为、提升执法公信力。注重培育当前技术背景下移动终端、新媒体技术和科技手段的知识储备,既增强民警使用能力,又避免因技术使用错误或不当导致的风险。同时,借助智能技术,开发智能法律服务 App,收录相关法条与常见法律问题,以及基层派出所执法典型案例,使智能法律服务成为基层民警和基层普法的有力工具。

(二)坚持民意导向,完善执法监督评价机制

坚持民意导向,建立执法内外并举的评价机制,完善基层派出所的执法监督评价机制。在日常执法过程中,基层派出所、基层民警仔细勘察、高效率执法、及时处理事故,全方位体现执法的公平与正义。

依托智慧民意感知体系,建立以人民群众为中心的执法评价机制。对执法办案开展全领域、全环节、全方位的社会化访评,“切实让群众在每一起案件办理、每一件事件处理中都能感受到公平正义”。[①] (1)全量感知,应访尽访。对基层派出所的接处警、现场勘察、案件办理、事故处理等警务数据进行访评,将执法评判权交给当事人、受害人。(2)压实责任,专人落实。出台民意感知机制运行管理办法,对所有应评对象进行访评,明确人员责任。(3)闭环管理,整改有力。建立研判机制,对事件进行标签化,定期从事项、环节以及不同维度梳理、分析、研判,理出重点共性问题和疑难事项。对存在执法过错问题进行倒查问责,整改不足之处,避免同类事件发生。

强化内部监督,充分利用公安机关各种渠道加强对基层民警执法监督。自上而下地利用实地巡查、网上巡查、飞行检查等方式,了解基层民警执法实况。同时,在全过程监管过程中,从对问题的发现转向对可能存在问题的及时提醒,转变为事前提醒、事件制约、事后调查研判,注重对问题的发掘与研判,做到举一反三;在监督手段上,充分利用智能信息技术,实现对警情、案件、财务、场所、卷宗等关键执法

① 潘益民、陈福连:《新时代枫桥警务模式创新发展研究——基于新时代“枫桥经验”的视角》,载《公安学刊(浙江警察学院学报)》2020 年第 6 期。

要素的全流程、封闭式、可回溯管理。同时,建立起由纪检、审计、信访等部门参加的联合执法管理机制,形成有效的监督合力,将监督前置一线,及时有效完成执法监督。

提升执法公信力。执法公信力的提升源于人民群众对执法的信任和满意。主动接受广大群众和人大、检法、媒体等多主体监督,提升基层派出所工作的透明度、公开性。对各领域的执法及其流程进行访评,对媒体、群众等曝光、举报的事件及时处置。主动接受各主体的监督指导,确保执法过程中的问题能够被早发现、早整改、早解决。使对基层派出所与基层民警的监督不仅阳光公开,还能力保、力促规范。

(三)刚柔相济,提升派出所执法效果

“枫桥式公安派出所”注重刚柔并济、以刚为主,努力实现法律效果、政治效果、社会效果的有机统一。一是在基层执法过程中,基层民警不仅注重执法的规范性,还突出人性化,科学掌握自由裁量权。以教育和口头警告为主,不再附加其他处罚;对存在较大及以上安全隐患或违法行为的绝不从轻,予以惩罚。执法时轻重缓急有所区分,惩罚力度有所区分,做到理性执法、文明执法。

二是推行说理式执法。基层民警与人民群众紧密相连,相关执法并非简单地出警处置、结案归档,更注重事件本身的研究,特别是对当事人的关怀。对相关人员的矛盾纠纷调解、民事责任认定或处罚等进行说理式教育,让民众既感受法律的神圣与法治的权威,又能做到从大处小处通情共情。同当事人沟通时,融法、理、情三者,追求和实现公安执法工作效率最大化、最优化。在此过程中,讲清事理、讲清法理,使群众分清是非、明确责任。

三是注重对基层派出所的内部关怀与保障。基层民警承担着众多责任与基层事务,注重对基层民警身心的关怀,着眼基层民警队伍的长远发展。落实减负松绑、爱警暖警等各项政策措施,完善民警的体检、值班轮休、加班强制休息等制度。

第三节　“枫桥式公安派出所”的全国推广

一、“枫桥式公安派出所”的推广与时代背景

为深入学习贯彻习近平总书记关于坚持和发展“枫桥经验”的重要指示精神,经中央批准,公安部部署全国公安机关开展创建“枫桥式公安派出所”。2019 年

11月28日,首批“枫桥式公安派出所”命名揭晓仪式在公安部报告厅隆重举行,公布了首批100个“枫桥式公安派出所”名单。公安部出台了《全国公安机关创建“枫桥式公安派出所”活动工作方案》,从指导思想、创建原则、命名标准、创建程序、工作要求五个方面细化了“枫桥式公安派出所”应该如何创建。

(一)社会总体发展已经进入新时代

新时代背景下社会经济进入高质量发展阶段,人民生活水平得到极大提高;人民群众参政议政能力与愿望得到增强,更加关注国家与社会治理中的现实问题与权利发展,对民主、法治、公平、正义等价值有着更高、更广泛的追求。在新时代背景下,要求各党政机关进一步推进治理现代化,切实优化自身的治理体系,提升治理能力。基层派出所需要落实“以人民为中心”的基本理念,准确把握人民群众对社会安全稳定的需求,把握对基层民警接处警服务、办事服务的提升要求,深刻了解人民群众对各类事件执法过程中公平、正义的关注,做到自我提升、自我实现。直面问题与短板,切实提升自我,推动基层公安工作的现代化。“枫桥式公安派出所”的底蕴是枫桥经验,即坚持“民本主义”,以人民为中心,以人民满意为目标,在新的社会安全稳定和更高的公安服务质量要求下,更加主动行动。

(二)社会风险形势不断变化

由于风险的溢出效应,各类自然灾害、事故灾难、公共卫生事件等危机都可能转化为社会风险①,影响社会稳定。部分风险是原本就留存积蓄于社会内部的,或是现有的结构性矛盾,一次重大危机容易将这些风险引出并放大。社会风险的化解与否直接关乎着社会稳定,甚至是政治安全。

这些风险都有可能冲击社会秩序,影响社会稳定。这对基层社会风险治理提出了更高要求。“枫桥式公安派出所”的创建与发展就是要进一步从源头治理,健全社会风险治理体系,提升治理能力,适应复杂风险背景下的要求。

(三)公安警务现代化过程中尚存难点

基层社会治理中单一主体、单一组织能力有限,特别是在复杂风险环境下,更需要注重多主体的合作与协同。随着国家与社会治理现代化的深入,也需要社会整体不断整合、协调,激活治理活力,提升治理效能。基层派出所能力有限,且不同地区间发展侧重点不同,各种因素叠加下使公共安全组织不健全、社会整体防控能

① 参见冯必扬:《社会风险:视角、内涵与成因》,载《天津社会科学》2004年第2期。

力较差,对社会各类平安力量的整合程度不够。[①]“枫桥式公安派出所”的创建与发展就是要将更多资源与警力下沉,提升基层能力,有效聚合社会资源,并且主动融入市域社会治理现代化,从市域整体角度提升基层派出所。

(四)公安部门自身更高质量发展的自需

更高质量服务、更高质量发展,让人民群众更为满意是当前公安部门发展的共同目标。我国公安机关有着自身的特殊性,“人民公安为人民”,其出发点和落脚点都是人民群众。基层派出所作为公安机关与民众直接联系的主体,更加需要注重自身的能力与形象。提升自我,适应形势、满足社会发展需求,贴近民众是基层派出所自身发展的内在动力,是自身谋求更高质量发展的自我要求。创建“枫桥式公安派出所”,就是要努力提供高质量平安服务保障,不断提升人民群众安全感、满意度。

二、“枫桥式公安派出所”推广的价值与意义

(一)推广“枫桥式公安派出所”,是坚持和加强党的全面领导、提升公安基层党组织组织力的需要

基层派出所是维护基层社会稳定的重要力量,需要充分发挥基层党组织作用。基层党组织是确保党中央路线方针的关键力量,是贯彻党的基本理论、基本路线、基本方略的重要抓手。“枫桥式公安派出所”在创建过程中,需要不断加强党建工作,将党建统领与党建引领落到实处,确保党对公安各项工作的绝对领导地位。同时,需要引导全警增强“四个意识”、坚定“四个自信”、做到“两个维护”,始终在思想上政治上行动上同党中央保持高度一致。教育基层民警树立正确的政治观念,坚持党管干部原则,按照新时代好干部标准,培养干警、发展干警。

同时,在“枫桥式公安派出所”推广过程中,能够通过党的建设深化与落实现代化警务建设,破除基层派出所在改革过程中遇到的阻碍与障碍,顺利推动基层警务模式与基层警务机制的改革。通过党建与党组织引领、嵌入,塑造柔性与动态的组织结构,推动社会多主体协同治理与整体性治理;通过党的生活与党员培训,系统性提升基层干警的社会风险治理能力和参与社会治理的能力。创建推广“枫桥式公安派出所”,既是坚持和加强党的全面领导的战略需要,也是全面提升公安基层党组织组织力量的重要路径。

---

① 参见潘海波:《基层公安机关创建“枫桥式公安派出所”的实践和思考——以诸暨市公安局为例》,载《公安学刊(浙江警察学院学报)》2019 年第 5 期。

(二)推广“枫桥式公安派出所”,是基层社会风险治理与基层社会治理现代化的需要

当前,国际国内风险因素日趋复杂,我国面临的各种风险挑战前所未有,呈现多维度风险交织、多领域风险叠加的趋势。[①] 为此,要防范化解各类风险隐患,积极应对外部环境变化带来的冲击挑战。在国家层面上,要增强国家综合实力和抵御风险能力,有效维护国家安全,并实现经济行稳致远、社会和谐安定。

基层派出所担负着维护基层社会稳定、推动基层社会治理现代化的双重任务。基层派出所处于处置的前端,特别是对于社会矛盾纠纷与社会治安类风险,是否及时、妥当处置直接影响整个事件的处置效果,也影响着社会整体安稳。新时代“枫桥式公安派出所”注重对社会风险前置与全过程管理,将社会风险尽早化解在萌芽与初期,降低社会风险可能、减少不可避免突发事件的损失。“枫桥式公安派出所”的创建与推广能够极大增强基层社会风险治理能力,形成稳固的基层社会环境。基层社会治理现代化需要在基层社会治理体系与治理能力两个方面进行铺排,基层社会治理体系的调整涉及对派出所的改革,基层社会治理能力的提升也涉及派出所的改革。“枫桥式公安派出所”建设是从理念、体系、结构、文化等多个层面对派出所进行深化改革,从而满足社会治理现代化需求,也为基层社会治理现代化改革塑造了安稳的社会环境,助推社会发展。

(三)推广“枫桥式公安派出所”,是全面深化公安改革,推动公安工作高质量发展的重要举措

当前社会风险复杂多变,在内外矛盾、新旧变革、互联网技术革命等环境下,基层社会治理难度增加,公安机关改革也处在一个新的关口。如何全面深化改革,打破原有桎梏与既得利益阻挠,塑造高质量、反应迅速的基层公安力量是当前一个十分重要的问题。习近平总书记对公安队伍提出:“要树立大抓基层、大抓基础的导向,推动重心下移、警力下沉、保障下倾,增强基层实力、激发基层活力、提升基层战斗力。”[②]公安派出所是全面深化公安改革的重要承载主体,公安派出所现代警务运行机制的完善、行政管理模式的优化、执法水平和执法公信力的提升等,直接关

---

① 参见孔祥涛:《科学推进新时代社会风险治理》,载《中国党政干部论坛》2019 年第 3 期。

② 习近平:《坚持政治建警改革强警科技兴警从严治警 履行好党和人民赋予的新时代职责使命》,载新华网,www. xinhuanet. com/politics/leaders/2019 -05/08/c_1124468242. htm。

乎公安改革的成效。①

创建和推广“枫桥式公安派出所”，符合大抓基层、大抓基础的导向，有利于不断激发基层活力，增强基层实力，提高基层战斗力。创建和推广新时代“枫桥式公安派出所”，涉及公安机关的体制机制改革，包含组织、制度、文化、资源分配等多方面内容，这个过程就是对公安机关的全面深化改革。“枫桥式公安派出所”的建成，对基层社会风险化解、警民关系密切化、基层政治社会稳定等众多内容具有重要意义。这对促进警务改革全方位、立体式、多层次的提档升级，对推动公安机关基层治理能力水平提升、队伍活力、战斗力增强、派出所工作提质增效、公安工作高质量发展起到积极作用。

（四）推广“枫桥式公安派出所”是承继新时代“枫桥经验”，满足人民群众对美好生活向往的需要

创建与推广“枫桥式公安派出所”就是对新时代枫桥经验的继承和发展，是将这一优秀本土治理经验、方式、理论与框架在全国各地基层进行推广，也是构建我国基层社会治理话语体系的具体实践。在全国推广“枫桥式公安派出所”，能够有效凝练各地先进治理经验，优化基层派出所组织结构，激活基层派出所活力。构建新的基层警务模式与警务机制，将进一步提升基层派出所的治理能力，使基层派出所治理体系与治理能力现代化得以实现，推动基层社会治理、市域社会治理现代化的实现。

同时，随着我国社会主要矛盾“已经转化为人民日益增长的美好生活需要和不平衡不充分的发展之间的矛盾”，人民群众对安全稳定、服务便捷的社会环境要求更高，对公平、正义价值的关注提升。基层派出所要承担的责任更大，需要以新的模式来应对新时代变化，满足人民群众日益增长的需求。

三、“枫桥式公安派出所”的创新路径

（一）坚持党的领导

坚持党的领导是“枫桥式公安派出所”的政治本色，党的领导是基层公安工作的动力，也是约束力。要进一步加强党在基层派出所中的绝对领导地位，促进“枫桥式公安派出所”的创建，需要多方并举。一是坚持落实党的方针政策，积极贯彻《中国共产党支部工作条例（试行）》《中国共产党政法工作条例》《中共中央关于

① 参见王东杰：《“枫桥式公安派出所”的源流、价值与构建》，载《河北公安警察职业学院学报》2019 年第 4 期。

加强党的政治建设的意见》等政策规定,永葆政治本色。确保基层民警在政治上绝对可靠,听党指挥,绝对过硬。二是“支部建在连上”,从市局党委到基层派出所党支部、从公安机关党支部到平安类社会党支部,建立体系化的组织体系,确保党的力量延伸到基层、末梢。浙江省绍兴市在枫桥经验的基础上创建了如“斗门樟”等特色党建品牌,以基层派出所为依托,将党的建设延伸至“最后一公里”,深入一线,深入人民群众中去,发挥党的引领作用、示范作用。三是加强党组织建设,提升党支部党组织的战斗力与凝聚力,严格落实“三会一课”、谈心谈话等制度,提升党支部的组织力。从政治、思想、组织动员、社会号召力等多方面进行加强。加强党风廉政建设,坚持从严治所。强化党的监督领导作用,划定红线,树立底线。严防任何形式的“保护伞”、坚决清除“害群之马”,确保基层公安队伍的风清气正。

(二)创新治理理念,打造基层社会治理新平台

“枫桥式公安派出所”的创建要创新理念,突破传统小治安视野,积极主动融入社会治理中,为基层社会治理打造新的治理平台注入活力。具体包括执法、管理、服务“三位一体”建设,人防、物防、技防“三防齐抓”,自治、法治、德治“三治融合”。①

执法、管理、服务“三位一体”是将执法纳入管理之中,把管理纳入执法轨道,将服务贯穿于执法和管理的全过程。一方面坚持民本主义,为民办实事,积极主动推进“最多跑一次”等简政便民措施,为人民群众提供优质的派出所服务。另一方面坚持严格执法,为基层营造良好的社会环境,主动进入社会治理,参与社会多元主体协同,助力社会治理,维护基层社会稳定。

人防、物防、技防“三防齐抓”是指基层派出所将传统的人力与技术相结合,特别是通过对智能技术的应用,掌握辖区内的动态信息,维护一方平安。对各类风险信息进行及早甄别、消解,将治理关口不断前移。同时,在此基础上加强治安社区建设,以点带面,带动整个社会的平安治理建设。

自治、法治、德治“三治融合”,是将三者有效地融合,而不是简单地组合。是将基层警力与社区、村级治理力量集合起来,将法治贯穿于每一个主体,形成良好的法治文化,有效推动基层法治建设。同时,加强对传统德治的教化作用,刚柔并济,缓解社会压力。

---

① 参见孙梓翔、赵颖:《落地生根:创建新时代“枫桥式公安派出所”实践研究》,载《铁道警察学院学报》2020 年第 5 期。

(三)加强融合共建,推动基层社会风险整体性治理

“枫桥式公安派出所”的创建与发展需要在治理方法上进行创新,采用新思维、新方法面对新风险,化解各类矛盾风险,真正做到矛盾不上交。

一方面,升级网格警务,加强内部融合。按照警情、案情、管控对象等进行划分,重组内部警务资源,将基层派出所从繁杂的警务工作中抽离出来,专业警务交由专业警力处理,从而形成警务合力。根据“大联动中心——乡镇综合指挥室——网格员”分层管理体系,配套“公安情指联勤中心——派出所——网格警长”三级指挥体系,实现两套体系之间信息共商、资源共享。在运行模式上,围绕“涉稳因素联析、矛盾纠纷联调、实有人口联管、公共安全联治、治安隐患联防”五方面加快建立整体联动、高效协同的工作机制。

另一方面,优化矛盾纠纷化解方式,注重整体融合。在社会矛盾纠纷化解中有效吸纳社会力量,特别是如律师、心理专家等专业力量介入,使矛盾纠纷化解社会化。通过选派村“第一书记”和农村警务工作指导员,融入基层治理“主”字形结构建设,切实掌握社情民意,推动建立村规民约和村务监督机制,发挥村集体在矛盾化解中的积极作用。要突出法治,积极与法院、检察院、司法局对接,深入探索“司法确认制度”等措施,以法治“定分止争”,不断强化法律在矛盾化解中的权威地位,做到基层治理有法可依、有法必依。要弘扬德治,注重发掘乡贤作用,推广“新乡贤”模式,以民事民议、民事民调、民事民决的形式就地吸附矛盾、解决矛盾,最大限度地将矛盾纠纷化解在基层。[①]

(四)有机结合智能技术与枫桥经验,打造整体智治局面

“枫桥式公安派出所”要充分利用当前智能技术,将成熟、可靠的智能技术与枫桥经验结合起来,在基层构建整体智治的新局面。

一是要大力推进智慧公安建设,建设智慧派出所。人工智能、大数据、区块链等智能技术正以不可逆转的趋势,从理念到工具进行治理重塑。基层派出所作为社会平安建设的基础不能故步自封,需要充分在硬件、软件上进行更迭,形成有效的智治。通过雪亮工程、天网工程增加视频覆盖区域,增加基层派出所的感知能力;通过“情指行一体化”等建设,做强基层,增强派出所智治能力;对基层民警的智能设备进行更新升级,提升单兵作战能力。

---

① 参见任建通、冯景:《纠纷解决与基层社会治理——以“枫桥经验”为例》,载《社会科学论坛》2016 年第 1 期。

二是要联动社会智治力量，与其他公共部门、企业、社会组织等建立联系，增强对辖区内信息数据的收集、感知，并在社会治理领域展开协同治理与整体性治理。对辖区内相关技术资源进行有效整合，共同开发安全产品。

三是要有效结合枫桥经验，防止技术的滥用与侵害。智能技术非变革性与风险性共存，过快地推进容易使未知风险累积，甚至形成技术对群众的侵害，造成基层民警与群众割裂。因而，有必要发挥传统枫桥经验的优势作用，与群众面对面、心连心，将智能技术与传统治理方式有效结合起来，形成合力。

第四节 公安机关在市域社会治理现代化中的任务

市域社会治理的优势在于“市域层面具有较为完备的社会治理体系，具有解决社会治理中重大矛盾问题的资源能力，是将风险隐患化解在萌芽、解决在基层的最直接、最有效力的治理层级，是推进基层治理现代化的前线指挥部”。①

一、社会风险整体性治理，维护社会安全稳定

“市域社会治理做得怎么样，事关顶层设计落实落地，事关市域社会和谐稳定，事关党和国家长治久安。”②推进市域社会治理现代化是一项系统工程。在这个系统工程中，社会治安等社会风险治理是一个重要的基础工程。社会缺乏基础性的安全稳定，直接影响着民众的生活生产，也影响着国家政权的稳定。公安机关担负着辖区社会治安治理的重要责任。发挥基层综治战斗堡垒和社会治安桥头堡的作用，是基层社会治理的关键环节。

（一）整体性治理理论及其实现路径

整体性治理就是以公民需求为结果导向，以信息技术为治理手段，以协调、整合、责任为治理机制，对治理层级、功能、公私部门关系及信息系统等碎片化问题进行有机协调与整合，不断从分散走向集中、从部分走向整体、从破碎走向整合，为公民提供无缝隙且非分离的整体性服务的政府治理模式。③

整体性治理的构建具有极大的诱惑力，但缺乏路径，同样可能沦为一种陈词滥调。威尔金森（Wilkinson）等提出，构建整体治理主要是对中央与地方之间关系、

---

① 陈一新：《新时代市域社会治理理念体系能力现代化》，载《社会治理》2018年第8期。

② 陈一新：《推进新时代市域社会治理现代化》，载《人民日报》2018年7月17日，第7版。

③ 参见史云贵、周荃：《整体性治理：梳理、反思与趋势》，载《天津行政学院学报》2014年第5期。

公共部门与私人和社区之间关系进行重新思考。他们提出四种路径:(1)消除部门间隔离心态,减少组织间恶性竞争带来的损失;(2)重塑中央与地方的关系,将更多的资源置于公共问题解决上;(3)注重整体平衡的资源分配方式,而不是沿用传统投入产出,盲目追求效率的狭隘分配方式;(4)在公民与公共部门间构建信任机制①。汤姆·林(Tom Ling)在总结各国整体政府改革实践经验的基础上,认为理想的整体性治理包括“内、外、上、下”四个维度:“内”指组织内部的合作;“外”指组织外部的跨部门合作;“上”指对上承担责任,即新的责任和激励机制;“下”指新的服务供给流程。② 克里斯托弗·波利特(Cristopher Pollit)则认为,整体性治理不仅包括决策与执行的整合,还包括通过政府部门横向和纵向两个维度的协调合作来实现政府预期利益与目标。③

(二)公安机关社会风险整体性治理的主要内容

公安机关在市域社会风险整体性治理中,将整体性治理理论与社会风险实际特征和区域文化相结合,从理念、结构、能力等多个层面入手,构建整体性治理的基本样态,有效整合各类资源,化解各类复杂风险。

首先是理念整合。理念是不同部门、不同组织、不同群体展开合作、协同的基本要素,缺乏共同的理念就难以协调团体间的冲突,解决机制上的摩擦与部门利益冲突,将改革推迟、将政策变样与走样,社会风险不仅无法得到有效化解,还有可能被忽视与扩大化。“枫桥经验”既是一种地方性经验知识,也是一种共同理念。“枫桥经验”与“枫桥式公安派出所”的推广过程,实际上就是理念的推广与整合过程,将人民至上、发动群众、共建共治共享、自治德治法治智治等理念进行推广,从而在市域形成共同的理念导向与治理共同体。

其次是结构整合,包括公安机关内部的机构,以及市域社会整体结构的整合。结构的有效整合能够使社会风险治理相关组织从简单的联动走向集约的联体,发挥更大的作用。通过党建工作与当前智能技术,能够将组织结构进行有效整合,实现整体性协同。党建统领、党建嵌入等能够在公安、其他公共部门、社会力量之间构建一个较为稳固的组织,使公安机关及时了解社会风险样态,了解社会力量发展

---

① See D. Wilkinson, E. Appelbee & Demos, *Implementing Holistic Government: Joined-up Action on the Ground*, Policy Press, 1999, p. 1 – 20.

② See Tom Ling, *Delivering Joined-up Government in the UK: Dimensions, Issues and Problems*, Public Administration, 2002(4), p. 25 – 42.

③ See Christopher Pollit, *Joined-up Government: A Survey*, *Political Studies Review*, Vol. 1, No. 1, p. 34 – 49(2003).

需求,社会力量也帮助公安机关补充相应力量。在智能技术下更是直接打破了层级、部门、时间、地域的限制,城乡之间、市局队所之间、村街市政之间都能直接建立联系,使不同地区能够因地制宜。

最后是能力整合。社会风险整体性治理最终目的就是利用市域优势资源,实现对风险的有效化解,能力低下或能力不足都难以完成这一目标。整体性治理强调对不同资源的整合,公安机关自身能力有限,需要积极主动引导与发展社会力量,参与社会风险治理,将各类零散力量进行聚合,把相关优势社会组织引入其中。对相关组织的支持要持续规范,从而整体提升能力。

(三)社会风险整体智治,为市域社会治理提供平台

市域社会治理,特别是在第四次工业革命如火如荼的今天,治理已不再只是传统的部门升级或组织重构,而是需要充分利用智能技术,将智能技术与治理体系、治理能力有机结合起来,应用和发挥好技术治理,实现更好的治理效果。智慧治理相较传统的技术治理,更为开放、包容、合作①。在智慧治理中,政府不再是治理决策中的绝对权威,“行动者网络代替等级关系主导着决策过程”②,决策方式也从传统的自上而下转变为上下互动、左右互融通的网状结构。智慧治理可以定义为一种将传统技术治理理念、价值、方法与智能技术相结合的治理方式,从而形成新的多元协同、高效高质的治理过程或状态。

市域社会治理现代化的实现需要实时清晰地了解市域整体样态,因而对数据有着较高要求,而这些数据大部分都由公安机关,甚至只能由公安机关掌握。利用人工智能、大数据、区块链等智能技术,在构建市域治理平台时,将相关治理单元与力量纳入其中,收集海量信息,并进行研判分析,为相关政策或决定出台提供智力支持。

二、矛盾纠纷源头治理,提升社会治理法治化水平

法治,即法律主治,是将法的工具理性与价值理性相统一。如果缺乏规则文化的培育,再好的制度设计与法律法规都容易被搁置。法治文化的培育除了需要对相关法律进行宣传教育,还需要培育规则文化,形成法治之下,法律至上的精神,使全社会都能够主动遵守法律,维护法治权威。

---

① See Meijer, A. Bolivar, et al. ,*Governing the Smart City: A Review of the Literature on Smart Urban Governance*,82 International Review of Administrative Sciences 392 (2016).

② Bache J, *Governing Through Governance: Education Policy Control Under New Labour*, 52 Political Studies 200 (2003).

各类社会矛盾纠纷是社会整体动态中难以完全避免的冲突,是社会压力的一种正常表现。在秩序内的纠纷与冲突并不会对社会秩序造成威胁,但过多或严重的制度外冲突容易对社会秩序造成影响,直接影响社会法治的进展。公安机关在市域社会治理中需要从矛盾纠纷入手,逐步构建和推动法治进展,在市域形成良好的法治氛围,减少制度外的纠纷解决,减少社会重大恶性事件的发生。

(一)树立法律权威,以法治为矛盾纠纷解决的标准

法治是解决社会矛盾纠纷的重要方式,也是最高标准。公安机关在推动社会矛盾纠纷化解过程中,不能盲目追求事件的立刻解决和事件发生数量的减少,盲目地追求息事宁人。这种“和稀泥”式的化解,并不利于矛盾的真正解决。特别是要求当事人无原则地退让与谅解,不尊重当事人的合法权利,忽视对事件的审查,特别是事件背后的社会问题解决。这种手段可能在短期内能够化解部分矛盾纠纷,但长期而言,是对社会矛盾的积蓄,容易使民众心生怨恨,对国家权力机关产生排斥,甚至是仇视社会,成为社会不稳定因素。①

对社会矛盾纠纷的化解必须坚持法治原则,以法治为最高标准。在公安机关牵引下,充分发挥多主体、多手段、多种力量的作用,形成专业化、社会化、多元化化解方式。在事件化解过程中要严肃认真,充分彰显法治精神,保护当事人合法权益,不侵犯弱势群体、不袒护违法犯罪行为;对同类事件要有相应处理标准,不可因人而异并影响法治公平。合法合理分配权利与义务,将矛盾纠纷化解的核心置于法治之中,真正做到心服口服,维持社会的长治久安,尽可能减少制度外的纠纷化解,减少因此导致的违法犯罪行为。

(二)以公安机关为牵引,构建多元解决平台

社会矛盾纠纷解决有司法、行政、社会三种主要方式,每种方式都有优缺点。(1)司法是最后的保障,具有高度权威性与合法性,但相对而言成本较高、耗时较长。我国人口多、纠纷多,高度依赖司法路径将给整个司法系统带来巨大压力,也并非民众解决纠纷的第一选择。(2)行政化是目前较为普遍的一种方式,通过国家力量的介入解决纠纷,但高度依赖行政方式化解社会矛盾纠纷具有一定局限性,诸如产生“信访不信法”的怪圈,且行政力量对纠纷的前因后果、熟人社会了解程度有限,影响对事件的彻底解决。(3)社会方式依赖村街、社会组织等力量进行有

① 参见宋琳琳:《构建以法治为核心的多元化矛盾纠纷解决机制》,载《法制与经济》2014年第17期。

效调解,该方式相对柔和地化解各类纠纷,对社会自身而言具有一定建设性,但缺乏法治的加持,该方式同样容易发生走样,使调解走样或失效,最终仍需国家力量的进入。

在市域社会治理中,公安机关需要主动承担起责任,通过公安机关进行牵引,构建矛盾纠纷多元解决平台,吸纳司法、社会等多种力量入驻,多元化解社会矛盾纠纷。以法治为核心,使纠纷事件的化解过程规范,事件处理结果公平公正,相关救济渠道及时有效,及早化解各类纠纷与风险。这个过程也是对法治文化的培养过程,让民众通过正规渠道和在制度内化解纠纷、解决“烦心事”,懂得守规则,乐于守规则,从而形成浓厚的法治文化。

(三)强化法治宣传,增强全民法治意识

社会矛盾纠纷的有效化解,不仅需要公安机关等部门主动发力,还需要民众主动配合,具有一定的法治素养和法治意识,相信法律并愿意选择合法合理的渠道来解决纠纷。因而,需要公安机关进一步加强对法治的宣传,厘清利弊,主动引导民众信法、用法。

一是多途径的宣传方式。除了传统单一地通过宣传栏、宣传册的宣传方式,还要利用微博、微信公众号、短视频号等,通过制作短视频、推文等资讯方式,向民众普法,同时利用大数据舆情中心,及时了解矛盾纠纷,主动介入。二是在内容上进行创新,改变传统的说教,邀请乡贤或相关代表人物进行讲解,将法律书本知识变为生动的法律生活知识。三是构建与利用好法治宣传基地,让民众参与其中。最为重要的是让民众在现实生活与案例中感受法治之光,相信法治的力量,相信人人守法用法的好处。

三、勇担市域治理名片,促进社会经济发展

公安机关要勇担责任,树立起自身市域治理的形象,包括公安机关工作的具体模式、公众对公安机关的认知、信任、人民群众参与社会平安治理等诸多要素。通过公安品牌建设可以使公安工作深入人心,获得社会支持,推动公安工作更好地创新发展。“枫桥式公安派出所”建设就是公安品牌建设的重要内容,能够在市域社会治理现代化中发挥重要作用。

(一)公安品牌建设的实践特征

市域社会治理强调市域整体资源的利用,对市域集中问题的化解。公安机关作为市域社会治理的重要力量,是协同治理中的主力与攻坚力量。矛盾纠纷化解、社会执法等众多社会难点问题需要交由公安机关承担。相应地,公安机关也成为市域社会治理的名片,对市域形象、市域社会经济发展起着重要促进作用。

“枫桥经验”就像龙头品牌,带动了社会治理进步、区域文化发展等多项工作,推动了公安工作的提升。从“矛盾不上交,就地解决,实现捕人少,治安好”到“小事不出村、大事不出镇、矛盾不上交”再到“矛盾不上交、平安不出事、服务不缺位”,“矛盾风险治理、平安和谐共建、服务达高质量”等导向性目标,引领和带动公安工作。在覆盖领域上,开展基层派出所、监管场所、交警支队全领域、整体系的枫桥式创建。

例如,绍兴公安具有强烈的品牌意识,充分发挥基层首创精神,在警务机制、警务模式、警务方法等多个层面创新改革,打造评比一批实用实效的亮点举措,形成品牌集群效应,推动公安工作整体创优。在手段上,依靠群众与依靠现代化智能技术相融合,积极推进智慧党建建设、越警管家平台建设、民意感知体系建设、情指行一体化建设。在创新载体上,开展“一局一品牌”“一所一品牌”“一队一品牌”创建,以及“枫桥式公安派出所”创建活动,“学枫桥、树新风、做表率、创一流”主题活动。持续推动新时代枫桥警务创新发展。

习近平总书记强调:“各级党委和政府要充分认识‘枫桥经验’的重大意义,发扬优良作风,适应时代要求,创新群众工作方法,善于运用法治思维和法治方式解决涉及群众切身利益的矛盾和问题,把‘枫桥经验’坚持好、发展好,把党的群众路线坚持好、贯彻好。”①在此时代背景下,立足品牌建设视角,对“枫桥经验”的创建及发展过程加以总结分析,提炼出可供借鉴的品牌建设成功经验,是进一步挖掘这一“金字招牌”所蕴含的丰富价值、“坚持好、发展好”“枫桥经验”的新视角。

(二)市域社会治理现代化中公安品牌的价值意义

在新的社会背景下,公安工作能否顺利推进,能否取得良好效果取决于两个重要因素:一是公安内部,各层级公安民警对公安工作及其模式的认同感与参与度,特别是基层民警认同度直接影响了相关政策的执行与公安服务的具体质量。二是社会公众对公安工作是否了解和支持。人民群众的态度决定着公安工作能否顺利推进下去,也决定着相关执法的合法性与权威性。公安品牌建设表现为品牌创建、内化、传播、延伸、创新五大流程,通过内外化合力建设解决以上两个方面的问题。

显然,市域社会治理现代化中,公安机关树立治理品牌,能够提升公安机关形

---

① 习近平:《把“枫桥经验”坚持好、发展好　把党的群众路线坚持好、贯彻好》,载《人民日报》2013年10月12日,第1版。

象,从而助力公安警务现代化发展。公安品牌的建设能够在人民群众心中树立良好干部形象,提升人民群众对公安工作的认可度,获取民众对市域社会治理的支持,在城乡建设、较大社会政策改革以及日常的社会矛盾纠纷调解中,都能取得良好效果。

从市域整体角度分析,公安品牌的树立是市域社会治理的一张“金名片”,能够起到良好的引领作用,带动其他力量参与到社会治理中形成治理共同体。如“枫桥经验”在绍兴经过数十年的发展,已从最初的“枫桥”地方性知识转变为绍兴整个社会治理的治理圭臬,不断促进绍兴市的整体发展。同时,公安品牌的建设与推广也起到良好的宣传引导作用,在内部形成支持与自豪感,对外获得支持与研究推进。

第四章　新时代枫桥警务模式的创新发展

当今世界正经历百年未有之大变局，错综复杂的国际环境带来了新矛盾、新挑战。新时期，我国社会主要矛盾已经转化为人民日益增长的美好生活需要和不平衡不充分的发展之间的矛盾。在新的发展阶段，社会治理面临的困难和挑战增多。在新时代“枫桥经验”的引领下，枫桥警务模式坚持政治建警、改革强警、科技兴警、从严治警的原则，在警务治理体系、警务运行机制等方面进行改革与创新。

第一节　新时代枫桥警务模式的时代背景

技术治理的概念非常广泛。从时间上讲，与人类管理活动相伴；从内容上讲，包含着人类发展至今的所有科学技术与原理。在公共领域讨论技术治理是现代化与公共管理活动兴起共同作用的成果。传统技术治理满足的是公共管理主体对治理工具的单方面要求，主要是政府部门的内需。技术治理本质是人的理性物化与智力增加，产出过程对公众而言相对封闭。当前讨论的技术多是特指人工智能、区块链、量子通信等智能技术，在此背景下的技术治理则是智能技术的应用、发掘与智化，形成的是开放、包容、合作的治理方式以及智能的治理体制。① 政府不再是国家与社会治理中的绝对主体，以公共政策和公共服务为核心的公共活动开始从科层走向网络，形成上下互动、左右融通的网状结构。②

浙江省借助智能技术与技术治理不断推进公共领域的深化改革，其中以“最多跑一次”为典型。2016 年年底，浙江省开始在全省范围内推广“最多跑一次”改革。“最多跑一次”将“以人民为中心”作为指导理念，以人民满意为目标和宗旨，通过体制机制改革和智能技术加持，改变传统政府中心的治理逻辑，为民众提供一种全新的公共服务供给模式。“最多跑一次”将政府服务进行有效整合，为社会提供更为便捷、省心的公共服务。这场革命是地方政府向内的一场大胆革命，是地方推进社会治理现代化的积极有效尝试。2018 年 3 月，“最多跑一次”写进了李克强总理的政府工作报告，“最多跑一次”改革得到了中央的认可和支持，并在全国推广。

2016 年，浙江省杭州市率先在交通治理领域探索建设“城市大脑”，经过 3 年实践探索，浙江省“城市大脑”建设逐步加速。2019 年 6 月出台《浙江省“城市大脑”建设应用行动方案》，形成“建设基础好、技术支撑强、部门合力推、实践探索早”四大基础和优势，在交通、平安等领域建成一批引领全国的成熟应用。浙江省的技术治理改革走在全国前列，为浙江省各地区、各部门进一步深化改革、创新发展提供了新的治理理念与治理工具。

第二节 新时代枫桥警务模式创新的使命与原则

浙江省绍兴市公安局在新时代枫桥警务模式创新上，以新时代“枫桥经验”为基本依托，围绕“矛盾不上交”构建了前置性社会风险治理体系，立足“平安不出事”创新全方位的基层警务，结合“服务不缺位”创建了共建共治共享的社会治理格局。浙江省绍兴市公安局通过一系列警务改革，实现了现代化警务新发展。

一、新时代枫桥警务模式的现实使命

“枫桥经验”在绍兴诸暨诞生后，从公安部门到市域层面始终坚持对这一宝贵经验的创新，使其成为浙江省绍兴市乃至全国警务模式的样板，并逐渐上升为我国

---

① See Meijer A. et al., *Governing the Smart City: A Review of the Literature on Smart Urban Governance*, 82 International Review of Administrative Sciences 392 (2016).

② 参见丁大尉、李正风、胡明艳：《新兴技术发展的潜在风险及技术治理问题研究》，载《中国软科学》2013 年第 6 期。

基层社会风险治理的经典模式。“枫桥经验”之所以能在社会风险治理与社会治理中发挥如此重大的作用,是因为“枫桥经验”能不断适应社会环境与发展需要,能与国家治理相呼应。

在全球性风险上升的背景下,浙江省绍兴市公安部门如何创新发展和运用新时代“枫桥经验”、系统推进警务模式改革来有效应对社会风险成为新任务。在新时代“枫桥经验”的引领下创新警务模式肩负的现实使命有三。

使命一:现代警务在“枫桥经验”的引领下,警务现代化和科技相结合,实现科技强警,从而提高风险治理和社会安全管理的能力。

随着全球化程度加深和现代化进程的推进,我国社会主要矛盾发生历史性转变。如何通过现代警务构建基层社会风险治理的制度体系和组织体系,这亟须思考和回答。特别是面对日益复杂的社会风险以及火热的互联网社交时代,传统的警务已经难以有效回答上述问题,满足人民群众日益增长的安全需求。互联网平台经济的发展以及智能技术的应用,使警务现代化有了新的路径与工具。

新时代枫桥警务模式发展的一个重要内容,就是警务和科技相结合,积极主动学习与应用智能技术,全面系统优化警务结构,提升警务能力,实现风险预知、预警、预防和危机处置一体化。新时代枫桥警务创新了智慧警务、特色警务等形式,形成了基层社会风险自主性应对模式。

使命二:现代警务在“枫桥经验”的引领下,警务治理和市域社会实践相结合,助力“平安中国”建设。

新时代“枫桥经验”是对传统“枫桥经验”的有力继承和发扬,从农村走向城市,从派出所走向全警、全市域,以更宏观的视野看待社会治理问题。主动结合市域社会治理,发挥新时代“枫桥经验”在市域社会治理中的重要作用,撬动与推动治理,实现市域社会治理现代化。在这个过程中,需要进一步实现政府与社会的良性互动,发挥群团组织、社会组织在市域社会治理体系现代化中的功能,利用大数据及其技术不断优化政府职能,破解社会治理难题,推进市域社会治理体系现代化。

如何借鉴与应用“枫桥经验”,将现代警务嵌入市域治理过程中,从而完善社会治理体系并提高治理能力,是现代警务改革亟须思考的问题。这就需要运用“枫桥经验”,将警务治理融入市域治理的具体实践中,发动群众参与其中,保障多元主体参与的权利,并同步推进法治建设。

使命三:现代警务在“枫桥经验”引领下,警务改革和人民的幸福感、获得感相结合,更好满足人民的美好生活需求。

党的十九大报告指出,中国特色社会主义进入新时代,我国社会主要矛盾已经转化为人民日益增长的美好生活需要和不平衡不充分的发展之间的矛盾。提供更高质量、更高满意度、更具有安全感的公共服务是新时代"枫桥经验"的基本使命。

"枫桥经验"始终坚持"民本主义",警务围绕人民群众,切实帮助人民群众解决各项问题。在风险社会的复杂背景下,人民群众对安全的需求有所变化,特别是我国基层社会面临风险的多元(源)性、不确定性、复杂性前所未有,影响民生和国家发展大局。发挥"枫桥经验"的引领作用,实现警务模式现代化迭代升级,提供高质量的安全保障,使防范化解重大风险能力不断增强,助力实现平安中国建设。

二、新时代枫桥警务模式的基本原则

政治建警。党政军民学、东西南北中,党是领导一切的,是最高的政治领导力量。浙江省绍兴市公安局在坚持和发展新时代枫桥警务模式中,始终坚持党的领导这个基本原则。通过强化基层党组织建设发挥党委领导的核心作用,加强跨部门机构的组织管理,使之与当前体制有效衔接;由公安局(派出所)党委班子成员担任党支部书记,对归口单位资源重新统筹调配,解决以往部门间壁垒多、协调难等问题。

此外,借力党建凝聚作用,凝聚公安部门以外的力量,包括民间救援队、红十字会、企业志愿者队伍等社会组织以及社区居委会和村委会等。警力有限、民力无穷。同时,创建特色警务党建品牌,如越城区府山派出所党支部"红海棠"、上虞区百官派出所党支部"邻里警队"等,既凝聚了公安队伍,又展现了良好的党员、警员形象。

改革强警。以"警务围绕民意转,民警围绕百姓转"为理念,紧盯群众最关心、最直接、最现实的问题。公安工作的动力源泉来自人民群众的满意,其顺利开展离不开广大群众的参与支持。公安机关应树立坚持以人民为中心的工作理念,结合各地方特点细化成制度,作为付诸实行的根本依据。"枫桥经验"模式下的现代警务改革,要推动重心下移、警力下沉、保障下倾,坚持"最多跑一次"创新治理方式,推进各种便民服务措施,有效提升人民群众的满意度和幸福感。

科技兴警。面对新时代下群众对平安中国的新期待,根据社会治安形势新变化、大数据时代新特点,绍兴公安坚持以大数据引领警务机制变革,致力于预防警务建设,健全大情报主导警务机制,围绕社会稳定、社会治安、经济金融等重要领域，开展“五情”研判，初步实现警务模式从事后被动打击向事前精准预防转变，警务情报从单一警种应用向多警种跨区域共享转变，警务运行从“云”到“端”全流程点对点互动转变，民生服务从互联网向“指尖”转变的“四个转变”，有力提升了维护绍兴市社会安全稳定以及服务改革发展的能力水平。

从严治警。坚持警务闭环式管理，推动现代警务监督体系完善。浙江省绍兴市将警务工作的评价权交给群众，形成问题管理从感知到整改到评估的有效闭环，始终把人民群众满意不满意、高兴不高兴、答应不答应作为评价公安工作的根本标准。全市域流转整改，融合主动督察，健全流转整改、考核通报、追究问责等机制，使事中管控和事后监督有机结合，民意研判和督察整改无缝衔接，群众评价与追究问责对应关联。

第三节　新时代枫桥警务的治理体系

“防为上、救为次、戒为下”，浙江省绍兴市公安局在警务模式创新上将关口不断前移，通过党建统领、组织体系改革构建了前置性的基层社会风险治理体系，以警务智能化为主导和牵引，织密织牢社会风险防控网，有效实现对社会风险的预防和管控，实现平安不出事。

一、系统化、集成化的警务组织结构

机构改革作为行政体制改革的重要组成部分，是新时代推进国家治理体系和治理能力现代化的重大举措。为深入贯彻落实习近平总书记在全国公安工作会议和浙江考察时的重要讲话精神，浙江省绍兴市公安局进一步探索深化公安机关机构改革，全力推进情指行一体化建设，从组织制度上保障警务改革推进。按照“整体智治”原则，相关机构进行整体性、系统性重塑，即构建了以情指行一体化合成作战中心为“大脑”，以大部门大警种为“躯干”，以基层网格化勤务警力为“手脚”的现代警务组织体系。在原有的基础上，优化“大脑”指挥协调能力，提升“躯干”运转支撑能力，加强“手脚”社会掌控能力。这主要体现在以下三个方面：

一是组建职能科学、指挥顺畅、运行高效的指挥作战系统。一方面，将原本分散于不同部门的警力按照信息、技术、装备等不同资源类型进行深层次整合，形成有效合力。另一方面，将职能相近、性质相似的警种部门进行归类整合、实体合并，组建高效能、运转顺畅的作战指挥系统。

二是重塑警务组织体系，实现大部门大警种制改革。对职能交叉重叠或相近的部门、警种进行合理整合，最大限度地精简警种机构，实现警力下沉、多警合一，切实提升警情运转效率。

三是围绕“做强基层、做实基础”。绍兴公安通过刑侦体制、派出所警务机制、街（路）面勤务改革、网上网下服务机制改革，组建专业打击队、社区警务队、街（路）面勤务队、窗口服务队，实现打击专业化、社区专职化、勤务动态化、服务便捷化，为现代警务模式组织体系提供行动保障，打通“最后一公里”。把基层作为社会风险预防、化解的第一阵地，使关口前移、重心前置。

此外，依托警务平台，建立城市公共安全管理平台机制，打破各部门壁垒，将公安、城管、信访、水电等各部门整合在一起；大力完善应急处置的指挥体系、力量体系、预案体系，建立科学、高效的联络、协同机制，提升社会风险研判和应急处置能力；完善社会矛盾化解平台建设，推动“最多跑一次”向社会治理领域延伸，为群众维权难、办事难提供“一站式接待、一条龙调处、一揽子化解”的综合性服务。

二、高效能的智慧警务平台

推进以“雪亮工程”为主体的技防感知体系和物联网、互联网感知体系平台建设。运用大数据、人工智能、云计算等新技术手段，实现“云上”建设大平安，建立全程监控预警的“智慧防控”模式，筑牢“平安围栏”。推动以“智安小区”（医院、学校、景区）为模式的智慧安防单位建设，建设好每一个数据单元；推进县乡（街道）、社区（村社）智慧安防体系建设，使智慧警务构建完整体系。

强化数据融合运算，依托“警务云”增强计算能力与评估能力。实现对大数据的有效分析和智能趋势判断，利用强大的平台系统以及智能计算对相关政策进行有效评估，提升相关警务政策的水平，支撑警务流程由“先发案、再破案”向“数据发现、提前控案”模式转变；升级合成作战平台，对现有合成作战、智能研判、指挥调度、监督评价、门户集成、多维应用六大板块进行深度开发和顺畅衔接，升级为“一点发起、全网响应”的情指行一体化合成作战平台，使各模块、各警种、各层级之间在平台上实现有效衔接与协同，整体提升警务现代化能力。

推出“互联网＋”新时代“枫桥窗口”。做强服务窗口，做精服务后台，实现公安服务的“一网办”；推进“最多跑一次”改革，实现材料提交无地域和时间限制，践行网上“枫桥经验”。

警务闭环管理机制。浙江省绍兴市公安局实施“四平台”闭环处置“110”警情工作，通过“一体化运行、一竿子到底、一揽子保障”工作模式，建立警情全警推送、联动处置、闭环管理、考核奖惩等工作机制，实现警情处置从联动向联体转变；非警务类警情由相关职能部门处置，对电信诈骗、黄赌、盗窃等重点警情跟进落实事中、事后防范措施，切实压降警情。另外，通过受理研判、指令下达、处置反馈、评估跟踪四个环节的规范流转，实现“110”警情闭环式处置。

此外，把“一警情三推送”（推送处警民警、社区民警、“四平台”）有机融入乡镇、街道、村居，打通矛盾纠纷排查化解的“最后一公里”，全方位、宽领域化解基层矛盾。积极拓展警务外延，使派出所民警、巡特警、义警等多警种互联互通，化解基层社会各类矛盾。

三、高质量的特色警务创新体系

创新发展特色警务，一方面，在于发掘当地传统文化，践行新时代枫桥精神，以特色文化为载体和依托，如浙江省绍兴市柯桥区公安分局兰亭派出所的“尚明工作室”①，浙江省绍兴市公安局新昌县局“茶缘调解法”②等，创建“蕺山好邻舍”③等新的基层社区模式；另一方面，立足于满足群体需求，使警务能够更好融入百姓之中，提升警务质量与水平。绍兴公安创建了以下特色警务：

旅游警务。在旅游资源丰富的地区创建“旅游警务”品牌。通过建立警务共同体、志愿服务队、15分钟服务圈，强化景区基础防范工作的覆盖面和渗透力，真正做到旅游层面的“矛盾不上交、平安不出事、服务不缺位”；完善联防联勤机制，实现派出所、交警、巡特警、旅游警察等多警种联勤联动，形成“全警集结、全域覆盖、全时管控”；在每个警务点设立调解室，由警务站（室）民警和旅游纠纷调解委员会成员联合化解纠纷。

项目警官制警务。新时代下的企业营商环境更加复杂，特别对基层矛盾纠纷化解、社会治安管控等社会治理能力提出更高的要求，故因地制宜地提出“项目警官制”是“枫桥经验”的时代创新。“项目推到哪里，警务跟到哪里”，始终坚持“警务围着民意转，民警围着百姓转”，借助大数据信息技术促进智慧警务建设，提高社会满意度。项目警官制保证了与企业之间沟通和服务的顺畅，帮助企业及早迅速化解各类纠纷；同时，项目警官制也有利于打击各类侵企犯罪，优化营商环境。

---

① 《全国主流媒体聚焦绍兴警务——创建“枫桥式公安派出所”有何创新做法?》，载绍兴市人民政府网，https://www.sx.gov.cn/art/2019/7/4/art_1462938_35301991.html? ivk_sa = 1023197a。

② 《新昌县局创新“茶缘调解法”新模式》，载绍兴市公安局网，https://ga.sx.gov.cn/art/2020/9/16/art_1488082_57668416.html。

③ 《“枫桥经验”再启航再发展》，载绍兴市公安局网，https://ga.sx.gov.cn/art/2019/6/17/art_1488084_34674600.html。

背包警务。建立以社区民警、辅警、志愿者、网格员为主的“背包警务”，破解对山区或外出不便的群众提供警务服务的难题，将宣传资料、服务办理资料、常用急救急需用品作为民警下村背包必备物品；群众可以选择电话或网络预约上门服务，民警及时上门走访解决问题，提供面对面的服务，打通服务群众的“最后一公里”。

借力警务平台创建跨系统的社会治理平台。探索不同系统的融合，打破平台壁垒，强化数据共通共用。通过警务服务平台，有效实现警民之间的联动。民众能够通过 App 或“扫一扫”向辖区民警进行在线咨询、预约办事、线索举报，并对相关服务进行评价打分。社区民警也能通过该平台及时了解辖区内信息，及早介入矛盾并调解，及早发现与排除风险。通过该平台还能与其他义警组织或平安类社会组织建立联系，构建三方或更多方的沟通、协调平台，有效实现对基层社会治理的共建、共治、共享。

提升警务窗口服务质量，聚焦市域社会治理中人民的幸福感和获得感。在明星窗口的创新过程中，将以人民为中心的发展理念深入窗口警务工作，进一步提升群众满意度，增加群众安全感和满意度的评价比重；深度融入协作警务，建立完善派出所基层社会治理共建共治共享机制。推动建立社会治理中心，推进公交、校园、医院、景区等特殊区域安全守护工程；深化“乡贤治理、乡警回归”机制，建立平安志愿服务发展总会与基金会，引导和支持基层民主自治。

四、矛盾化解的多元化载体

进入新时代，社会矛盾的关联性、敏感性、复杂性不断增强，预防和化解矛盾的难度持续上升，传统单一的矛盾调解方式、机制和渠道越来越难以适应社会的现实需要。对此，浙江省绍兴市公安局大力推进社会矛盾纠纷多元化解机制建设，强调动员社会多元主体专业力量参与矛盾调解。

首先，积极培育各类社会组织，特别是由平安类社会组织参与矛盾化解。以“枫桥经验”为指引，紧紧依靠广大人民群众，在党建统领下，孵化、培育、帮助社会组织向社会化与专业化改革。大力推动市、县、镇(街)、村(社区)社会治理中心和社会组织实体化运作，建成基层矛盾纠纷化解的社会参与机制。

特别重视培育各类平安类的社会组织，如商会、安企义警、蓝海救援、红十字户外救援队、公益律所、越城好邻舍、诗路志警等社会组织，使其成为基层公安系统与基层政府的补充力量。社会组织作为社会力量的重要组成部分，灵活且专业，并且常作为联系党政机关与民众的中间角色，是化解社会矛盾纠纷的重要力量。

其次，调解方式多元化。创新采用线上远程调解方式，并继续完善综合治理

“越警管家”“COP 管家”(“COP 管家”被民警昵称为贴心小管家。“C”即 closer,意指“零距离服务群众”;“O”即 overall,意指“全时空守护平安”;“P”即 pluralism,意指“多元化化解矛盾”)等网上调解技术和平台的运用。同时融合优秀传统文化,形成独特调解方式。如浙江省绍兴市安昌镇利用“乡贤”文化和“师爷”文化,建成“安师爷调解室”;新昌县以茶为媒,打造“茶化”调解新品牌,改变过去古板说教的方式。

打造特色多元的矛盾调解品牌(载体),如创建“我帮您”“反家暴中心”“乡音调解会”“青少年关爱中心”等特色矛盾调解载体,同时成立律师驻所调解会、乡贤调解组织、校调会、医调会、交调(仲裁)会等专业、广泛的调解机构,形成矛盾大调解中心。

再次,矛盾化解专业化。充分调动专业律师、心理师等专业型人员参与矛盾纠纷调解,切实提升矛盾化解专业化水平。新时期,面对多元矛盾,“枫桥经验”与时俱进,推广建成“律师驻所”“心理驿站”等工作室,针对家庭、邻里矛盾纠纷、未成年人心理健康问题等引入专业团队,预防“家庭小问题”演变成“社会大问题”。律师、心理医生等专业力量参与基层矛盾纠纷化解。

最后,有效吸纳不同职业的人员参与基层矛盾纠纷化解与社会风险治理,使参与个体多元化。走群众路线是创新发展警务模式的基本方法,动员基层群众和社会组织参与是基层矛盾纠纷化解的关键力量。浙江省绍兴市公安局将教师、乡贤、律师、乡警、村干部、网格员、街道干部、法官等不同职业主体纳入基层矛盾纠纷化解队伍中,发挥各自优势,增强社会化解矛盾能力。

乡贤、乡警参与矛盾化解,是浙江省绍兴市基层矛盾纠纷化解的重要特点。乡贤调解注重的是对传统熟人社会的发掘,是对传统文化特征的遵从,但这里的乡贤并非等于传统社会中的精英式“乡绅”,对乡贤的重视也非对旧糟粕的复兴,而是特指新时代中国特色社会主义文化中的贤人,是能够在人民群众心中占据地位的优秀代表。浙江省绍兴市大力推进乡贤调解工作,主动吸纳具有专业优势的公检法退休老同志,使调解工作更为前置与法治化。近年来,浙江省绍兴市相继建立了“老杨调解中心”、“江大姐”工作室等一大批个人品牌调解工作室,在基层矛盾纠纷化解中发挥了重要作用。

乡警回归是乡贤调解方式的一个新样态。公安干警担任家乡调解员,一方面是树立良好典型,积极引导村民选择更为制度化的方式调解矛盾纠纷,增强和普及法治内容、培育法治精神,使乡村调解更有序;另一方面乡警有着较强的规范意识与处理经验,能够很好地应对各类矛盾纠纷,在调解方式方法上经验丰富,能够发挥较大的实际作用。

第四节　新时代枫桥警务模式创新发展的实践成效

绍兴公安从市局到基层派出所构建了一套全新的枫桥警务模式，这套风险治理前置、全方位高质量的警务模式，是对复杂风险环境的有效回应，是对新时代“枫桥经验”的继承与发展，更是对中国特色社会主义制度优越性在基层体现的最好阐述与回答。

一、从“矛盾不上交”向“矛盾源头化解”跨越

党的十八届三中全会提出要“推进国家治理体系和治理能力的现代化”，而警务现代化是公共安全治理能力现代化的重要内容。特别是面对复杂多变的内外环境，以及国家、社会、人民赋予公安部门的重大使命，公安部门需要进一步推动改革，助力国家治理现代化、社会治理现代化，实现警务自身的现代化。

新时代枫桥警务改革通过组织结构整合、技术融入与赋能，推动枫桥警务从派出所向全警种拓展。按照“整体智治”原则，坚持市县一体化，多部门形成创建共识，多警种汇聚创建合力：以情指行一体化合成作战中心为“大脑”，以大部门大警种为“躯干”，以基层网格化勤务警力为“手脚”，将最优资源、最高权限、最强手段向平台集聚，提升对警种、基层的实战支撑力，实现对社会治理现代化的支撑与驱动。实践说明，枫桥警务模式中的风险前置、全风险管理、智能警务、社会治理共同体等措施是我国警务现代化的新样板，践行了“枫桥经验”中从“矛盾不上交”到“矛盾风险治理”的新内涵。

“矛盾不上交”是基层派出所、基层公安部门对党和政府、对人民的有力承诺，也是对自身的约束与激励。“矛盾风险治理”意味着更高目标、更靠前的治理理念，将各类风险矛盾化解于初期，消除于初始，切实解决人民群众的各项问题，减少社会负面情绪的积累，达到平安与和谐治理。这种转变既是浙江省绍兴市的承诺与警务的进步，也是其他公安警务现代化可借鉴的模板。主动拥抱社会治理，走向全过程的矛盾风险治理阶段。

二、从“平安不出事”向“平安和谐共治”转型

市域社会治理做得怎么样，事关顶层设计落实落地，事关市域社会和谐稳定，事关党和国家长治久安，意义重大、影响深远，任务艰巨、使命光荣。公安部门作为

基层市域治理的主要力量与重要支撑,应认清新时代社会发展大格局大趋势与历史使命,使新时代枫桥警务模式创新立足长远,与时俱进、积极主动地参与到市域社会治理理念现代化进程中,主动担当起社会难题的攻坚先锋。

枫桥警务模式进一步创新化解各类复杂社会风险的机制建设,以清除市域治理现代化过程中的突出障碍为目标导向,建设平安和谐共治的新局面,为市域社会治理提供稳定的大环境。特别是警务模式创新与市域社会治理现代化紧密结合,将警务窗口系统与市域治理系统融合,搭建大平台,构建多主体协同治理体系,融合社会治理信息,实现信息高质量传送;公安部门牵头,逐步建立基层社会治理共同体,凝聚公安力量、社会力量、其他科层组织量,整体提升市域社会治理力量。

三、从“服务不缺位”向“服务高质量”飞跃

枫桥警务模式的创建是对“枫桥经验”的不断深化解释与创新,风险治理前置、全方位高质量的枫桥警务模式已经在实践中证明了其有效性。新时代枫桥警务模式的创新并不只是满足浙江省绍兴市治理需求,其同样肩负着我国国家治理体系和治理能力现代化提升的时代使命,以及发展“枫桥经验”的历史使命。

新时代枫桥警务已经不再满足于传统服务不缺位的承诺,而是迈向更高服务质量的新目标。更高服务质量意味着为人民群众提供的服务不仅是不缺位的,而且是人民群众随时因需能寻的,更是让人民群众高兴满意的。这种承诺的背后是警务的重塑,是警务现代化的实现。新时代枫桥警务模式创新不仅有效化解了各类社会矛盾纠纷,保障了安定有序的基层社会环境,还通过组织、技术、文化等多个层面促进了从“服务不缺位”到“服务高质量”的实现,整体上完善了基层治理体系和治理能力。

第五节　新时代枫桥警务模式创新发展的主要启示

新时代枫桥警务模式不仅是我国基层警务的样板,而且是我国基层社会治理的经典范式。新时代枫桥警务模式为实践与理论研究上的中国本土话语及讲好“中国治理故事”提供了实践。特别是进入风险社会后,基层社会治理必须由聚焦一般性矛盾纠纷转向聚焦社会风险,因此新时代枫桥警务模式有进一步的发展。

一、系统化是新时代枫桥警务模式的治理理念

在理念上,风险治理的系统化思维注重联合各警种、群众的力量及其他社会力

量并形成合力,提升社会风险治理能力。同时,风险治理的系统化思维又注重各主体间的协同合作,以形成良好有效互动,激活社会活力。具体而言,要加强风险预测预警体系建设,从源头把控风险,主动当好基层社会治理的参谋,让基层党委政府放心;将社区警务更好地融入基层社会治理,实时更新基础信息,为上级决策提供精准信息;积极主动培育和发展平安类社会组织,进一步扩大基层社会治理队伍。

在实践上,健全完善风险治理制度体系是运用新时代"枫桥经验"治理风险的关键。健全基层社会风险治理制度机制体系,完善公共政策体系,打造预知、预警、预防、应急处置闭环。建立充分发挥政府、社会组织、市场等作用的应急管理预案、立体化力量体系和智能化综合指挥平台;加强社会参与、多方联动的合成演练、模拟推演,实现危机个案属地化处置,防止网络化背景下的风险大面积扩散。

二、集成化是新时代枫桥警务模式的组织特征

坚持警务全域拓展"枫桥经验",从农村走向城市,从线下走向线上。促进警务跨部门联合互动,推进社会融合治理。总结提升柯桥"四平台"工作模式,即将辖区内除涉密外的所有警情推送至"四平台",联动村(社)等各方主体进行处置,对非警务类警情进行分流;建立全警推送、联动处置、闭环管理、考核奖惩等工作机制,实现警情处置从联动向联体转变;打造集公、检、法、司和法律服务所五部门为一体的大调解中心,形成工作闭环,使矛盾纠纷化解为零。

集成化还体现在警务组织的结构调整上。以情指行一体化改革为抓手,是构建现代警务模式的重要举措。现代警务模式实际上是以情报信息为基础的,信息的质量直接影响相关决策的恰当与否。通过一体化改革能够建立起新的信息搜集、研判、共享机制,建立起一种反应灵敏、运行高效、协调一致的新格局。坚持改革破题,实现三警融合警务联勤。绍兴公安以街(路)面勤务机制改革为契机,坚持"动中备勤、精准防控",立足"多警融合、一警多能",整合巡特警、交警、派出所巡防力量的街(路)面勤务队;网格内警力实行"动中备勤、精准防控、有警处警、无警巡逻"的主动勤务模式,对辖区治安实施扁平化、可视化、动态化管理,开展精准化指导和"无差别处警"。

三、社会化是新时代枫桥警务模式的动力源泉

坚持依靠群众、发动群众、组织群众,让群众共享发展成果。"警力有限,民力无穷",打破思维定式,壮大平安社会力量,贯彻专群结合的方针,组织开展群众建设、群防共治的社会治理格局,让群众成为警务工作最重要的实践参与者。深化

“乡贤治理、乡警回归”机制，推动建立社会治理中心，推进公交、校园、医院三大守护工程，强化社会应急联动工作。让人民群众成为公安工作最重要的成果享有者，始终瞄准老百姓最关心的民生问题和服务问题，让群众共享改革红利，切实增强群众安全感。

发挥党的领导作用，做好群众工作，是新时代枫桥警务模式治理社会风险的优势所在。新时代枫桥警务模式始终以发动群众、依靠群众，特别是多元化社会力量为治理风险的根基，加强基层社会自主性治理、专业化机构治理。坚持以人民为中心，以解决市域内影响国家安全、社会安定、人民安宁的突出问题为着力点，以改革创新为动力，打造具有中国特色、时代特征、市域特点的社会治理新模式，提高市域社会治理现代化水平，使人民群众有更多的安全感、幸福感和获得感，从而为实现国家治理体系和治理能力现代化作出更大贡献。

四、智能化是新时代枫桥警务升级的科技保障

在窗口警务方面，打造网上服务新矩阵，推行便民服务网上办。推进“最多跑一次”改革，实现材料提交无地域和时间限制，践行网上“枫桥经验”。利用“枫桥警务—越警管家”平台融合更多服务，使更多的公安服务事项能够实现“一网办”；推进“证照融合”，使能够通用的证照“一照通用”。此外，利用企业优势研发“智能公安客服”，使群众在繁杂的网上办事中能够快速找到自己需要的服务，对群众提出的问题及时给出最优解答，对群众待办事项进行精准提醒，做到贴心服务。

通过科技增强警务能力。强化网上巡查研判，做到“矛盾不上交”。推进网上内容协调处置机制建设；构建多层级、网格化的舆情发现预警体系，完善跨部门网络舆情分析研判制度，形成多渠道舆情发现、多部门联动处置、线上线下同向发力的网络舆情处置工作体系。

第五章　高质量特色警务体系创新

浙江省绍兴市特色警务创新，始终牢记习近平总书记关于“把‘枫桥经验’坚持好、发展好，把党的群众路线坚持好、贯彻好”①的重要指示精神。基于对现代警务理念的理解和实践，绍兴公安在把握好警务改革的信息化、集约化、专业化、社会化和民本化方向②的同时，结合本市的实际，在全域旅游智慧、民意感知、乡警回归、项目警官制、数字化改革等警务方面作出了诸多有益的探索，取得了一系列成绩。

第一节　特色警务创新的基本原则

自新中国成立以来，我国的警务模式在不断变化。从警务变迁的历史看，警务革命既具有内在的机制，也具有外在社会环境的因素，当然，此两者又具有密不可分的关联。因此，特色警务创新也应兼顾两种要素，只有嵌入其中，才能发展出为社会接受的高效警务模式。

基于此，笔者认为，特色警务创新应遵循以下基本原则：

---

①　《习近平指示强调：把“枫桥经验”坚持好、发展好》，载中华人民共和国中央人民政府网，www.gov.cn/ldhd/2013-10/11/content_2504878.htm。

②　参见陈军生：《浅谈我国警务改革发展问题》，载《公安研究》2013年第8期。

一是政治性原则。首先,在新的形势下,如何更好地通过党建统领警务创新,发挥党的领导力、凝聚力和辐射力,是新时代特色警务创新的根本保证。党的领导是中国特色社会主义最本质的特征和最大优势。只有坚持党对公安工作的绝对领导,才能确保公安工作坚定正确的政治方向。其次,如何更好地践行以人民为中心的发展思想、体现公安的人民性是新时代特色警务创新的属性要求。与西方警务制度相比,“人民公安为人民”是我国警务制度的本质属性。警务创新是为人民而创新,创新的目的是更好地为人民服务,提升人民群众的获得感、幸福感和安全感。在此过程中,一切为了群众、一切依靠群众不仅是口号,更是特色创新的指导路线。

二是时代性原则。任何警务创新都必须以把握所处时代特征为前提。首先,党的十九大报告提出,中国特色社会主义进入了新时代,这是我国发展新历史方位,蕴含着中国特色社会主义的新任务和新目标。同时,我国社会主要矛盾已经转化为人民日益增长的美好生活需要和不平衡不充分的发展之间的矛盾,这是关系全局的历史性变化,对新时代下的警务工作提出了许多新要求。如何在复杂的国内外环境中维护政治安全、社会安定和人民安宁,成为新时代警务创新的战略性目标。其次,我国社会治理已走过管制、管理阶段,进入全面打造共建共治共享的社会治理格局阶段。在新的治理理念下,作为社会治理重要力量的公安机关如何构建既能体现多元共治的警务模式,又能更高效地融入国家治理、市域社会治理和基层治理之中,就成为警务创新的战术性目标。最后,伴随社会的快速发展,各种政治、社会和环境风险也在不断累积,如何做到及时、准确地预警风险、化解风险和处置风险,应当是警务创新的策略性目标。

三是地方性原则。在我们这样一个具有悠久历史传统的国家,每个地区都有着自己的特色文化和传统。警务创新的目标之一就是更好地为人民服务,而公安机关的条块管理模式使其工作天然具有属地性。因此,特色警务创新也建立在扎根本地社会,结合当地社会经济发展情况和文化传统的基础上。

四是问题性原则。创新意味着超越。在实际工作中,有些创新在本质上是形式主义的创新,只在面上留痕,却并无实质方式方法的突破。其原因之一就是没有问题意识,或缺乏解决问题的办法。特色警务创新必须建立在问题意识基础之上,先是发现问题、分析问题,然后发展出以问题为导向的警务创新。“问题导向是一种鼓励和帮助警察机构的全体成员积极主动地参与解决问题的警务方法。”[①]这些问题可以是组织体系、制度规定、工作方法等内生性的，也可以是民意感知、社会期待、技术突破等外生性的。

五是智慧性原则。随着社会经济的快速发展以及人民群众对美好生活的多元需求，对于公安机关来说，社会治安构成要素和服务要求日趋增多，但警力资源却并无相应增加，这给警务工作带来很大压力。同时，随着互联网、移动通信、大数据等技术的高速发展，这些技术给警务工作带来了极大的帮助。近10年来，警务工作在各种高科技的支持下，呈现出新的发展特征[②]，出现了警务智能化。智慧警务以大数据、云计算、人工智能、移动互联网、物联网等技术为支撑，可以在很大程度上实现警务的系统化、智能化、集成化、扁平化和动态化；通过科技赋能提升公安信息化、智能化、现代化水平，推动公安工作跨越式发展。

六是系统性原则。特色警务创新是一项复杂的系统工程，相关的改革采取有重点、有针对性的集中突破不失为一种可行方略。[③] 但是，任何警务改革不仅会涉及自身管理体制改革与工作流程的转变，也会涉及相关部门关系与体制的调整，可能还涉及人事的变动等。这就需要具有系统性的视野，站在全局的角度，从具体问题入手，协调好创新过程中的各种关系。

七是效率性原则。任何创新和改革除应有问题意识、目标和技术手段外，还应有效能的考量，包括行政管理效率、接处警效率、纠纷化解效率、执法效率和提供服务效率等。效率实质上就是投入与产出的比例问题。特色创新必然会牵涉财政成本、人力成本和行政成本等，能否用单位成本创造出比之前更高的收益，就成为警务创新的最终评判标准之一。当然，这些收益既包括可以量化的有形的时间、治安效果和满意度等，也包括无法量化的无形的警民关系、队伍士气、战斗力以及由公安机关引发的民众对党和政府的态度等内容。

八是发展性原则。首先表现为制度和体系的发展性。特色警务创新既非一劳永逸的改革，也非固化的制度沉淀，其必须具有可塑性，能为后续的发展提供一定的开放空间。其次还表现为能为民警个人和队伍的发展提供平台。警察的职业虽

---

① Palmiotto & Michael J., *Policing, Concepts, Strategies, and Current Issues in American Police Forces*, Carolina Academic Press, 2000, p. 194.

② 参见田姝婕、郭伟：《我国智慧警务的研究进展：文献计量、述评与展望》，载《河北公安警察职业学院学报》2020年第3期。

③ 参见季春东：《论当今警务管理体制改革之基本原则》，载《江西公安专科学校学报》2007年第2期。

然特殊，但他们也具有个体的需求；警务创新在使警察承担大量工作的同时，也要顾及他们的职业发展、个体发展之需。

第二节　全域旅游智慧警务

全域旅游智慧警务是浙江省绍兴市新昌县公安机关立足县情，回应社会主要矛盾变化，践行新时代“枫桥经验”，服务于本地高质量经济社会发展而进行的警务创新。2020 年，新昌县正式成立“旅游警察大队”，将新时代枫桥警务模式创建工作、“三服务”活动与旅游警务有机融合，充分发挥旅游警察“多元化、全时空、零距离”的警务职能，构建起融合旅游服务、风险预防、矛盾化解等多功能于一体的枫桥式“全域旅游警务”。①

一、全域旅游智慧警务创建的背景

新昌县位于浙江省绍兴市南部，是“八山半水分半田”的山区县，生态环境优美，文化底蕴深厚，是“唐诗之路”的首创地和精华地。新昌县党委、人民政府高度重视旅游建设。目前，该县入围首批国家生态文明建设示范市县、第三批全国“绿水青山就是金山银山”实践创新基地，跻身全国“绿水青山就是金山银山”发展百强县，获评美丽浙江建设工作考核优秀县。② 新昌县全域旅游资源丰富，有天姥山国家级风景名胜区和大佛寺、穿岩十九峰、达利丝绸 3 个国家 4A 级旅游景区，4 个国家 3A 级旅游景区。此外，新昌县的乡村旅游也蓬勃发展，成功创建省 A 级景区村 165 个、3A 级景区村 26 个、景区镇（乡、街道）12 个。新昌县已入围全省大花园典型示范建设单位，荣获“诗画浙江 · 百县千碗”工程示范县，跻身中国旅游百强县、最美国家文化旅游县，旅游总收入年均增长 9%。其“百村成景、百业增效、百姓致富”工程荣获中国十大社会治理创新典范奖。

虽然新昌县全域旅游发展快速，但原景区勤务、服务模式严重滞后，服务硬件建设滞后，服务质量偏低，安全风险隐患突出。这主要表现在以下几个方面：

一是景区安保人员专业能力不足的风险。长期以来，景区内的安保人员以企

---

① 《浙江新昌开创“全域旅游警务”“三微”行动优化服务》，载中国长安网，http://www.chinapeace.gov.cn/chinapeace/c100007/2020-11/08/content_12412248.shtml。

② 参见《2022 年新昌县政府工作报告》，载新昌县人民政府网，http://www.zjxc.gov.cn/art/2022/2/25/art_1229788483_4148838.html。

业的保卫干部和保安为主，普遍存在年龄偏大、人数偏少、技能偏弱、专业水平偏低等不足。景区保卫力量科技应用能力和意识欠缺，且缺少系统的实战技能培训。景区沿袭传统的人员管理模式，对人流、物流和车流等信息的掌握严重不足。这些问题影响着服务质量，导致游客投诉多、满意度差，而且还凸显出紧急应对能力不足等风险。

二是部门联动不畅的风险。景区安保工作涉及治安管理、交通管理、消防管理、市容管理、市场监管和应急救援等领域。然而，原来的景区管理模式基本处于各自为政的状态，缺乏多部门联动机制，无法形成合力，无法在复杂紧急状态下作出迅速反应，迅速处理问题。

三是智慧景区建设脱节。原来的景区内配套设施以服务功能为主，缺乏足够的预防性、智能性设置，尤其是缺乏能对景区内突发状况作出快速反应的智能信息设备。

四是风险隐患排查化解力度不够。近年来，景区规模不断扩大，游客持续增加。但囿于体制和机制上的制约，公安机关只能起到业务指导作用，景区安保人员应对日常管理工作已是捉襟见肘，无法做到对风险隐患的深入排查化解。

针对这些不足和风险隐患，新昌县公安机关践行新时代“枫桥经验”，突破传统景区治理的瓶颈制约，构建起“全域旅游智慧警务”模式。

二、全域旅游智慧警务的内容和运作模式

“全方位组织、全联动共治、全链条响应、全旅程服务、全通道管理”是“全域旅游警务”的特征，其具体内容和运作方式如下：

一是旨在健全旅游警务组织体系和运作模式，聚焦机制改革，谋划“全方位”力量布局，实现全域旅游与警务工作的互融共进。首先，新昌县公安机关建立起旅游警务组织体系。2020 年 3 月，新昌县委、县政府全力推进“全域旅游警务”机制建设。[①] 其次，明确旅游警务工作职责。组建旅游警察大队，负责受理涉及侵害旅游活动参与者人身、财产安全的违法犯罪案件，指导各派出所和交通中队对辖区的景点开展秩序维护、巡逻防范和群众服务等警务活动，规范旅游警务工作的开展。最后，建立起“1 + 4 + 5 + 10”的景区警务服务体系，布建全域旅游警务阵地。设立 1 个旅游警察大队，4 个警务站，5 个警务联络室，10 个警务执勤点，将旅游警务延

---

① 参见钱成根：《全力打造“全域旅游警务”新昌样板》，载人民论坛网，http://rmlt.com.cn/2020/1108/598162.shtml。

伸到景区全线以及旅游中的“吃、住、行、游、购、娱”等全过程。

二是旨在构建旅游警务共同体，聚焦联合共治，营造“全联动”的共建共享机制。首先，实现警务联勤平安共治。基于游客的需求和可能面临的问题，派出所、交警、巡特警、旅游警察等多警种进驻旅游警务站，建立联勤警务模式。其次，实现部门联动全域共建。新昌县出台《旅游综合执法联动机制》《旅游联合救援工作机制》等文件，构建与文旅、综合执法、市场监督、应急管理等单位部门联动的多项机制。最后，实现平安联创和谐共享。整合公安、景区、商铺等多方相关主体，在核心景区创建“警景治安联盟”微信群，方便群众联系和反映问题。同时，积极培育“诗路志警”等平安类社会组织，使之协助景区安保。

三是旨在建立感知体系，聚焦智能驱动，建立“全链条”快速响应机制。围绕“平安新昌”建设，建成“警务天眼全覆盖、智慧调度股掌间、快速处理在眼前”的人机智能警务模式。首先，实现信息全感知，依托“块线面”社会治安防御体系，实施视频监控点位“增点扩面”，实现全域旅游信息全感知。其次，响应全覆盖。新昌县公安机关创新开发扫码报警服务系统，建立起集指挥、报警和定位于一体的快速响应体系。最后，处置全周期。在旅游警务站设置综合指挥室，以部门各司其职、协同协力为原则，快速分流处置涉旅警情。

四是旨在践行以人民为中心的宗旨，聚焦服务赋能，实现“全旅程”暖心护航。延伸浙江省绍兴市公安局推行的“枫桥经验”新五小工程内涵，将游客与当地民众同等对待，全天候为游客提供优质服务。首先，实现“假日警务”，将机关警力下沉至景区，确保双休日有1/2警力在岗，破解节假日游客多、警情多、警力少的难题。其次，开展温情调解。由于景区内游客众多，情况复杂，所以纠纷也常见。新昌县公安机关在每个警务点设立“茶缘”调解室，将新昌县的茶文化融入调解之中，由民警和旅游纠纷调解委员会成员联合化解纠纷，并形成“三互一共”调解法，即矛盾双方“互致一次歉，互握一次手，互敬一杯茶，共照一张相”。最后，提供贴心服务。以主动警务为引领，在景区给游人发放服务手册，开设移动警务驿站，设立自助服务机，全方位延伸全域旅游服务的触角。

五是旨在实现安全便捷的交通体系，聚焦安全出行，打造“全通道”便捷交通。新昌县公安机关以“枫桥式交警中队”创建活动为契机，倾力为游客营造“舒心、安心、贴心”的出行环境。首先，构建信息传送通道。借助交警停车诱导系统，实时掌握景区“人车指数”，然后通过交警微信平台和路面交通信息显示屏及时发布路况信息，提供出行指南。其次，优化交通管控效能。通过科学调整和骑警全时段路面巡逻等方式，做好路况分析预测，加强排堵保畅服务。最后，在景区开展柔性执法。鉴于景区人多车多，且外地人居多，故对轻微和一般交通违法行为，以教育警告为主；对轻微道路交通事故，按简易程序快办快结；对应急突发性事件，第一时间调度附近交警指路引导，开辟快速救援通道。

通过创建"全域旅游智慧警务"，2020年，新昌县各景区总体警情下降了57%，累计服务游客30余万次，劝阻景区不文明行为250余人次，景区内矛盾纠纷调解率和成功率均达到100%，收到游客感谢信、锦旗等18件。更重要的是，"全域旅游智慧警务"在为新昌县全域旅游发展保驾护航的同时，还营造出共建共治共享的景区治理共同体，全面提升了当地居民、商家和游客的幸福感、获得感和安全感，展示出新时代"枫桥经验"落地生根、因地制宜的强大生命力。

第三节 民意感知警务

民意感知警务是绍兴公安根据新时代牢记为人民服务的根本宗旨，坚持以人民为中心的发展思想，积极适应变化，依托现代科学和技术的方法，树立"整体、智治"的理念，于2018年在浙江省首创的智慧民意感知体系；其精准掌握民意，以问题为导向，让民意领跑警务，取得了很好的效果。介绍这一警务创新的《浙江绍兴智慧打捞"沉没声音"破解民意感知》一文被新华社《国内动态清样》刊发，《浙江日报》等主流媒体对其进行了专题报道。①

一、民意感知警务创建的背景

新时代"枫桥经验"的核心价值就是为了群众，依靠群众，以人民为中心。高质量特色警务体系创新的效果如何，最终评判者应是人民。进入新时代，我国社会的主要矛盾发生了变化，党对新时代的公安工作也提出了新的要求。习近平总书记强调："全国公安机关和公安队伍要坚持党对公安工作的领导，牢固树立'四个意识'，坚持人民公安为人民，全面加强正规化、专业化、职业化建设，做到对党忠诚、服务人民、执法公正、纪律严明"②。人民的美好生活需求日益广泛，对公安机

---

① 参见《不买账的3.65%，如何补齐？绍兴公安建立智慧民意感知系统》，载绍兴市公安局网，https://ga.sx.gov.cn/art/2020/11/12/art_1488097_58920864.html。

② 习近平：《始终坚持人民公安为人民》，载新华网，www.xinhuanet.com/politics/2017-05/19/c_1121004178.htm。

关也有了新期待。人民对知情权、参与权、表达权和监督权的需求日益增长，对社会安全、公共安全、执法过程及效率等更加关注，对精细化、个性化、高品质和高效率的服务需求也渐趋增多。

随着社会的日益开放和技术手段的丰富，社会民意表达呈现出复杂多元的特征。然而，囿于政策、技术等方面的制约，公安机关在掌握民意时，经常面临民意感知灵敏度不足、民意监督实效性不强、民意评价导向力不够等问题。鉴于此，绍兴公安创建民意感知警务体系，通过对到公安机关办过事、报过案的群众进行全量访评，不断强化民意的实时感知、分析研判、跟踪整改，提升公安机关的执法服务能力。

二、民意感知警务的内容与运作模式

绍兴公安创建的民意感知警务大致可包括组织体系、民意感知平台构建、闭环管理和民意转化四个层次。

（一）通过党建统领理顺组织体系

坚持市县联动，条块结合，搭建具有整体性和系统性的“中枢神经”。民意感知警务体系并非独立存在，而是与其他警务作为“躯干”，有机地融合在情指行一体化合成作战中心这一“大脑”之下。为更好地了解民意，推动警务改革，绍兴公安按照情指行一体化“三合六全”工作体系建设的要求，打造横向到边、纵向到底的情指行一体化合成作战组织架构，构建起“1＋6＋7＋X”合成作战体系。① 中心运作按照“党建统领、机构虚拟、实体运作”的要求和“整体智治”的原则运行。合成作战中心设党总支，由党总支统领党建，统筹业务，统抓队伍，统一考核。

搭建市、县和派出所三级民意感知网，形成市县所三级建、查、改的工作格局。绍兴市在市、县两级公安局建设智慧民意感知中心，督察全员入驻，情指、法制、信访、人训、网办等相关警种专人入驻，在基层派出所综合指挥室设立民意岗，作为民意感知体系的最小终端。

建设“民意”和“督办”两支队伍。“民意”队伍即“访评员”，由150名在聘期中的第三方人员组成，他们须接受并通过礼仪、沟通、法律、管理等业务培训。“督办”队伍由市、县业务警种和所队领导的三级督办员构成，既有专职人员，也有兼职和派出人员。

出台相关规定，为民意感知警务提供制度保障。为实现有效管理，达到以民意

---

① 参见陈全苗、孙金良、陈博超：《绍兴公安：改革“强警”，创新“便民”》，载浙江日报网，http://zjrb.zjol.com.cn/html/2019－11/06/content_3282166.htm? div＝－1。

促改革,以民意促建设的作用,绍兴市出台了公安机关民意感知体系运行管理等文件,基本实现从制度上将民意研判与督察整改无缝衔接,将群众评价与追究问责对应关联。

(二)通过大数据平台实现民意感知和督察的互融互通

绍兴公安自主研发智慧民意感知系统平台,打破多警种业务系统间存在的壁垒,将民意感知触角向公安工作的全领域、全范围、全环节覆盖,找准民意走向,发挥平台的分析研判、流转派单和评估应用等作用。

智慧民意感知系统平台汇集全市所有公安窗口办事服务,所有公安执法服务场所网上督察,包括“110”接处警、刑事现场勘查、案件办理移交、交通事故处理等执法办案重要环节和群众关注热点;进行社区民警熟悉率、派出所工作满意度等专项调查;“110”“12389”“12345”、本地网络论坛等开设涉警投诉,并负责推送办理、核查追责、督促整改。

同时,该平台还可以实现民意实时感知。智慧民意感知系统平台在每一次公安执法服务活动结束后,会通过短信、电话等多种形式,实时感知每一位群众的满意度。当群众回复不满意时,中心访评员会及时进行电话回访,并记录具体原因。若确因民警工作不到位,系统平台会生成工单并下发基层所队,要求进行整改反馈。整改反馈后,再由访评员开展第二次回访,最后审核办结。截至 2021 年年底,平台共发送回访短信 330 万余次,人口回访 37 万余次,民意数据日汇聚量 5000 余条。

(三)通过锁定短板实现闭环管理

对于借助平台汇聚的民意信息,绍兴公安还通过强化对感知结果的精准研判和全效评估,精准锁定工作中的短板,有针对性地实行闭环管理,提高执法服务质量。

民意感知警务体系会综合相关信息,对各级公安机关和民警进行民意指数测算,绘制民意画像,分红、黄、蓝三色对各地队伍和执法服务情况进行分析,动态显示各地、各单位群众满意度走势及不满意事项分布,找出群众的关注焦点、多发诉求及热点问题。对群众回复不满意的案件,三级访评员会进行多视角、标签化的分析研判,汇总不满意涉及的单位、人员、办件和原因,如窗口服务的服务态度、办事效率、警容风纪等,“110”接处警的接警态度、出警速度、处置规范等,案件办理过程是否高效、结果是否公正等。

建立流转整改机制。对于从中发现的问题,绍兴公安搭建“三级督办架构”,

市级中心负责推送督办、二次回访、分析研判和考核评估,县级中心负责本地工单分发督办、审核反馈,具体所队负责工单接收、问题整改和结果反馈。机制运行以来,绍兴公安共流转整改"不满意""跑多次"办件1万余件,整改后二次回访满意率达99.5%。

健全考核通报机制,市县两级公安机关将访评结果、整改情况纳入"最多跑一次"改革和执法质量考评,实行"旬通报、月分析、季盘点"的考核通报机制。对连续末位的单位负责人进行约谈,对年度末位单位取消评优资格。截至2021年年底,共约谈相关单位负责人10人次。

严格追究问责机制。落实逐案评查,对认定有责或存在执法过错的单位,在考核扣分的基础上,下发整改建议书;对整改不到位的,实行蹲点整治和倒查问责。2019年以来,共追究执法过错责任550人次,采取岗位调整等组织措施23人次。

(四)以问题为导向将民意转化为治警实践的行动指南

民意感知数据除对人对事外,还有着创新发展新时代枫桥警务模式的作用。绍兴公安根据民意评估信息,以问题为导向,倒逼警务改革,改革破题,实现"警务围绕民意转,民警围绕百姓转"。

绍兴公安通过深度挖掘民意大数据,形成了"探析民意—剖析原因—改革创新"的闭环,常态化推进体制机制改革。如针对群众反映民生服务不满意的问题,公安机关推出车辆检测、交通事故处理、居民身份信息变更等一件事集成改革;针对群众反映执法效能不满意的问题,推出刑事案件每案必研、每案必侦、每人必研、每逃必追的"四必"工作机制,实行案件办理繁简分流、一站式监督管理等改革;针对群众反映警民熟悉率低、沟通不畅的问题,推出派出所警务机制改革,推行社区民警专职化,要求社区民警80%时间下沉社区;针对群众反映警情处置不够高效的问题,推出街(路)面警务机制改革,实行派出所、交警、巡特警"三警合一"网格化布警,以专业优先、就地处置为处置原则。

此外,绍兴公安还对2019年民意感知平台的民意大数据进行标签化、精准化分析研判,找出公安工作各领域存在的问题短板,有针对性地开展平安护民、执法为民、服务惠民、沟通亲民、形象暖民的"五民工程"。(1)平安护民工程旨在提升公安机关核心战斗力,具体措施有:着力提高警务效能;严打突出违法犯罪;筑牢社会治安防控体系。(2)执法为民工程旨在完善执法监督管理机制,具体措施有:加强教育,端正执法理念;严格监管,规范执法行为;优化评价,提升执法公信力。(3)服务惠民工程旨在深化"最多跑一次"改革,具体举措有:优化"网上办",拓展

"就近办",强化"集成办"。(4)沟通亲民工程旨在拓展枫桥警务创建,举措有:积极构建社会治理大格局,强势推进社区警务战略,着力打造网上"枫桥经验"。(5)形象暖民工程旨在提升民警的能力素质,具体举措有:深入开展"坚持政治建警,全面从严治警";强势推进全警实战大练兵;强化正面发声,讲好警察故事。

民意感知警务自创建以来,绍兴公安依托智慧民意感知体系整改队伍问题2.6万余件,分析预测队伍风险隐患6700多个,倒逼警务勤务改革30多项,出台专业警种与派出所办理刑事案件等执法规范文件32份,有力地推动了绍兴公安事业赶超发展,切实丰富了新时代"枫桥经验"的绍兴公安实践。

首先,体现为治安管理能力显著提升。通过一系列改革,绍兴公安的防风险、保稳定和护发展的能力得到了加强。2020年度,绍兴市群体性事件、信访总量、刑事治安警情、全口径交通事故死亡人数分别同比下降42%、40.7%、31.1%和28.46%。命案积案攻坚、扫黑除恶、打击跨境网络赌博、打击治理电信网络违法犯罪、交通事故"减量控大"等多项工作绩效全省领先,平安指数多次位列全省第一。

其次,群众满意度明显提升。2020年,绍兴公安"110"接处警、案件办理、事故处理满意率分别达95.15%、96.52%、96.88%,行政败诉案件下降85.71%。在2020年第三季度,经第三方评测,绍兴公安群众满意度达到99.13%,创历史新高。

最后,公安队伍形象得到显著提升。2019年,绍兴公安收到的群众锦旗和表扬信数量上升了81.3%,2020年;"12389"等投诉和民警违法违纪数分别同比下降20.34%和37%。浙江省绍兴市公安队伍中还涌现出全国五一劳动奖章获得者周贤人,全国模范退役军人姚阳潮和全国禁毒工作先进个人史炜等一大批先进个体。

民意感知警务是绍兴公安坚持发展新时代"枫桥经验"的一种创新。

第四节　乡警回归

乡警回归,是浙江省绍兴市公安局上虞区分局丰惠派出所在深入践行枫桥警务模式,积极创建"枫桥式公安派出所"基层公安机关过程中,首创的一种特色警务模式,成为夯实基层,特别是农村地区社会治理的有效途径。

一、乡警回归警务创建的背景

乡贤治理是对我国传统的善治文化和治理经历的发展,体现了基层社会治理的内生性和综治性,也是在农村社区实现自治、法治和德治“三治合一”的有效载体。2018 年的中央一号文件明确提出要“积极发挥新乡贤作用”。新乡贤治理也是新时代“枫桥经验”的一大特色。2014 年,《光明日报》曾以专栏形式对以“爱家爱乡、守望相助、诚信敬业、平等包容”为内涵的诸暨新乡贤文化进行了特别报道。

绍兴公安将警务工作与乡贤文化融入基层社会治理,创新性地推出乡警回归警务,实现乡警回归与乡贤治理的有机结合,有效地践行和推动了新时代“枫桥经验”警务模式的实践和发展。

二、乡警回归的内容与运作模式

在主体上,乡警回归实现乡警融入乡贤,乡贤牵手乡警;在内容上,乡贤治理重在实现“矛盾不上交”,乡警回归意在实现“平安不出事”,两者合理协调其他力量达成“服务不缺位”。

首先,创新“乡贤治理”,以最大努力实现“矛盾不上交”。乡贤是中国传统德治共治模式下维护地方社会秩序的关键角色之一。“枫桥经验”吸收了中国传统的善治文化和社会治理经验,“新乡贤”参与社会治理成为一大创新点。

随着社会的快速发展,城市化进程的加快,人才和资金外流严重,农村的社会生活出现了“真空化”,新乡贤就是以乡情乡愁为纽带,将本村本土的老党员、老干部、道德模范、企业法人,“返乡走亲”机关干部、社会工作者、经济文化能人、教育科研人员以及在农村创业建设的外来生产经营人才等乡村精英纳入新乡贤队伍,通过他们改变基层治理人才匮乏的局面。具体做法包括以下几个方面。

一是全方位选贤。乡贤个人的品行和能力是实现乡贤治理的关键,因此首先应严格乡贤治理的人选标准。绍兴公安落实资格审查、本人意见征询、当地政府审核等程序,把一批作风优良、敢于仗义执言和主持公道的老干部、老民警、经商能力强者等纳入“乡贤资料库”。如浙江省绍兴市公安局上虞区分局丰惠派出所在辖区丰惠乡选出调解员 56 名,其中影响型 12 名,法治型 3 名,专业型 5 名,调解型 36 名。二是全要素育贤。建立“乡贤治理”参与、联络、评价、培养四项机制,每月由基层派出所牵头召开一次乡贤例会、开展一次走访联系、组织一次进警营等“三个一”活动;定期邀请法官、律师等专业人士重点围绕矛盾纠纷化解进行专题培训。三是全景式用贤。实行“一村多组、一组一乡贤”的网格化管理模式,针对不同纠纷形态和矛盾成因,巧妙运用乡贤的特殊身份对症下药,发挥“一把钥匙开一把锁”的作用。同时制定《乡贤工作考核办法》,逐人建立乡贤“一案一评”业绩档案,积极争取党委政府的政策、经费支持,开展“最美乡贤”评比活动,表彰激励工作业绩突出、化解矛盾纠纷有效的乡贤。

其次，力推“乡警回归”，以最大努力实现平安不出事。与创新乡贤治理相辅相成，乡警回归就是深化浙江省公安机关的农村警务工作指导员制度，充分发挥民警的特殊乡贤作用，以独特的乡贤文化、孝德文化为牵引，通过常回家看看的形式，协助基层组织和驻村民警做好相关警务工作，有效推动社会治理重心向基层下移。

其做法有：一是参与矛盾化解，提级乡贤治理。乡警具有本地人和法律人双重角色，在矛盾纠纷化解中具有巨大的优势。仅绍兴市公安局上虞区分局丰惠派出所在 2020 年就通过乡警回归的方式成功调处各类纠纷 165 起，化解信访事件 6 起和群体性事件 1 起。二是利用职业优势，协助抓好村级管理。绍兴市上虞区开发了“上虞乡警”App，加强乡警与家乡间的联系。除网上互动外，还实行乡警每月至少一次回村、联系一次村干部、沟通一次驻村民警的“三个一”回归制度。乡警发挥公安的主导作用，及时汇聚乡贤等力量，围绕村级换届选举、文明城市创建等重点工作，在重要敏感节点、战时攻坚阶段、大型安保活动期间实行乡警回归安保模式。2020 年年初，绍兴市公安局上虞区分局丰惠派出所引导辖区内 69 名乡警积极回归，参与疫情防控矛盾纠纷大排查大化解工作，同时协助推动心防工程、雪亮工程，共同提升村级治理水平。三是弘扬社会正气，传递“社情民意”。绍兴公安明确乡警当好辖区群众的“宣传员”“服务员”“调解员”“书记员”“治安员”的“五大员”职责，积极发挥好上门办理业务、治安巡逻、线索收集等方面的作用，及时准确地反映了基层的社情民意。在 2020 年，绍兴市公安局上虞区分局丰惠派出所通过乡警收集各类情感线索 35 条，采集基础类信息 320 条，整改安全隐患 80 余处。

最后，汇集共治合力，以最大努力实现服务不缺位。绍兴公安在农村地区建立起“1 名驻村民警 + 1 名乡警 + N 名乡贤”的最小警务工作单元架构，构建共建共治共享的治理格局。其角色定位为充分发挥社区民警牵头抓总的作用，发挥乡警服务支撑作用，发挥乡贤建言献策的作用。

在发挥社区民警牵头抓总的作用方面，社区民警融入“基层治理四平台”体系，兼任村党支部副书记或主任助理，在履行社区民警“五大员”职责时，重点依托村(社)警务联络室，组织推动义警队、治保调解队等各方力量开展矛盾纠纷化解、基层信息搜集反馈、农村基层具体事务治理等活动，以实际行动服务群众。

在发挥乡警服务支撑作用方面，乡警根据乡警回归的指导书，以“十访十清”为抓手，深入访民意、解民忧，积极参与“背包警务”“助跑小队”“五议一创”“五进”等活动，向群众展示派出所的阶段性工作，宣传普及反诈、扫黑除恶等工作重点内容，听取群众困难和对派出所的建议。

在发挥乡贤建言献策作用方面，乡贤和乡警建立“周体验、月通报、季报告”的互动联络机制。每周邀请“乡贤”参与“警民一家亲·体验110”志愿服务活动，每月落实乡警回乡通报治安警情，每季召开派出所“向人民报告会”，互动有无，改进服务。

通过推行“乡贤治理·乡警回归”警务模式：首先，优化了警务效能。通过乡警协助家乡派出所开展警务工作，构建起“横向到边，纵向到底”的基层治理格局。其次，深化了乡贤治理。通过乡警回归这一蓝本，将回归群体拓展至律师、医生和教师等行业，充实乡村治理力量。再次，密切了警民关系。借助乡警的双重角色，进一步拉近警民间的距离，极大地提升了警民双向熟悉率。最后，通过组建义警、治保调解队等社会组织，凝聚了各方社会力量，形成基于血缘、地缘的共建共治共享的乡村社会治理格局，创新了基层社会治理的新路径。

第五节　项目警官制警务

项目警官制是绍兴公安以服务经济发展为切入点，以“项目推进到哪里，警务跟进到哪里”为宗旨，以落实“一项目、一领导、一民警”工作责任为要求，以主动警务为着力点，全面提升公安机关服务发展能力和水平的一种警务创新模式，从而提升基层社会治理体系和治理能力现代化水平。项目警官制于2013年在浙江省绍兴市新昌县公安局澄潭派出所进行试点，此后在浙江省全面推广。随着警务创新的深入，项目警官制警务经历了从新时代“枫桥经验”企业版到服务面更广的“项目警官制信息版”迭代升级的过程。

该警务模式曾获得“2013中国十大社会化管理创新奖”，项目警官制信息版的“COP管家”新型警务工作模式曾被央视、《人民日报》、新华网、人民网、凤凰网、浙江在线等百余家媒体广泛报道，澄潭派出所曾被评为“浙江省枫桥式基层所队”。

一、项目警官制警务创建的背景

浙江省绍兴市新昌县公安局澄潭派出所下辖3个片区，共有69个行政村，5万多人口。随着地方经济的快速发展，大量企业入驻，项目落地开工，高新工业园区内共有363家企业，上市企业5家。同时，辖区内风景优美，全域旅游兴旺。地方经济的发展吸引了大量人员,辖区内流动人口达到1万余人,对流动人口管理、矛盾纠纷化解、社会治安管控等都提出新的、更高的要求。为破解难题,践行"枫桥经验","项目警官制"应运而生。

二、项目警官制警务的内容和运作模式

在市县公安局的指导下,浙江省绍兴市新昌县公安局澄潭派出所首先打造出新时代"枫桥经验"企业版警务模式,其做法如下:

实现企业与派出所的"零距离"沟通交流,打通沟通障碍。浙江省绍兴市新昌县公安局澄潭派出所构建起面对每个企业、项目点的沟通平台,每个项目落实一名联系领导和一名联系民警,印制"项目警官制"联系卡,实现彼此的沟通交流。定期进行"访企"活动,掌握企业治安动态,对各项目中产生的问题进行最便捷的服务,及时跟进项目进度,保障项目顺利进行,促进警企合作的良好氛围。

实现"零等待错时服务",助力"最多跑一次"改革。针对企业的用工特征,在春节前后,鉴于大批员工返乡、返岗的情况,浙江省绍兴市新昌县公安局澄潭派出所按照"经济发展到哪里,警务就延伸到哪里"的原则,由企业、项目负责人与联系民警对接,预约时间主动为企业、群众上门办证发证。同时推行户籍接待窗口延时错时、节假日轮值等服务举措,对于涉及企业、员工的办理事项,坚持马上办、加班办、急事急办、特事特办,积极为企业和项目提供全天候、无空档服务。

实现"零纠纷"安企工程,优化企业环境。首先,公安机关坚持治理、打击两手硬,坚决铲除寄生重点项目的治安危害。其次,对经济建设中出现的社会矛盾,派出所完善处置预案,相关联系民警深入排查,做到第一时间介入、第一时间取证、第一时间调处,防止企业利益受损。最后,联系民警定期了解管辖项目的情况,就项目建设中可能出现的征地、拆迁、噪声、污染等问题引发的矛盾纠纷,提前介入,加强防范,防止激化,确保各重点企业能够顺利施工、生产。

实现"零容忍"侵企犯罪,维护生产经营秩序。首先,派出所对侵害企业财产、扰乱生产经营秩序等违法犯罪问题保持高压态势,实行边核查边上报,坚持快侦快破,严厉查处,"零容忍"重拳打击。其次,围绕社会关切、企业关注的"两抢一盗"、阻挠施工等突出治安问题,全面清理涉企未结案件和线索,并由每个企业的联系民警组织警力加强企业周边巡逻防控,全面摸排企业周边突出的治安隐患,组织开展专项整治,切实扎牢预防侵企违法犯罪的防护网。

随着时代的飞速发展,顺应基层社会治理现代化,"项目警官制"借助科技手段不断升级,持续扩大项目的覆盖面,坚持“以人民为中心”的理念,创新各项服务群众的工作措施,推出了指尖警务项目警官制信息版——“COP 管家”,探索以信息化手段的智慧警务新方式促进项目落地,并持续扩大项目覆盖面,将群众服务工作纳入项目范围。

通过“COP 管家”,浙江省绍兴市新昌县公安局澄潭派出所创新“我替你跑腿”“智慧报警”“握手言和”“楚音”等服务举措:实现足不出户办理居住登记,解决办证难;实现网上网下、乡音乡情等多方位解决矛盾纠纷,解决调解难;实现多途径网络报警求助,解决求助难。其用“互联网 +”丰富新时代“枫桥经验”内涵,切实提高群众满意度。

第一,网上网下并行,创新调解方式,实现“矛盾不上交”。浙江省绍兴市新昌县公安局澄潭派出所通过“COP 管家”,推出“握手言和”“乡音调解会”等矛盾纠纷调解工作机制,多元化化解矛盾,有效加强辖区治安稳定。其举措有:一是促进调解队伍专业化。“握手言和”机制主要适用于本地居民的矛盾纠纷调解,该机制组建以村干部、乡贤、治保主任等多方力量组成的专职调解队伍,立“握手言和”工作室。纠纷当事人可以选择心仪的调解力量,普通民众可以参与到调解工作中。“乡音调解会”则是针对外地户籍人员的调解,该项目吸收外地籍人员组建“楚音”团队,通过乡音乡情的优势,打破信任壁垒,起到化解矛盾的“调和剂”作用。

二是推进纠纷调解数字化。社区民警通过“COP 管家”,采集图片、录音、现场方位等信息,通过文字录入、签名确认、工作跟进等功能组织双方当事人在网上开展调解工作。因为当事人无法长时间停留,而调解需要一段时间,故双方也可以在网上实现调解协商,这对旅途中发生的纠纷尤其适用。

通过以上诸多举措,在浙江省绍兴市新昌县公安局澄潭派出所的主导下,基层建立起网上网下矛盾纠纷调解化解同心圆。通过定期会商和沟通,群众和民警之间的信任感不断加强,调解成功率大大提高。2020 年以来,化解矛盾纠纷 39 起。

第二,守护辖区平安,推出“智慧报警”,确保平安不出事。“智慧报警”借助现代信息技术,解决位置不明、出警不及时、语言描述不畅、警务力量分布不合理等问题,大大方便了群众。“智慧报警”平台整合了以下功能:

一是一键报警,筑牢快捷安全防线。遇到紧急情况,群众可以根据现场状况自由选择拍照、语音、视频、文字报警等功能进行报警。特别是在犯罪人员在场的情况下,最大限度地减少群众可能受到的伤害。二是实时导航,筑牢即时安全防线。

平台通过GPS自动进行报警点定位，接处警民警据此可以迅速导航出警，从而有效提升群众的安全感。即便报警人手机无电，民警也能通过“COP管家”搜寻到报警地点。确保筑牢即时安全防线。三是科学出警，筑牢高效安全防线。通过“COP管家”后台查看警力分布情况，对辖区内警情实现统筹调度。在提高出警速度的同时，也避免远程出警造成的警力浪费，实现“平安不出事”。

第三，服务百姓民生，我来替你跑腿，保障服务不缺位。公安机关通过“COP管家”平台，依托互联网“我替你跑腿”，从理念上创新传统流动人口警务服务模式。其表现为：

一是“居家”不用跑，服务键对键。坚持“让数据流动”起来，实现“数据替人跑腿”；流动人口足不出户，随时随地用手机居家完成上报，预约民警上门时间，轻松方便，实现务工人员不用跑，民警不跑空，服务更加精准化。二是民警“乡音”上门，服务面对面。疫情防控期间，浙江省绍兴市新昌县公安局澄潭派出所发挥优势，牵头成立由湖北籍民警、教师、医护人员组成的“楚音”团队，利用乡音乡情，让在浙江省绍兴市新昌县的湖北籍人员感受到“同在一座城都是一家人”的温暖。后疫情时期，浙江省绍兴市新昌县公安局澄潭派出所拓展“楚音”服务的内涵外延，利用“楚音”微信群，吸收一批治安信息员，及时发现和掌握外来人员动向，实现流动人口底数清，去向明，人来登记，人走注销。三是指“尖”警务，服务点对点。“我等你跑腿”项目实现了窗口工作前移，民警按预约时间上门核查，及时送证上门，同时完成大走访、消防检查、风险隐患排查等多项工作。企业不再需要跑派出所，通过“COP管家”随时操作，方便快捷。外地租客的居住登记率提高，房东的安全感也得到了提升。2020年以来，累计网上预约办证650人次，送证上门126人次。

浙江省绍兴市新昌县公安局澄潭派出所把握特色警务创新的政治性、时代性、地方性和智慧性等原则，践行“枫桥经验”警务模式中“警务围绕民意转，民警围绕百姓转”的工作理念，主动出击，有效地搭建起警企、警民桥梁，全面促进了地方经济发展，提升了公安服务发展能力，切实提高了群众的满意度。

第六节　数字化警务改革

数字化警务改革，是指在警务活动的各个环节中，充分利用现代信息技术、信息资源和环境，建立数字化、信息化应用系统，使数字信息采集、流转、传输、利用集约高效和信息资源优化配置，不断提高公安工作效率和高质量水平，实现群众的安全感和幸福感。

一、数字化警务改革的背景

随着现代化和城市化的进一步深入，城市聚集了越来越多的社会因素，城市问题日趋复杂。为实现对复杂问题的治理，治理系统也日趋复杂。复杂系统理论表明，越是复杂的系统，对系统协调的要求越高，缺乏有效协调的系统本身就存在失控的风险。高度智能与高效整合的数字化治理无疑是新方向。

数字化转型发展在内容建设上主要包括两个方面：一是数字基础设施建设，如城市人工智能物联网（Artificial Intelligence & Internet of Things，AIoT）基础设施建设、数据中枢系统建设，实现对数据的采集、调研、集成；二是数据资源的利用，开发相应的应用工具和技术工具，如技术性公共服务平台建设，实现数字化分析、数字化设计、数字化表达。

城市治理的数字化应用是多方位的，包括经济领域的新科技生态、金融、商务、智慧交通、互联网新经济、智能制造、智慧农业等，城市生活领域的健康服务、文旅服务、教育改革、新消费、新居住、新出行、新扶助等，治理领域的社会治理、政务服务、韧性城市、经济监管、智慧政法、智慧警务等。

2021 年 6 月，浙江省人民政府出台了《浙江省数字政府建设“十四五”规划》，提出到 2025 年，形成比较成熟完备的数字政府实践体系、理论体系、制度体系，基本建成“整体智治、唯实惟先”的现代政府。[①]

在警务方面，随着浙江省大量的流动人口涌入、信息技术的广泛使用，各种查询、统计、协查等工作使原始的手工操作完全无法适应新形势的需要。对此，亟须在公安机关内建立高效便捷的信息查询系统、数据传输渠道、实时监控网络等以科技手段为依托，以网络应用为平台，以服务实战为宗旨的警务信息化、数字化模式。

二、数字化警务改革的绍兴实践

绍兴公安的数字化警务改革，按照“公安业务 + 大数据 + 场景应用”的思路，加快智能应用，加强协同作战，培育战斗力，生成新的增长点，主要集中在情指行一体化合成作战体系、智慧民意感知体系、警情大数据分色预警和流动人口服务改革

---

① 参见《浙江发布数字政府建设“十四五”规划》，载中华人民共和国中央人民政府网，https://www.gov.cn/xinwen/2021-06/20/content_5619652.htm。

等方面。①

（一）情指行一体化合成作战体系

优化情指行一体化合成作战平台功能，不断丰富平台应用场景，更好满足公安打、防、管、控、服的需要。推动“1+6”中心系统性升级，优化组织架构系统性布局，加强警务资源系统性聚变。在县级公安机关推行大部门大警种制改革，主动借势借力，进一步将人才、手段、政策等资源向改革一线集聚倾斜，搭建形成情指行“1+6+7+X”合成作战体系，实现警情联动高效处置，推动基层建立制度化联体机制。

抓牢数字化，推进实战模式数字化、执法监督数字化和基层评估数字化，推动实战模式由“先发案、再破案”向“数据发现、提前控案”转变；健全智慧执法监督管理平台等执法“六大监督”体系，制定科学评估和系统平台优化方案。

（二）智慧民意感知体系

数字化是现代警务模式改革迭代升级的生命线。绍兴公安有168项服务事项实现“一网通办”，114项服务事项实现网上网下审批服务职能一条龙流转。“枫桥警务—越警管家”平台应用快速推进，关注用户数达407万人，月均网办量超25万次。2021年浙江省绍兴市各地公安机关全面推进公安服务15分钟办事圈建设，并联合当地政府加快“数字乡村”建设，延伸数字化改革触角，推动现代数字技术与城乡生产生活全面融合。②

开展智慧大政工建设，用大数据、云计算带队伍、管干部、考民警；优化智慧民意感知体系，实行基层所队民意闭环管理，及时将问题解决在基层。

为切实提高人民群众安全感、满意度，绍兴公安建立了“每案必研、每案必侦、每人必研、每逃必追、有赃必缴”的“五必”工作机制，研发上线“五必”应用平台，对百姓报的每一起案件都穷尽研判，侦查到底，缴赃到位。

坚持改革为民，推行交通事故处理、车辆检测、身份信息变更等“一件事”集成改革；一系列“硬核成果”提升了群众获得感，创新打造智慧民意感知体系。③

---

① 参见刘乐平、赵芳洲：《袁家军在萧山和绍兴调研：以数字化改革引领现代化先行》，载澎湃网2021年3月24日，https://www.thepaper.cn/newsDetail_forward_11864669。

② 参见周梦琪：《晒比路演、揭榜挂帅　绍兴公安数字化改革进入攻坚期》，载浙江新闻网，https://zjnews.zjol.com.cn/zjnews/sxnews/202104/t20210425_22438087.shtml。

③ 参见《贯彻新发展理念　投身数字化改革　绍兴公安全力打造现代警务全国标杆》，载绍兴网2021年2月20日，http://www.shaoxing.com.cn/p/2853251.html。

（三）警情大数据分色预警

为持续提升刑事犯罪打击质效，绍兴公安依托前端感知、互联网、警企等数据资源，通过数字化科技高效捕获网络违法犯罪信息，全面构建起“数据引领、分级研判、专业打击、一体作战、智慧精准、协同高效”的绍兴公安现代刑侦警务模式。①

抓实数字汇聚，夯实治理基础。全面汇聚各类数据，进一步充盈公安大数据资源池，更好地以数据流驱动业务流，特别是强化“大情报”理念，加强开放式情报网络建设；通过平台多维分析、自动预警，对企业、驾驶员开展动态评定，有效减少和预防重特大交通事故的发生；加强智能化装备建设，打造更多克敌制胜的“撒手锏”。

提升灵敏度。不断提升风险管控灵敏度、基层治理灵敏度和动态打防灵敏度，建立健全覆盖各领域的风险监测防控系统和风险隐患闭环管控大平安机制，建好物联自治队伍，实施精准打防。

（四）流动人口服务改革

流动人口对绍兴市经济社会的发展起到了非常重要的作用。截至 2021 年年底，绍兴市户籍人口 420 余万，在册外来流动人口约 185 万。流动人口在绍兴市的制造业以及超市、商场等消费领域中，扮演着重要角色，成为推动绍兴市发展的一个举足轻重的力量。② 绍兴公安在流动人口服务方面进行了以下改革：

一是流动人口的新生儿落户。为了新生儿的落户问题，不少群众不得不“两头跑”。绍兴公安试点新生儿落户“跨省通办”，有需求的群众只需在试点范围内任意的公安窗口填写“跨省通办”业务申请表，并向受理地窗口提供拟落户地户口簿、申请人出生医学证明和监护人居民身份证、结婚证，便可以完成业务办理。

二是“一照通用”。群众办理证件时，往往会重复拍摄、反复提交照片。2021 年 5 月，浙江省绍兴市新昌县进行“一照通用”试点，要求跨场景、跨部门、跨业务，并摸索出一整套便民快捷的办理流程；2021 年 7 月，“一照通用”系统正式上线，并且和“长三角照片库”完成对接和标准互认。从此之后，群众办证，只要拍一次照，即可多次使用。

---

① 参见《绍兴公安加快数字警务改革》，载绍兴市公安局网，http://ga.sx.gov.cn/art/2021/2/22/art_1488084_58921355.html。

② 参见黄宏等：《如何推动流动人口市民化？绍兴市公安局有关负责人这么说》，载浙江新闻网 2021 年 10 月 22 日，https://zj.zjol.com.cn/news.html?from_channel=52e5f902cf81d754a434fb50&from_id=1747023&id=1747017。

三是电子居住证制度。电子居住证承载多项多领域的基本公共服务。绍兴市已经明确规定,居住证持有人可享受与本地居民同等的劳动就业、义务教育、卫生计生、文化体育、证照办理、住房保障、公共交通、社会事务、法律服务、社会救助、户口登记等11个方面的基本权益和公共服务政策。换句话说,从流动人口拿到电子居住证的一刻起,其就被纳入浙江省绍兴市的基本公共服务体系,可以享受均等化的公共服务。

第六章　新时代警务机制改革

警务机制，是指公安机关在内部机构设置、行政隶属与指挥体系、案件办理与现场处置、警力分布与装备配置、人事后勤与经费保障等有关警察事务方面的法律法规、规章制度、组织系统、运行方式的总和。[①] 警务机制对警务运作和警务目标实现起指导与规范性作用，包括决策机制、执行机制、保障机制和监督机制等。警务机制的创新也是社会治理创新的重要内容，是推进公安事业进一步现代化的重要内容，是更好维护社会平安和谐稳定的抓手。

警务机制改革的实质就是警务机制现代化，包括对领导方式的改进，建立民主化、科学化的决策机制。浙江省绍兴市在"枫桥经验"的加持与驱动下，对警务决策机制进行了整体改革；在警务执行机制上按照风险闭环治理原则进行了改革；在保障机制上从公安系统内外两个系统出发，进行双向改革；在监督机制上，以人民为中心进行优化改革。

第一节　警务决策机制的改革

警务决策机制包括信息收集分类、研判处理、政策命令制

---

① 参见吴瑞、李彬：《警务机制现代化：基本理念和关键问题》，载《江苏警官学院学报》2010 年第 1 期。

定与发布等环节，对其改革主要是对组织机构的重构或重塑，制定新的不同以往的运作机制，从而使信息与政策命令更加科学有效，相关执行行动能够迅速有力。浙江省绍兴市公安局按照"整体智治"原则，坚持市县一体化，对警务决策机制进行整体性、智能化重塑，构建了以情指行一体化合成作战中心为"大脑"的指挥系统和指挥机制，以大部门大警种为"躯干"的内部机构，以基层网格化勤务警力为"手脚"的现代警务组织，使整个决策系统迅速有力，相关决策科学规范。

一、推进情指行一体化改革，创建高效指挥机制

在现代警务理念中，一个完整的警务行为由信息情报搜集、信息分析研判与决策、政策（命令）制定与实施、结果反馈与评估四个部分组成，其中每一个环节都与公安机关指挥系统发生横向或纵向上的联系。因此，对公安机关的指挥系统建设和指挥系统运行机制有较高要求。特别是在信息化的今天，传统依赖人力和以办公室为中心的指挥系统已经出现滞后，需要借助技术治理进行改革。

（一）建立智能化情指行合成作战中心

情指行合成作战中心是公安机关的大脑中枢机构，担负警务行动指挥调度等功能，在权力配置与资源分配上处于核心位置，具有集中高效的设置导向。绍兴公安大力实施以指挥体系、警务平台、勤务效能为主要内容的情指行合成作战体系改革①，实现信息由碎片向融合、集约转变，指挥由单一向集中、高效转变，实战由条线向联勤、合成转变，保障由硬件向软件、创新转变。

在组织结构上，建立情报研判集约化、指挥调度扁平化、应急处突高效化、打防管控一体化、考核评价科学化的"五位一体"警务实战新机制，创建了"1 + 6 + 7 + X"的合成作战体系②，即在 1 个市局情指行合成作战中心的统领下，设置侦查、反恐等 6 个分中心，7 个县市局情指行合成作战中心，并要求各地区按照实际情况，设置不同的"X"个作战中心。如针对诈骗、邪教、毒品等问题设置反诈、反邪、禁毒中心；抽调国保、经侦、技侦、网安等 15 个警种骨干力量常态入驻市局作战中心；设立侦查、反诈、维稳防控、反恐、舆情、督察等分中心，在集约基础上分类处置各类事件。

---

① 参见陈福连：《情指行合成作战体系改革的探索与思考——以绍兴市公安局为例》，载《公安学刊（浙江警察学院学报）》2018 年第 3 期。

② 合成作战原是军事上的一个概念，指军事行动中通过统一指挥，实现诸军兵种的协同配合和优势互补，从而达到单一军兵种难以达到的目标。参见尚海燕：《借鉴军队合成作战理念　构建现代警务机制》，载《公安研究》2007 年第 9 期。

情指行合成作战中心有如下特点：

一是虚实结合、常态运行。按照“千里眼、顺风耳、活档案、司令部”的定位，绍兴市公安局提请市委编办将指挥中心更名为情报指挥联勤中心。依托情报指挥联勤中心设立联勤指挥部，坚持职务服从职能的原则，进行常态化、实体化运作，实现日常各司其职、战时按需用警模式，切实提升警务实战化水平。

二是联勤指挥、合成处置。情指联勤中心作为指挥部常设执行机构，立足指挥调度、即时服务、情报研判、合成作战、监督管理“五大职能”，负责指挥部 24 小时日常运行保障。

三是三级一体、全域响应。横向上联通各警种分指挥部和工作专班，纵向上贯穿市、县、所三级指挥节点，基本形成了横向到边、纵向到底，全时空、全覆盖、全响应的情指行合成作战指挥体系。在全市 94 个派出所建立综合指挥室，形成市、县、所三级“纵横贯通”的一体化指挥链条，使之成为市域社会治理平安建设的“中枢神经”。在县级公安机关和交警、消防等警种中设立分指挥部，接受市公安局指挥部指令并开展相关工作；在城区及重要集镇等重点派出所建立综合指挥室，直接落地执行上级各项指令。

（二）推动情指行中心与一线警务无缝衔接

情指行一体化改革，不仅需要侧重指挥决策组织的重构，还需要考虑指挥与执行之间的设计。公安机关的战斗力很大程度上需要通过一线警员展现，再科学的决策，若缺乏有效执行，最终结果也是低效的。其本质是“情报”“指挥”“行动”的有机结合，在设计上应进行有机集合。秉持“情报主导警务、指挥引领行动”的理念，将公安情报中心、指挥中心两大功能部门和一线警务行动无缝对接，高度融合，充分发挥三者的优势。

一是围绕情报运行，提高警务效能。针对事项所需的情报，融合多警种、多主体参与，最大限度地搜集所需信息。多警种参与联勤联动，解决多头指挥、衔接不畅问题，使基层实际信息能够有效传达至指挥中心；对大量信息进行有效分析，提升整体效能。二是利用信息技术，对数据进行精准研判分析，提升决策能力。对各类数据进行有效汇总，利用大数据、人工智能等技术实现精准分析；建设智能化研判平台，对大量信息进行超算研判，精准分析，辅助决策，及时预警与沟通。同时通过技术优势，有效连接特定警员。三是依托一体化中心的情报评估报告，将一线工作重心从“打击”转移到“预防”上，及时处理分析结果的风险，利用精准的情报信息研判和环境预防技术，将警务工作前置。

(三)利用情指行改革构建现代化警务模式

一方面,在组织形态上有所突破,向现代化警务组织靠拢。情指行一体化下的警务工作不再单纯围绕部门转,而是以警务工作效能实际提升为目标进行有效整合。在信息技术的加持下,指挥中心改革使信息更通畅,极大地提升组织效能,从而推动警务组织形态的现代化的实现。另一方面,有利于优化警务运行机制和提高运行效能。情指行一体化改革是对警务运行机制的重塑,打通层级桎梏,突破时间与地域限制,能够及早发现问题、解决问题,并从整体上、从市域层面进行有效整改,从根源上解决问题。这种新的运行机制能够极大减轻部门或组织间的消耗,降低运行成本,提升警务效能。

情指行一体化的构建,有利于提高公安机关科学决策能力。情指行一体化的构建进一步加强了对各类情报信息的搜集、汇总、分析和研判力度,可以实现以最快的搜集、最准的分析、最新的预报为实战指挥工作提供可靠、可信、可用的依据,提高公安机关科学决策能力。从而实现情报引领下的精准研判、精准指挥、精准管理,有利于整合部分专业情报机构的情报研判职能。①

情指行合成作战中心的建立,提高了公安机关的战斗力。通过打造上下贯通、规范同步、整体联动的公安作战中枢,从指挥源头上提升了公安战斗力。从制度设计上破除了区域与组织间的隔阂或壁垒,有效整合了人员、数据、手段等资源,对各类犯罪打击更为专业、快捷、高效。

二、推进大部门大警种改革,重塑警务组织体系与机制

绍兴公安整合全市24个市局建制单位,组建大政工、大刑侦、大治安、大监管、大保障五个大部门大警种。② 这种“大部门”的改革并非简单的组织合并,而是根据形势变化和任务要求,对人员进行重组、职能重构,整体性提升部门的效能以提供机制性保障。这类大部门的组织结构在实际运作过程中,履行新的运作机制,接受情指行中心(大脑)的指挥,参与行动落地,并为基层末端力量“手脚”提供全面、系统、专业的指导。

(一)重塑警务组织体系,推动集成式改革

警务机制与警务决策机制的改革离不开对警务组织制度的改革。在原有公安

---

① 参见郑灵吉、刘俊:《“情指行”一体化警务模式之践与思——以湖州市公安局吴兴区分局情指联勤中心为例》,载《公安学刊(浙江警察学院学报)》2018年第4期。

② 参见潘益民、陈福连:《新时代枫桥警务模式创新发展研究——基于新时代“枫桥经验”的视角》,载《公安学刊(浙江警察学院学报)》2020年第6期。

系统中，为保证对各类犯罪打击的专业性，各警种间区隔较大，部门分立、权责各属，但这种设计在复杂的现实中出现了滞后。绍兴公安在党建统领与智能技术驱动下，按照整体性治理原则对组织进行重塑，推动集成式改革，积极探索建立统一领导、职权清晰、集约高效、共建共治的现代警务机制。集成式改革的要旨在于对原本分散的力量进行有效整合，从而增强组织或部门自身的实力。

首先，对职能交叉重叠或相近的部门、警种进行合理整合，最大限度地精简警种机构，做精做强专业警种。如针对当前较为突出的电信诈骗，抽调和组建专业性的打击队，将辖区内相关警情都交由打击队专门跟进。其次，构建智能化情指行大脑，组建大部门、大警种，将相关力量进行整合或构建协同机制。最后，将现有警力最大限度下沉、多警合一，切实提升警情运转效率。

（二）理顺警务运行机制的内在逻辑关系

警务机制的改革并不是简单的部门或警种重组，而是系统性地从文化与能力上的内在整合。将职能相近、性质相似的警种部门进行归类整合，将原来分散的警种部门的信息、技术、装备等资源进行深层次整合集成，积极探索搭建职能科学、指挥顺畅、运行高效的指挥作战系统。

建立多部门、多警种间的协调联动机制，从根本上解决基层公安职责交叉、权限冲突、推诿扯皮等问题。进一步突破原有的部门和警务分工模式，通过整合资源，打破警种壁垒，再造警务流程，由以往的警种“合作”变成真正的“合成”，最大限度提升组织绩效，从而科学、合理地规范部门职能和优化机构组织设置，有效推动警务机构的科学化、集约化运行。

（三）实施大部门大警种制改革

大部门大警种制改革是集成式改革的具体实践之一。实施大部门大警种制改革，目的在于构建精干、强壮、赋能的“躯干”。围绕“做精机关、做优警种”，坚持整体、系统、关联、融合的理念，绍兴公安在横向组织结构方面按照业务职责设置“大政工、大刑侦、大治安、大监管、大保障”等综合机构，并同步划分警务资源要素，细化专业警力配置。具体包括：(1)在“大政工”组织构建过程中统合原有的机关党委、人事训练处、新闻宣传中心、离退休干部服务管理中心、人民警察培训学校。(2)“大刑侦”包括侦查支队、反诈骗中心、刑事科学技术研究院。(3)“大治安”包括治安监督管理支队、食品药品环境犯罪侦查支队、水警支队、人口服务管理支队、居民身份证信息管理中心、流动人口服务管理中心。(4)“大监管”包括监管支队、看守所、强制隔离戒毒所、拘留所、监督留置所、强制医疗所。(5)“大保障”包括警务保障中心、警务装备服务中心、机动车驾驶员考试服务中心、公共安全指导服务中心。通过这种改革,改变传统任务层层分派、下压的局面,确保警务任务的及时顺利完成。

三、打造基层网格化勤务组织,支撑警务决策机制

围绕"做强基层、做实基础",绍兴公安通过刑侦体制、派出所警务机制、街(路)面勤务改革、网上网下服务机制改革,组建专业打击队、社区警务队、街(路)面勤务队、窗口服务队,实现打击专业化、社区专职化、勤务动态化、服务便捷化。改变以往"在办公室等警情"的工作机制,让更多警力在路面、下社区、进网格,开展"无差别处警"。

(一)建立专业化打击队伍,发挥情报导侦作用

复杂环境下,公安警务机制的改革既需要注重整体性、集成式的改革,有效整合资源,也要组建和发展专业型公安队伍,应对复杂、突出的问题,有效支撑决策系统的运行。同时,社会环境变革与社会治理理念的转变,使公安机关的办案不再是单一的案发处警,而是注重对警情信息与案件信息的研判,将专业性贯彻到公安警务行动的全过程。

绍兴公安坚持打击专业化方向,推动研判、打击、技术"三位一体"联动发展,有效提升了打合成战、整体战的效能。一方面,搭建"三层"研判体系,实现对信息的立体研判,增强研判的科学性、准确性,尽可能减少对案件的误判,减少对社会风险的忽视和酝酿,将风险化解于初始。通过细化"精加工、深加工、粗加工"职责分工,落实"每案必研、每案必侦"工作理念,对案件信息进行深度研判,提升对案件信息的分析能力,使整体打击效能大幅提升。另一方面,搭建"四级"打击架构。坚持"专业打职业、团队打团伙"理念,突出专业打击队这一重点,按照因地制宜、分类设置原则,科学设址、择优建队,共在全市范围内组建了 18 支 208 人的专业打击队,实现专业打击全覆盖,初步实现"打击提升、基础做实、所队共赢"目标。

(二)落实派出所警务机制改革,夯实基层基础工作

公安派出所是公安机关的基础单元,是基层多功能综合性战斗与服务实体,也是维护地方平安、服务基层社会治理的基础性和支撑性力量。派出所警务能力直接影响公安警务效果,也影响公安在人民群众心中的印象,是组织队伍合法性、权威性的获取与展现的窗口。绍兴公安对基层派出所警务机制进行整体改革,不断增强基层实力。

建立以"两队一室"、"三队一室"(社区警务队、案件侦办队、巡逻防控队,情指

室)为基本架构的“有警处警,无警巡逻”的派出所主动勤务模式,让更多警力上路面、下基层,最大限度提高公安机关社会面掌控力,将不安定因素发现在早,化解在小。

重塑派出所工作流程,突出派出所综合指挥室龙头作用,充分发挥其信息研判、指挥调度的作用,建立完善的可视化、扁平化、动态化出警机制,大力推进枫桥式“110”创建工作,实现“110”接处警系统与基层治理“四平台”互联互通。

强化社区警务,全面推进联勤警务站建设,将社区民警专职化,让人民群众能够更方便地找到民警。对治安复杂地区的传统警务站进行升级改造,融合行政执法、市场监督、应急管理等部门力量以及平安志愿者等社会资源,把联勤警务站打造成基层社会治理的第一平台。

(三)坚持改革破题,实现多警融合警务联勤

绍兴公安以街(路)面勤务机制改革为契机,坚持“动中备勤、精准防控”,立足“多警融合、一警多能”,整合巡特警、交警、派出所巡防力量的街(路)面勤务队。网格内警力实行“动中备勤、精准防控、有警处警、无警巡逻”的主动勤务模式,对辖区治安实施扁平化、可视化、动态化管理,开展精准化指导和“无差别处警”。

专业打击队、社区警务队、路面勤务队等警力构建了基层网格警务的基本格局,将这些力量有机结合能够织密织牢基层警务组织,对各类警情进行有效、无差别响应。通过改革,绍兴公安有力破解了传统勤务模式中警种分割、警力分散、能力单一、服务低效等问题,切实提高了街面见警率、管事率、震慑力,有效提升了动态化、信息化条件下公安机关在社会治安中的战斗力、服务力。

第二节　警务执行机制的改革

浙江省绍兴市公安局在警务决策机制改革的基础上,通过“一体化运行、一竿子到底、一揽子保障”工作模式,实现警务执行从联动向联体转变。通过受理研判、指令下达、处置反馈、评估跟踪四个环节的规范流转,建立“110”警情闭环式处置机制。将“一警情三推送”机制有机融入乡镇、街道、村居,打通矛盾纠纷排查化解的“最后一公里”,全方位、多领域化解基层矛盾。非警务类警情由相关职能部门处置,对电信诈骗、黄赌、盗窃等重点警情跟进落实事中、事后防范措施,切实压

降警情。

一、建立风险闭环管理机制

(一)建立研判与评估机制,及早感知风险

综合运用线上线下、人力与科技相结合的方法,建立"情指行+网格化+大数据"机制,有效搜集研判各类风险信息。定期开展大排查、大清理、大整治三大行动。全面摸排辖区内社情、民情、警情,注重对新时期网络舆情信息的把控,及时了解各类风险信息,对各类重点风险问题开展常态化整治。

构建全方位、立体式的风险感知网络,及早感知风险,牢牢掌控对风险处置的主动权。特别是对近年来频繁的电信诈骗等风险信息,构建全方位的风险预警系统,尽可能减少案件的发生,降低人民群众的损失。定期组织国安、公安、网信、信访等部门联合会商研判,落实由政法委牵头的交办、督办、催办等机制,确保风险感知在早、化解在小。

建立全周期、全过程的风险评估机制。对各类风险因素进行精准评估,分级处置。对可能引发社会不稳定的风险因素进行日碰头、周会商、月评估,将责任细化,并制定责任目录清单,逐一化解。对涉及群众利益的决策事项,如环保邻避类、民生类政策项目,落实"项目警官制",建立专案经营制度,确保重大风险隐患排查率、建档率、评估率、流转率、责任落实率均达到100%,从而严防"小事拖大,大事拖炸"。

(二)完善社会治安防控体系,构建精准防控机制

基础要素精准化管控。2015年以来,浙江省绍兴市按照"全警采集、全警录入、全警应用、全警共享"的原则,规范了公安基础信息采集范围,制定24项警种、39项派出所两张基础信息必采清单,持续开展基础信息大采集。2018年,浙江省绍兴市制定了治安要素管控制度化等相关规定,围绕"人、地、物、事、组织"等要素,建立联合规范、联合执法、联合通报等机制,实行"递进式执法+智慧化管理",对工作不到位的执行"一次警告训诫、二次行政处罚、三次反恐追责"的递进管理措施,实现基础要素精准化管控。

健全立体化治安防控体系。以打造全国最具安全感城市为目标,对标公安部治安防控体系建设113项达标任务,实行项目化推进。浙江省绍兴市为此出台了全面推进社会治安防控体系建设等文件,围绕重点人、事、物、单位、行业、空域等要素,实施全域防控策略,全面推进"一圈七网"29项重点任务落地。绍兴市公安局为提升维稳防控和基础管控效能,出台社会治安防控体系等规划,并将之纳入绍兴

市“十四五”规划，使防控体系建设稳步、高规格推进。

积极创建全国社会治安防控体系示范城市。在基层通过各类智安小区建设防控载体，以点带面，形成区域性的智慧安全区，构建防控网络。浙江省绍兴市利用智能技术，截至2020年已经建成智安小区892个、智安单位317个，并且将相关建设作为市政府十大民生事项之首，大力推动相关建设。智安小区的建设并不只是简单的互联网视频监控的布设，而是全方位的防控体系网络建设。

注重实战效果。建立常态、专项、安保三种防控模式，精准有效应对日常治安任务、各项重点打击任务以及各类突发事件。确保在各类事件中，防控体系能够用得上、发挥得好，能够应对复杂环境。

（三）坚持底线思维，防范重大风险与网络舆情事件

既要防范小的矛盾纠纷与一般性社会风险，也要坚持底线思维，常态化排查化解管控风险，防范重大风险事件与网络舆情事件的发生。

一方面，大力推动市县镇村（社区）社会治理中心实体化运作，全市公安信访部门全部入驻县级中心，92个辖区派出所近200名警力入驻村镇中心。健全联调联处机制，建立风险隐患流转、化解、跟踪、督办、销号闭环处置机制。依靠党委政府，实现风险隐患“应处尽处，应评尽评”，确保重大风险隐患排查率、建档率、评估率、流转率、责任落实率均为100%，有效防范化解各类因重大突发事件、重大项目推进、重大政策调整等引发的风险隐患，确保平安不出事。

另一方面，重视和关注网络舆情危机。打破情指、网安、宣传等警种壁垒，逐渐建成市县两级舆情中心，及时化解网络舆情风险。联合市委网信办组建网络顾问团，建立全市重点论坛、自媒体等市县两级17个媒体运营者集群，常态运行日常沟通、事前审核、定期座谈等联合会商机制；建设全省首家公安网信约谈室和配套约谈机制，实现网络安全主体共同谈话，资源平台数据共享、重大活动资源共享。有效发挥市县两级5000人网评员、网宣员队伍的作用，搭建自上而下的新闻舆论平台，拓展延伸新闻舆论的触角和前哨，基本形成全警触网、全警巡网、全警发声的新闻舆论合力，确保发现舆情第一时间发声、引导，以最快速度、最广平台发出公安好声音，积极主动回应民众。

二、建立闭环“110”警情机制

“110”是广大人民群众最为熟知和遇到困难最先想到的求助方式。这是对人民警察的高度信任，也是对基层警务的重大考验。“110”警情虽然面广量大，但并非都属于有效警情，故长期以来基层派出所一直处于超负荷运转状态。然而，随着

警情处置要求的不断提高,基层民警的身心压力逐渐增加。这种超负荷状态下的运行,既不利于日常警务和重大警情的快速处置,也不利于公安队伍的长远发展。如何为基层派出所减负,改变传统基层派出所单打独斗、孤军奋战的局面,是提升基层警务水平的基础性问题,也是防范社会风险的“最后一公里”问题。

(一)升级“110”报警平台

拓宽报警渠道。在优化“110”电话报警平台和“12110”短信报警平台的同时拓宽网上报警渠道,上线“枫桥警务—越警管家”服务平台,直接推出互联网报警App。为了便于群众网上报警以及特殊情境下的无声报警,积极构建线上、线下多渠道的报警方式。

细化指挥调度机制。以“是否现行”和“危害等级”为基本依据,将有效警情分为重大、复杂、一般三类,实现分级分类指挥调度,使重大警情专业处置、复杂警情联合处置、一般警情就近处置。同时定期开展实战化演练,切实提高重大突发警情的处置质量和速度。

提升接警员队伍素质。注重接警员行为语言规范的养成,培养其总结日常接警过程中的小方法、小技巧。精准把握和分析报警人员心理与报警信息重点,使接警员在接警过程中能有效安抚报警人员情绪,迅速获取报警信息。同时注重对接警员队伍的表彰激励,切实提升接警队员的荣誉感、归属感和警民间的“零距离”。

深化警情治理,实现同一事项“最多报警一次”的目标。提升警务派单速度,减少因延误导致的次生事件,如出警过程中遇道路拥堵等突发事件要及时与报警人沟通。对恶意报警和谎报警情等人员严厉打击,坚决维护“110”的权威性。

(二)打通系统,实现“一警情三推送”

组织和引导多元主体深度融入“110”警情闭环处置机制,建立镇街分管领导负责,综治部门具体牵头,站所、村(社区)共同参与,横向到边、纵向到底的三级联动处置架构。综治办、派出所、司法所、综合执法中队、市场监管所、自然资源和规划所、生态环境所等站所落实人员作为联动力量,常态入驻“四平台”。各村(社区)每日落实1名干部24小时在本单位值守。基层网格员全员参与“110”警情处置。同时,在硬件上改造升级基层派出所的综合指挥室,与市县层面形成三级网络。设置舆情中心、智慧调度、视频巡查、巡查指导、日常管理5个席位,为可视化、扁平化处置“110”警情提供良好条件。

全量推送“110”警情。打通“110”接处警和镇街“四平台”两个系统,建立信息流转共享机制,实行“一警情三推送”。通过“四平台”系统和App下发工作指令和上报情报信息。在这种推送机制下,各方能够同时共享警情信息。

分类落实警情处置。接警后派出所第一时间出警处置,并将警情全量推送镇街“四平台”。在此基础上,区分警务类警情和非警务类警情:派出所负责处置警务类警情,视情况提出后续有针对性的防控措施;镇街相关部门和基层网格力量负责闭环式处置非警务类警情。这样一来可以有效节约资源,将有限的警务力量置于最有需要的社会风险治理中。

(三)闭环运作,一竿子到底

通过“受理研判、指令下达、处置反馈、评估跟踪”四个环节,对每一起“110”警情实行闭环式处置。一是受理研判,确定警情分类,受理主体指令下达。综合指挥室根据警情类别,结合村(社区)、网格员职责分工和联动力量情况,指令相关人员处置。二是处置反馈。联动力量根据指令要求,对警情开展处置,处置过程需要其他力量协调配合的,报请综合信息指挥室统一调度。警情处置结束10分钟内反馈处置结果和后续工作措施建议。三是跟踪评估。综合指挥室以电话或短信的方式,对每一起警情进行满意度回访和风险评估。对当事人不满意或评估存在风险的警情,指挥室将督促相关站所、村(社区)落实整改和跟踪化解。

(四)建立机制,实现一揽子保障

建立镇街领导值班制。每天由1名镇街领导在综合指挥室值班指挥,协调解决重大疑难警情。实行“日会商、周研判、月分析”,重大情况实行即时会商;依托“110警情”机制建立矛盾纠纷化解机制。建立以镇矛调中心为主导,村居矛调中心为骨干,各网格内的专职网格员为末端的完整调解组织网络体系。将一时难以处置的警情移交矛调中心调解,并配套建立“预约式、选点式、一站式”化解机制;建立处置绩效考核机制。将该处置工作纳入区级政府对镇(街)和镇(街)对站所、村(居、社区)的岗位目标责任制考核,每月开展考核和进行通报,对协作配合不到位以及不作为、乱作为等情况严肃追责。

三、建立突发事件应急警务处置机制

公安机关是社会应急救援、处置(控制)队伍中重要的力量之一,其职业特色、独特的社会法律功能,以及应对突发事件的警务行动特点,决定了其在应对突发事件特别是对突发事件的先期处置方面,具有特殊的地位和不可替代的作用。①

---

①　参见靳建辉:《突发事件警务应急先期处置现存问题探析》,载《辽宁警察学院学报》2018年第4期。

(一)突发事件应急警务的行动特点

突发事件应急警务具有突发事件应急处置与公安机关接处警的双重特性。公众能够选择通过多种渠道报警,公安机关能够在第一时间获取突发事件信息,并迅速做出反应。公安机关在资源、突发事件处置经验上具有优势,能够在现场进行科学有效处置,减缓与消散危机的发生,最大限度降低损失。

一是及时报告。突发事件处置需要大量信息,以供决策部门与专家及时作出准确决策,判断危机,这些信息包括危机对象的既有信息以及现场即时信息。公安机关对这些信息掌握较为全面,也能够在短时间内打通各群体获取相关信息并上报,故公安机关在层级与权力设计、信息渠道上具有优势。同时随着“雪亮工程”等的推进,公安部门的信息掌握能力得到进一步加强;在大数据人工智能等平台的建设过程中,公安部门对信息的研判能力也得到加强。

二是遵循预案。公安机关应对突发事件的警务行动,诸如警戒封控事件发生现场,维持现场及交通秩序,救援人员及保护重要物资、设施,现场调查、取证,打击违法犯罪以及维持与稳定事后治安秩序等,都需要在相应的预案框架下进行。

三是贯彻始终。公安机关应对公共危机事件的警务行动贯穿于处置突发事件的始终。由于处置各类突发事件对职业化、专业化、程序化及法律化的客观要求,公安机关应急处置行为的地位与作用相应地表现为主导处置与配合协同处置,而且在不同的处置阶段其行动的任务与职责也有所区别。

(二)突发事件应急警务的基本任务

一是疏导人群,稳定局势。突发事件的危害性与扩散性将对人民群众的生命财产安全与社会秩序造成威胁。公安机关在现场的先期处置首先要做的就是疏散人群,即撤离群众、转移伤亡群众,同时有针对性地研判控制事态,防止次生危机与衍生危机的发生。在重大突发事件中,公安机关还需要及时稳定社会秩序,防止部分人员借机生事。

二是宣传引导,稳定民心。突发事件,特别是重大突发事件会直接引发民众对社会秩序与生活状态的担忧,故需要公安机关进行宣传引导与维护。公安机关与人民军队一样,在我国民众心中具有崇高而神圣的地位,对于危机的发生,公安民警的出现是安稳剂。一方面,公安机关可以及时向公众告知灾情信息,缓解社会中的焦虑情绪;另一方面,公安机关可以利用公安渠道发声,宣传与引导民众坚定信心、科学避灾。

三是现场救护,紧急救援。公安机关拥有一定的救援队伍,在绍兴公安的推动下,浙江省绍兴市更是联合各类平安类社会组织,建设了全方位的救援体系,危机状态下能够及时联动相关力量,参与救援救护,在前期最大限度减少伤亡,控制态势,并为后续所需的大规模救援力量增援提供支持。

四是汇集信息,上传下达。警务力量到达现场后,需要及时了解详情,将信息上传至"指挥部"或指挥中心,让决策者及时了解现场情况并作出进一步部署。同时危机状态下各类力量的汇聚也需要公安部门进行组织协调,提供组织支持。

(三)突发事件应急警务的改革

一是加强巡特警建设。为大力加强巡特警建设,浙江省绍兴市出台了全市公安巡特警建设的相关规划,组建2350人的全市应急处突梯队,制定跨区增援方案;定期开展联合演练,完善重大突发事件预案;统筹消防、水电、医疗以及民间救援等应急力量,进一步强化"四联三防",织密"1、3、5"快速反应封控圈。

二是改革路面警务机制。结合浙江省绍兴市委政法委原有的网格机制,以警情、人口为重要依据,划分复杂、较为复杂、一般三种网格,确保警力与社会力量下沉网格,压实派出所、巡特警、交警三警各项网格责任。制定指令统一归口、案件分类移交、警力定点交叉巡防等7项工作机制,实行复杂、较复杂网格警力倾斜、叠加支撑。

三是完善应急响应机制。加强力量、能力、装备等方面的建设,确保关键时刻能够有效应对各类突发事件。健全预案常态化演练机制,完善扁平化、可视化指挥调度体系,统筹消防、水电、医疗、民间救援等应急力量,保持平战一体、随时能战的戒备状态。及时化解一系列风险隐患,如重大项目推进、重大政策调整。做好应急处突准备,增强"大疫之后防大灾"意识,针对疫情、汛情等建立通信观察、照明、救援、个人防护、保障、特种装备等六大装备库,加强25种3187项一线勤务装备储备。

第三节　警务保障机制的改革

警务保障机制与当前警务机制现状及其发展相适应,是当代警务体制改革得以开展的支持系统,是公安现代化建设的重要内容,也是发挥公安战斗力的根本条件和基础。[①] 绍兴公安通过"加减乘除"四大模块多向发力,多渠道激发警员活力,

① 参见刘琳璘:《中国警务机制改革进程中的警务保障问题研究》,载《河南警察学院学报》2012年第3期。

多手段挖掘警员潜力,为基层警员减压,增强整体警务力量。

一、减负放权,维持警务机制健康运行

绍兴公安在继承发扬“枫桥经验”的基础上,强调对警务机制改革的高标准、高要求,也重视改革的实际效果,尽可能排除不必要的警务压力,激发激活基层活力,维持公安队伍的长远健康发展。

(一)以基层实际需求为导向,削减基层不必要警务事项

2019年3月,中共中央办公厅印发《关于解决形式主义突出问题为基层减负的通知》,就落实为基层减负的各项规定作出部署。

基层派出所警力有限、资源有限,不仅需要承担辖区内的治安维护任务,还需要承担来自其他部门的业务协同请求,在各类创建活动中常常分身乏术。不同层级、不同部门的任务层层下压,线上线下同步挤压,都需要基层警员承担。这种繁重高压之下,消耗了大量不必要的人力资源,也不利于公安队伍的持续发展,显然与“枫桥经验”下和谐稳定的工作局面不相适应。

绍兴公安以基层实际需求为导向,不断做“减法”,削减大量基层派出所无须承担的警务,减轻基层警员工作压力。从市局入手,取消市级公安机关各警种、各部门自行部署派出所承担的专项行动,防止自上而下将任务下推;取消不必要的值班备勤和等级响应,以实际需求和预案标准进行准备,不过度提高等级;精简各类会议文件,清理各种不必要的登记表、台账。同时利用数据技术,将能够统合的数据统合,可直接抓取的数据直接抓取,减轻基层数据统计压力;取消各类不切实际的考评,将派出所的考核统筹纳入全市派出所的分级分类考评,同时增加人民群众评价比重,突出考核的实效性。

(二)融合社会力量,减少减轻处警压力

在“110”警情接处警方面,基层派出所一直处于超负荷运转状态,民警接处警中涉及大量的非警务类警情。其实,一些非警务类事件的处置完全可以交由社会力量先期处置,如街道、村委会,调解中心,公益组织、小微群体等组织,其不仅熟知事件的前因后果,也能利用传统熟人社会有效化解相关矛盾纠纷。

同时,有效吸纳、融合各类社会力量,增强社会平安治理能力,综合运用多种治理工具,与社会治理相向而行;建立健全“政府主导、部门联动”的社会应急联动机制,推动公安“110”与政府“12345”政务服务热线的互联互通;建立统一、高效的流转平台,确保警情与非警情快速分流、妥善处置、及时反馈。通过技术应用、政府购买、市场化运作等方式,减少商业类大型活动安保、拆迁维稳等非法定类警务活动

的出警或出警人数，提高处警的专业化、社会化、精准化水平。①

（三）做好警务机制改革中的除法，挖掘警员潜力

做好警务机制改革中的各项除法就是要尽可能清除障碍与壁垒，激发警员活力，挖掘警员潜力。首先，清除部门间的数据壁垒。引入相关智能技术，打通各部门、各警种间数据壁垒，消除不必要的审批与限制，扩大信息共享。同时严把信息数据安全关口，信息录入要有明确的规定，一方面，避免重复录入，消耗基层警力；另一方面，防止过度搜集，信息滥用。将全局信息数据库建好、用好，助力公安服务窗口，让人民群众能够更为便捷地享受公安服务，能够一次性办好时一次办好，甚至是不用跑就能办好。

其次，减轻民警办案压力，专业事专人办。通过大部门、大警种改革，将专业性案件，如需要借助刑事侦查手段的案件交由专业警种办理，电信诈骗案件交由反诈部门办理，从而减轻基层民警与派出所压力。同时建立“负面清单”制度，减轻民警压力，便于后续的科学考核。

最后，免除民警的后顾之忧。高度重视公安干部队伍建设，建立健全市、县两级公安机关干部双向交流任职工作机制，全面落实市级公安机关选任内设机构负责人应有不少于20%的职位从县级公安机关基层所队负责人中遴选，基层副所长应从社区民警中产生的规定。建立健全民警依法履职免责制度，民警依法履行职责、行使权力过程中对公民、法人或其他组织权益造成损害的，民警个人不承担法律责任。建立健全维护民警执法权威快速反应处置机制，加强派出所移动图传设备的匹配和使用，实时掌握接处警情况。对现场情况复杂、民警处警困难的警情要及时调度警力予以支援，果断处理。

二、增警增资，进一步促进警务机制改革

警力不足、经费不足，一直是困扰基层派出所发展的问题。绍兴市公安局为了解决这些问题，在人员配置方面，强调通过争取招录数量，确保基层警务的实际需求得到充分满足。在资源保障方面，加大县级公安机关公用经费的保障，特别向基层所队倾斜，确保人均公用经费不低于相应标准。通过这些方面的措施，助推警务机制改革。

（一）以实际需求为导向，增加基层警力，确保必要警力不缺位

由于社会环境的复杂变化，基层警力应根据实际工作需求有所增加。一是在

---

① 参见潘益民：《关于公安派出所警务机制改革的思考——以绍兴市公安局上虞区分局为例》，载《公安学刊（浙江警察学院学报）》2020年第2期。

招录数量上进行争取,确保一定数量的配给,特别是要满足基层警务工作的需要。二是将新招录的民警除专业技术性的特殊人才外,全部下沉至基层,充实基层警力,增强新民警的工作能力。三是在基层社区、乡村等按照数量配齐民警,如浙江省绍兴市规定:要努力确保县(市)公安派出所警力配比达到45%、城区公安分局达到60%,确保社区民警总数达到派出所总警力的40%,确保城市"一社区两辅警"、城市"一村一辅警"配备到位。同时出台相应政策鼓励将机关民警下派到基层派出所工作,鼓励退出领导岗位的民警从事派出所社区警务等基础工作,选派优秀机关干部担任农村警务工作指导员等。

(二)强化物资与荣誉激励,保障基层警务发展

加大县级公安机关公用经费保障力度,重点向基层所队倾斜,确保基层所队人均公用经费不低于所在区、县(市)公安机关的标准。严格落实两个三年规划,加强派出所基础设施建设,全面推进派出所新建、改建、置换工作,保质保量完成建设任务。积极推动落实好派出所执法执勤用车纳入装备管理的既有规定,提高保障标准,缩短更新周期。

树立"有为有才有位、有位就要有为、无为就要让位"的选人用人导向,坚持将工作业绩、能力、状态、专业作为选拔任用干部的重要参考依据,以改革的决心打通干部交流通道。制定出台进一步保障激励构建现代化警务模式组织体系的相关制度及配套实施细则,在警力配置、职务职级晋升、考核评优、表彰奖励、岗位津贴、容错免责等方面给予全力倾斜保障。健全完善科学用警、节约用警、精准用警机制,新警一律分配到基层一线实战单位。明确规定,未经市、县两级公安局党委批准,不得随意抽调派出所警力。

坚持用足用好两个职务序列改革行政,在全面完成套改的基础上启动新一轮晋升工作,真正做到以改革红利凝聚警心、激发活力。在量化考评中,针对民警在基层派出所等单位的工作年限额外加分。规定高级警长职级晋升原则,明确机关民警下沉基层一线岗位3年以上,可突破原对应层级天花板获得晋升。

同时要加大对民警、社会力量的表彰力度。相关经费、荣誉、奖金要及时到位,保障与激励基层干部。浙江省绍兴市规定,对于基层派出所一线民警的公务员年度考核优秀等次以及基层防控工作表彰奖励,在人数上要有一定的倾斜。此外,每年以党委政府名义表彰一批"枫桥式公安派出所"创建优秀单位和个人。每季度从社区民警中评出"调解之星""防范之星""服务之星",营造拴住心、留住人的环境,激发民警干事创业活力。

（三）加强素质教育，确保公安工作的崇高性与使命性

通过各项教育工程，如开办名师大讲堂、实训基地或学校，有针对性地提升公安干警的专业素质能力，使其关键时刻上得去、打得赢。利用线上、线下等方式提供多渠道的教育资源，丰富民警的理论知识水平。有针对性地开展矛盾调解、群众工作、巡逻盘查、应急处突、执法办案、网络舆情应对等各项技能训练。定期组织基层所队长、民警大训练大比武，训练培养懂法规、懂业务知识、懂信息技术、懂群众心理，会排查化解、会执法办案、会管理服务、会宣传发动的新时代“四懂四会”派出所民警，着力打造一支高素质的基层公安队伍。

三、技术赋能，强化警务引擎

绍兴公安抓住时代机遇，借助智能技术，赋能与赋权，为新时代枫桥警务机制改革增添引擎动力，在部分领域甚至达到颠覆性变革。

（一）情报信息触角灵敏，实现全域感知

持续深化以“雪亮工程”为核心的智慧警务“四梁八柱”，建立具有智能识别、界面抓拍、数据监测等功能的视频感知网络。在推进过程中持续优化农村的天网工程建设，增加视频监控采集网、信息采集网。将视频监控采集网络建设纳入城市、城镇规划，与机关企事业单位、城市公共设施、商住小区建设同规划、同建设、同验收，确保城乡重点公共区域视频监控覆盖达到100%，视频监控联网率达到100%，农村视频监控覆盖达到80%以上，重点区域和场所人脸识别系统全覆盖。做到人过留影、车过留痕，扩大公安机关对信息的获取能力，全域感知辖区内风险事件。

同时建成万路级人像识别视频解析中心，对海量视频信息进行有效分析，及时研判异常信息，记录关键信息，对人群异常聚集、过度聚集等情况进行预警。结合“智安小区”、智安单元建设，形成以市域、县域、核心区域“三个圈”为重点的“人像围栏”，在无形中为百姓守好安全大门。利用好智能技术，充实公安机关全域信息获取能力、数据分析能力，及时感知风险、识别风险。

（二）深化数据治理，助力精密智能防控

数据有效治理的基础在于数据本身的有效性，要规范数据标准，扩大数据容量，形成海量数据与多种类数据。一方面，建立数据标准，如浙江省绍兴市参照公安部、省公安厅数据标准，出台了数据治理和前端感知设备治理相关的工作方案，统一甄别、筛选（清洗）、储存、研判数据，形成基础数据库，并按实际警务需求分为不同的专题数据库。另一方面，规范全域数据接口规范、技术标准、转换标准，推动

辖区各部门间数据归集,形成友好多元、互相支持的数据生态,在合理赋权的前提下进行数据共享。

围绕重大安保活动、重要敏感节点、重大案件和舆情,开发应用大数据辅助分析模块,开发数据采集和辅助侦查模块、大数据围栏预警监控模块、大数据专项业务分析等模块;第一时间分析与捕获风险点,及时发出预警。

此外,高度重视数据安全工作。公安数据有着自身的特殊性,在数据管理与数据合作治理过程中需要严格落实保密规定。为此,需要严把安全关口,加强外联检测、边界感知、网络态势感知等防护措施,健全即时预警、人工干预、反馈整改机制,确保数据安全可靠。

(三)融合智能技术,创新警务实战

积极推进大数据、人工智能、5G 等智能技术与公安工作深度融合,利用大数据有效研判信息,提高警务工作的效率,提升相关政策的科学性。利用智能技术优化传统办案流程。积极探索新的智能应用,即探索智能手环、电子车票、危化品管理等物联网新应用,建设运行网络诈骗反制平台、城市哨兵等一批信息化项目。

加强与企业的合作,围绕警务需求开发相关软件或工具,如搜索服务、地图工具等,进一步提升警务智能化水平。在市局层面建立相关实验室,为警务创新提供基地与平台,提供资源与技术支持。鼓励基层自主创新,开发相关实战应用与模型,积极推动互联网警务与数字警务建设。浙江省绍兴市按照“模型 + 数据 + 公安业务场景”的思路,创新研发“涉案手机全球布控”“群体越界预警”等 40 余个实战模型。

第四节　居民幸福感、满意度和安全感提升的整体机制建立

绍兴公安在警务机制改革与建设上始终把人民群众满意作为出发点和落脚点,让人民成为重要的受益者和监督者。

一、持续推进护民工程,让人民群众成为公安工作成果的重要享有者

公安机关的主要任务是维护社会安全稳定,提供具有便捷性、权威性的公安服务。各项警务机制改革的最终目的与最终受益者都是人民,也只能是人民。绍兴公安建立了多项平安护民工作机制,持续高位推动,切实提升人民群众的安全感。

（一）严打各类犯罪行为，严防重大刑事案件发生

绍兴公安制定多项专项工作机制，严打各类犯罪行为，严防各类违法犯罪行为发生，对重点区域进行逐个排查，严防重大刑事案件的发生，确保人民群众所需要的安稳环境不发生重大变化，人民群众不受重大案件影响。

聚焦“打得严”。制定多种专项行动，严打各类违法犯罪行为，采取高压态势侦破各类命案、黑社会性质案件、犯罪集团案件，争取对部、省下发的线索、在逃人员全部“清零”。清扫农村黑恶势力，始终紧盯城郊和农村基层黑恶势力犯罪，重点打击把持基层政权，垄断非法行业，形成区域控制的黑恶势力。清剿“套路贷”犯罪，主动开展“套路贷”犯罪打击专项行动；整治黄赌毒乱象，常态化开展“清风”“三清一创”等整治行动；强化在逃人员缉捕，严格落实一在逃人员一档案工作要求，通过领导包干，建立专班，逐人研判等方式，全面强化在逃人员缉捕工作。

聚焦“防得严”。强势推进社会治安防控体系建设，对相关制度、组织、资源因素进行重点建设，确保防控体系自身不出事。加强对重点区域的整治，创建“无案村（区）”，专注单元建设，逐个建设、逐个解决。同时针对当前高发的电信诈骗建设“四级反诈体系”，多层防护，及时提醒民众，防止民众上当受骗。

聚焦“管得住”。建立大舆情监测中心，打造全市网络舆情监测防控平台。严格落实“三同步”工作机制，及时感知安全信息。健全网络综合治理体系，监测信息系统，整改安全隐患。

（二）深入推进法治建设，建立执法为民机制

公安机关拥有治安行政处置权、治安行政处罚权、治安监督检查权、治安行政强制权等权力。这些权力具有法定性、强制性、特许性、单向性的特点，与其他公共部门的权力具有较大区别。但“有权不可任性”，公安机关掌握的权力越大，越要重视权力使用的最终目的并思考权力的来源。

绍兴公安在法治建设过程中，建立多项执法为民机制，确保公安机关在执法过程中不偏移、不走样，始终围绕人民利益、人民需要执法。一是加强执法教育，深化“端正执法理念、规范执法行为、提升执法公信”专项教育整改活动，组织“大讲堂”“小讲堂”等教育整改活动，引导基层民警坚定法治信仰，恪守执法良知。二是强化执法管理，出台执法规范制度33个，建立权力清单制度，使权力更加阳光、民警执法有据可依。[①] 三是落实执法监督，强化倒查追责，排查执法突出问题。推动检

---

① 参见陈伟、张兰：《公安机关权力清单制度建设》，载《湖北警官学院学报》2015年第9期。

察官驻局办公室实体化运作,监督前移,及时纠正纠偏。四是优化执法评价,推动评价模式由以往的“关门自评”向“开门迎评”转变,对执法“全流程、全环节、全要素”开展全民意访评。

(三)建立惠民工作机制,助力社会经济发展

新时代“枫桥经验”下的警务改革不仅在于维护基层社会秩序的安全稳定,还应更加主动,提供前置性的服务,让人民群众切实感受到新时代警务的新面貌,感受到幸福感,提升人民群众对公安机关工作的满意度。围绕经济发展与惠民,绍兴公安围绕护航社会经济发展,直接推动社会经济发展“16 条”、服务民营企业“10条”、服务企业群众 6 项“一件事”落地,让企业切实感受到服务的便捷与贴心。

一是加强对“逃废债”、侵犯知识产权等经济案件的打击力度,出台侵财类犯罪案件追赃挽损等相关规定,细化追赃挽损具体措施和情况通报工作,最大限度减少企业和群众的经济损失,维护经济发展良性秩序。

二是深化“最多跑一次”改革。建设“民生服务档案”,整合派出所窗口、24 小时自助服务区、村级代办点、义警队伍等服务资源,建立全市 1428 个“就近办”点位,打造 15 分钟办事圈。推进“互联网 + 监管”工作,继续推进网上执法,让人民群众足不出户就能享受高质量服务。同时借助智能技术,推出“安心码”,广泛应用于企业招工、家政服务、邮政寄递等 18 个公共服务领域,在不侵犯公民隐私的前提下,便于民众更好地获取安全信息,省去各类纸质证明。

三是亮化公安窗口服务,大力推进“无纸化、无证明”窗口建设,民生全部事项“一证办”“刷脸办”,80 个派出所窗口实现“一窗办”。通过各项惠民工作机制,让民众切实感受到公安服务的高质量,助推社会经济快速发展。

二、有效结合群众力量,让人民群众成为公安实践工作的重要参与者

要提升人民群众的幸福感、安全感和满意度,不仅需要公安机关推进各类护民工程,建立各类风险防控机制,还需要发挥好“枫桥经验”,依靠群众、发动群众,让民众广泛参与到社会风险治理与社会治理中,让人民群众深刻了解公安工作,参与公安实践工作从而补充公安力量。

(一)畅通民众参与渠道,主动引导平安社会力量发展

人民群众参与社会风险治理,协助公安部门治理矛盾纠纷与各类社会风险,需要拥有相应的渠道,绍兴公安坚持专业力量与群众力量相结合的方针,组织开展群众建设、联社驻村、平安公交志愿者等活动,全面发动和激励群众参与平安社会治理。

2018年，绍兴市公安局就开始制定平安类社会组织培育管理的相关规定，召开全市义警工作会议，设立平安（义警）基金。利用“越警管家”、义警平台、微信等互联网平台工具，组织和发动群众，将社会力量与公安力量有机结合。明确一个区（县级市）至少有一类平安基金、一支辐射全城的平安类社会组织要求，明确八大类21条具体措施，探索通过积分制等方法系统化与规范化平安类社会组织的建设发展。截至2020年10月，浙江省绍兴市共有义警组织108支2.54万余人，涌现了“红枫义警”“蕺山好邻舍”“点亮一盏灯”等一大批有影响力的义警品牌，诠释了“警力有限，民力补充”的含义。这个过程也让普通民众直接感受了公安工作的特性与内容，赢得了民众的支持与理解，也在交互过程中提升了社会力量的治理能力，使相关组织建设更为系统与成熟。

（二）建立沟通亲民机制，构建亲密警民关系

依靠群众与发动群众需要相应的文化基础，也即法理上的民众支持，在基层构建良好亲密的警民关系。绍兴公安有着“枫桥经验”这一巨大优势，有着与人民群众并肩奋战的习惯传统，警民关系有着长期融洽的局面。在新时代背景下，绍兴公安对公安服务不仅强调不缺位，不让群众“找不到”，还强调服务高质量，满足人民群众的必要需求，获得人民群众的支持。

绍兴公安加强传统的“面对面”交流，深化“联千村访万户”全警大走访，让人民群众看得到、找得到民警，感受得到公安力量。（1）让民众看得到民警。落实社区民警每月在社区工作不少于10天、入户走访不少于60户等制度，进一步细化相关要求。依托“五议一创”“十访十清”等载体，进一步架起警民沟通互动桥梁。（2）加强网上互动，提供优质服务。依托“枫桥警务—越警管家”“群蓝星微动力”等平台，利用互联网等智能技术，开展在线咨询、预约办事、反诈测试、投诉建议等网上互动。切实提升民众的互联网服务体验感，同时主动接触线上服务，了解互联网服务特点，提供更优质的服务。（3）注重情感沟通。组建5000余人的网宣员队伍，进一步扩大线上互动覆盖面，进一步拉近警民距离。加强“心与心”沟通，落实民意全量访评、闭环流转、三级整改等措施，构建亲密化的警民关系。

（三）建立激励与保障机制，规范社会力量

公安部门主动介入相关平安类社会组织的创立发展过程，实际上也是相关权力与责任的分配过程，让更多的民众与组织感受到共建共治共享的治理氛围，从而促进警民关系的进一步发展，获取更多民众与组织对公安工作的支持。社会力量得到有效发展，专业力量与社会力量的有机结合能够将基层社会风险治理与社会

治理的力量、资源有效整合，发挥最优效果。

加强对作出贡献的个人或组织的表彰，在这些组织中同样开展评选先锋支部、党员先锋岗、先锋标兵等评选活动，强化相关人员、组织对相关事业的认同感。同时，为具备一定规模的组织提供固定场所，或引入综治中心，聚合相关力量。协助相关组织制定发展规划与规章制度，进一步规范组织的发展过程。

三、建立人民评价机制，让人民群众成为公安工作成效的权威评价者

"枫桥经验"的基本理念就是"人民本位"。绍兴公安不断强化人民群众在公安工作中的作用，建立人民评价机制，及早感知民意、整改自身、完善自我，主动接受人民群众的监督与评价，科学提升人民群众评价的占比。

（一）坚持人民至上，科学设置评价标准

绍兴公安将人民群众对警务工作的评价置于核心地位，科学合理地设置评价标准。一方面，使公安工作者能够以人民为中心，切实为民解忧、为民办事；另一方面，又不受困于民众评价的数字桎梏，不盲目追求数字上的100%，注重实效，注重警务工作的整体提升。

（二）全量访评，请人民评价

绍兴公安始终将人民满不满意、高不高兴、答不答应作为评价公安工作的根本标准，主动请人民群众参与到公安工作的评价中来，通过线下走访与网上访评等多种方式，邀请民众进行评价。绍兴公安2018年以来开展了多次"向人民报告、请人民评议、对人民负责"活动，通过"议安全防范、议矛盾调处、议案件办理、议普法宣传、议警务工作、创平安社区"的"五议一创"形式将评价工作与其他警务工作有机结合起来。同时在规制上明确派出所所长每半年一次、警务站站长每季度一次、社区民警每月一次面向辖区群众报告工作、听取意见、接受批评。依托民意感知系统，建立民意回访、民意画像等机制，对每一起警情，每一起案件，每一次服务进行全量回访，做到民意感知、分析、处置精细化、系统化。

紧扣人民满意标准，把执法评价权交给人民群众。社会化访评的案件范围基本覆盖公安机关办理的所有案件。访评人民群众对办案结果是否满意，内容扩展至所有案件（包括暂未侦破案件）以及案件全过程。以2020年为例，浙江省绍兴市群众对公安工作评价的参与度和满意度明显提高，短信回复率从20.52%提升到63.66%，首访满意度从64.32%提升到98.74%。

（三）构建与强化民意感知机制，科学感知民众评价

建立相应的感知机制，及时、准确、全面感知民众意见，了解民众评价。绍兴公

安利用智能技术与传统“枫桥经验”下的面对面网络，构建了一张立体全方位的感知网络。组建三级民意感知网，市、县两级公安局设立智慧民意感知中心，基层派出所设立民意感知岗，多层级感知民众意见与评价。

全量汇聚民意大数据。通过智慧民意感知系统，对到过公安机关办过事、报过案的群众展开全量访评，实行问题收集、研判、整改、反馈、倒查、追责闭环管理。同时借助大数据等智能技术，对民意进行数据挖掘，开发工具模型，精准绘制各地民意画像，及时梳理共性问题。

强化感知结果的评估和应用，进一步在全警范围内强化坚守尊重民意、倾听民意、顺应民意的思想，对各级公安机关和民警进行民意指数测算，绘制民意画像。

严格追究问责，落实逐案评查，对认定有责或存在执法过错的民警，下发整改建议书，对整改不到位的实行蹲点整治和倒查问责。市县两级公安机关将访评结果、整改情况纳入考评，实行“周通报、月分析、季盘点”，对连续末位单位负责人进行约谈，对年度末位单位取消评优评先资格。

第七章　社会矛盾风险化解的创新发展

第一节　社会矛盾风险化解的创新命题

随着国际环境、国内社会形势的变化，以及互联网信息技术对经济与社会产生的巨大影响，各种新思潮、新观念、新问题交织，给社会治理和公安工作带来了新挑战。新时代社会矛盾已经发生转化，人民群众对平安环境、平安生活、更高质高效的公共服务的要求和标准不断提升，成为创新市域社会治理的现实挑战。因此，如何化解当代社会矛盾成为一个现实命题。

一、新时期浙江省绍兴市社会基层矛盾态势

(一)社会矛盾的多样性

新时期造成的各种利益纠纷没有完全消解，动迁安置、企业改制、土地征用等造成的群众矛盾仍然存在，如果无法妥善处理，则有可能演化为更为尖锐的矛盾事件。

在实践中，郊区县压力大于中心城区，甚至不乏报复社会等恶性刑事案件和暴力刑事案件的发生，城乡接合部、郊区县成为恶性暴力刑事案件的高发地区。在社区，各种市容、卫生、治安、人口、消防、黄赌毒隐患也存在，给居委会、业委会和物业公司等社区组织和单位带来很大压力。

此外，其他形式的个体矛盾也在不同程度上影响着市域社会治理。比如，流动人口大量涌入，造成基层管理和基层服务压力巨大。有些市民还存在“排外”心理，对新市民的接纳缺乏

社会包容心，导致社会排斥现象反复发生。总体上，市民之间的矛盾既存在于本地居民之间，也存在于新市民之间，各类矛盾在转型发展的攻关期呈现出结构性、体制性、周期性相互交织的特征。这些矛盾的风险点很多，需要科学预测集中爆发的规律性以便提前应对。

(二)流动性带来的社会风险

当前，我国社会进入信息化、大数据时代，人流、物流、资金流均处于高度流动态势，社会治安形势、犯罪形态等均发生较大变化。在人口流动方面，大量外来务工者的出现缓解了本地劳动力的结构性短缺矛盾，但也带来了新的人口管理问题。浙江省绍兴市民营经济发达，乡镇块状经济结构明显，吸引了大量流动人口集聚，使这些地方获得了工业化、城镇化同步发展良机，但户籍二元结构造成的“收入鸿沟”和“福利鸿沟”造成了城镇化质量缺陷。流动人口集聚的“城中村”“城郊村”管理难度高、挑战大。

此外，浙江省绍兴市推动全域旅游，实施旅游“大提升战略”，大力推动以构建“全域旅游示范区”“A级旅游景区”“旅游风情小镇”“乡村旅游”为载体的旅游目的地体系品牌建设。一些景区规模日益扩大，往来游客日益增多，各种新问题、新矛盾滋生，扩大了风险来源，给地方社会公共安全带来挑战。

上述流动的社会隐患不断被放大，涉众、涉外等各类风险交织叠加，治理难度大。

(三)信息技术引发的新风险

随着信息技术的广泛应用，一些敌对势力利用网络“泛政治化”倾向炒作舆情，编造传播谣言，攻击诋毁社会制度，干预插手社会矛盾和热点问题，为社会管理带来新挑战。

在互联网、信息技术高速发展的情况下，线上生活与线下生活结合紧密，出现了网络诈骗、网络非法集资等新型违法犯罪问题，传统涉稳、涉黑涉恶、涉黄赌毒等治安问题凭借网络媒介演变成新的犯罪形式。

此外，黑恶犯罪网络化明显，传统黑恶势力向网络黑恶转移。传统线下“黄赌毒”“高利贷”等涉黑涉恶犯罪转型升级，隐藏于互联网中。网络平台运营中非法集资类犯罪与网络“套路贷”犯罪交织，给打击犯罪带来新挑战。一些网络黑恶势力为逃避打击，攫取更大经济利益，还有向境外转移的趋势。

二、新时代“枫桥经验”治理社会矛盾的期待

(一)“枫桥经验”持续拓展的理论借鉴

“枫桥经验”从乡村社区发展到市域社会治理领域，从矛盾调处到综合治安社

会治理,从村级干部发展到警务人员,从社区调解到司法应用……可以说,一代代"绍兴人"在谨守"枫桥经验"模式的同时,又实现了创造性转化,实现了模式维系到模式拓展的蜕变。

从现代政策科学和政策治理角度看,创新是行动者或责任者的积极行动,其既是解决客观现实问题的必要方式,也是相关行动者或责任者能动性的展示。"新枫桥经验"是"枫桥经验"模式的维系和持续创新的拓展产物,体现了绍兴人在社会治理领域的创新思维和创新能力。从创新扩散理论角度出发,创新在于创新主体对"新观念、新实践、新事务"的采纳;而从经验视角出发,"枫桥经验"的创新之处在于坚持核心和本源基础上的发展和与时俱进,以及不断赋予其新的时代内涵。

作为发源地,浙江省绍兴市为过去的"枫桥经验"提供了试验场;作为持续创新的探索地,浙江省绍兴市成为"新枫桥经验"的拓展先锋,综合了新时代社会治理的新问题、新形势、新挑战、新理念并凝练成新的治理新生态,即以"矛盾不上交、平安不出事、服务不缺位"为核心的"新枫桥经验"。浙江省绍兴市的新时代"新枫桥经验"有效地坚持、继承和发展了"枫桥经验",创新实践以"12345"为主要内容的枫桥警务模式,成为全国公安机关现代警务机制的典范,得到了国家层面的认可和推广。

(二)持续创新的绍兴经验——"新枫桥经验"

"新枫桥经验"是持续创新的产物,建立在对既有模式的继承和维系的基础之上,拓展的动力源头在于"人民本位"的治理理念。概括而言,持续创新的"新枫桥经验"体现了创新拓展(创新扩散)的特征,其流传和推广的价值主要建立在对人民本位原则的把握上:(1)"枫桥经验"是源于浙江省诸暨县(现诸暨市)枫桥镇的社会主义教育运动,以教育群众、法治宣传实现矛盾调解,其中对人的教育和改造是关键。(2)"群防群治"是"枫桥经验"的重要内容之一,而"发动和依靠群众"是坚持和发展新时代"枫桥经验"的核心精髓。因此,以"人民本位"为特征的"枫桥经验"在新时代依然焕发着不竭的动力,从"群众参与""民主治理"到解决人民群众内部矛盾,改革开放和快速的城市化决定了"枫桥经验"仍然有用武之地,但一些新矛盾和新动向又对该模式提出了新的拓展要求。

"新枫桥经验"将关口前移,创新性地拓展了治理环节。一般认为,矛盾发生才需要治理。但是,新时代浙江省绍兴市秉持"把矛盾消灭于萌芽状态"的治理理念,体现了防患于未然的防控思维。这意味着治理所突出的是前置环节,即将治理关口从"事后"前移到"事前",是对传统"枫桥经验"的一大改进,因为后者是矛盾发生之后的调解。在这个意义上,"新枫桥经验"的创新建立在对传统治理模式的继承和发展基础之上,是一种拓展内涵的创新。

"新枫桥经验"从警务管理拓展到社会治理各个领域。"枫桥经验"源于警务,富有创新精神的绍兴人在践行中维系着该模式的精髓,并在新时代警务治理领域拓展新的应用领域。从创新的角度看,创新是开放性的实践活动,各个地方、各个领域的创新主体均可实施创新探索。就"枫桥经验"而言,新时代"枫桥经验"的创新和发展并不拘泥于警务治理领域,而是拓展至城管、审判、检察、监察等各领域。

"新枫桥经验"从社区治理拓展到范围更广的市域社会治理。当前,"新枫桥经验"在广泛应用于社区治理的基础上,向上拓展到乡镇和县、市乃至浙江省,并在全国各地推广。以县级矛调中心为例,浙江省已经在全省范围内推广"新枫桥经验",普遍建立了县乡综治工作中心系统、基层治理"四平台"、"网格化管理、组团式服务"。进一步的工作是逐渐完善系统平台,形成运作成熟的新模式,打造集信访和矛盾纠纷调处化解、社会治理事件处置、社会风险研判三个平台为一体的现代化社会治理共同体。据权威部门透露,截至2020年上半年,浙江省全省县级矛调中心共接待群众近66万人次,受理矛盾纠纷57.3万件,化解54.2万件,成功率达94.6%。在县级矛调中心建设的基础上,浙江省委将县级矛调中心分"三类地区"建设,分别建设一类中心60个、二类中心20个、三类中心10个。

"新枫桥经验"拓展了群众路线,形成了集多功能为一体的治理机制。传统"枫桥经验"的创新之处在于"群众参与",其核心经验是坚持党的群众路线。毛泽东同志将"枫桥经验"的精髓概括为"充分相信和依靠群众"。当前,这个经验模式已经大为拓展,在满足群众的"个性化发展""基本公共服务"等方面取得了显著成效。比如,结合浙江省"最多跑一次"拓展到"最多跑一地"的改革目标,"新枫桥经验"综合了政府、基层自治组织、群团组织、社区组织、志愿团体和个人等力量,本着以人民为中心的发展思想和为民情怀,为改革落地作出了踏实努力。

(三)警务管理面临新挑战

进入新时代,人民群众在民主、法治、公平、正义、安全、环境、服务等方面的需求日益增长,群众对于公安机关的执法办案能力、群众工作能力、信息化应用能力等的新要求不断提高。信息传播的迅速广泛化,使人民群众的维权意识以及对公安机关的监督意识空前高涨。这在一定程度上提高了社会对民警的期望值,致使执法压力较大,暴力抗法、诬告陷害的事件时有发生。

与此同时,在公安系统内部,民警和警务管理交织出现新问题,加大了治理难度。比如,有些民警因晋职、晋级和“高付出、低回报”产生心理失衡。有些民警在工作中会接触到灯红酒绿和种种诱惑,一些别有用心之人也会想方设法投其所好,借机拉拢,使一些民警受到物质化、功利化等不良风气的影响,扭曲了人生观、价值观。还有个别民警在社会资源配置中出现判断失准现象,陷入各类投资、高利贷等社会利益纠缠之中。

2019 年浙江省绍兴市公安局运用民意感知平台感知到的民意大数据表明,在“110”接处警方面群众“不满意”的原因呈现出多样化的特征。具体而言,对处理方式不满意的占 26.79%,没有处理结果或事情没有解决的占 22.80%,民警解释沟通不到位的占 13.22%,对处警速度不满意的占 5.91%,对处警态度不满意的占 9.16%,对处理结果不满意的占 8.73%,未及时反馈处理情况的占 3.74%,群众不愿告知原因的占 2.35%,不属于公安管辖范围的占 2.96%,执法效率低下的占 1.78%,对接警态度不满意的占 1.64%,提前回访的占 0.61%,其他占 0.32%。随着警务社会化评价的推进,人民群众对平安环境(美好生活的一部分)的期盼将转化为全方位的警务评价,对平安绍兴建设的要求也必将越来越复杂。

第二节　矛盾化解的联体联治实践

浙江省是践行“中国之治”的重要窗口。浙江省在 2016 年率先开展“最多跑一次”改革,带来了群众办事“加速度”。从全球首个互联网法院到调解纠纷“神器”ODR 平台,从全国首个移动微法院到道路交通事故纠纷“网上数据一体化”平台,从全国首个乡镇综治中心到县级矛调中心,都能触摸到浙江省政法系统勇当“最多跑一次”改革急先锋的活跃脉动,体验到浙江省政法系统系列高效便民的服务新产品。矛调中心融合基层治理综合信息指挥平台、信访矛盾联合调处平台、公共法律服务平台、社会心理服务研究平台、社会组织培育孵化平台等多个平台为一体,被称为矛盾纠纷联合调处和多元化解的总枢纽。浙江省绍兴市柯桥区在浙江省、绍兴市矛调中心建设上取得了重大进展。

一、县级矛调中心的创建背景

党的十九届五中全会提出,社会主义民主法治要更加健全,社会公平正义要进一步彰显,社会治理特别是基层治理水平要明显提高。浙江省绍兴市坚持和发展新时代“枫桥经验”，深入学习贯彻习近平总书记在浙江考察时的重要讲话精神，贯彻落实浙江省委十四届七次全会部署，以“最多跑一地”改革理念推进市域社会治理现代化；按照“建强主阵地、下好先手棋、打造终点站”的工作思路，坚持高标准、高质量推进矛调中心体系建设，一体化推进乡镇社会矛调中心建设，不断促进社会和谐善治，夯实市域社会治理现代化的基层基础，加快建设更高水平的平安绍兴。①

浙江省绍兴市根据管理人口、矛盾纠纷数等情况，及早、分类推进矛调中心建设，原则上整合县级综治中心、人民来访接待中心、诉讼服务中心、行政争议调解中心、社会治理综合指挥中心等工作平台成建制入驻，采取常驻、轮驻、随叫随驻等形式，整合纪委监委、政法委、信访、司法、检察、公安等部门力量进驻，吸纳行业性专业性调委会、法律咨询、心理服务等社会力量，为群众提供全领域全过程优质服务。同时，浙江省绍兴市将县级矛调中心建设列入“一把手”工程，变群众“往上跑”为服务“往下跑”，努力让接待群众、处理信访问题成为县级领导干部的基本功和必修课，成为全市各级领导干部的政务工作习惯。

县级矛调中心的建设，有效把干部下基层解决问题和群众向上反映问题结合起来，进一步拓展、完善了领导干部下访接访机制。浙江省绍兴市还推行了民情民访“代办代跑”制，组建县、乡、村三级民情民访代办网络，致力于打通服务群众的“最后一公里”。在以“信访打头、调解为主、诉讼断后”理念的指导下，浙江省绍兴市推动形成纠纷多元化解的强大合力，推进纠纷联调、问题联治、工作联动，构建基层社会多元共治格局。浙江省绍兴市各级矛调中心倡导“理性反映情况，合理表达诉求”，向群众承诺“平安不出事，服务不缺位”。

为理顺管理体制，规范运行机制，浙江省绍兴市按照浙江省制定出台的县级矛调中心建设规范化、标准化文件的指引，对信访、司法、社会力量等资源进行大整合，同时又不包办代替各部门职能，做到有分有合、综合协调，不断提升矛盾纠纷调处化解工作的规范化水平。浙江省绍兴市柯桥区创新推进矛盾纠纷调处工作，形成了“三级共同体”的典范性治理模式。浙江省绍兴市柯桥区矛调中心不断加强资源力量的整合，完善运行管理机制，在前期整合 20 余个部门力量入驻，在“一窗”受理群众诉求的基础上，推动联合接访、联合调处，并为群众提供受理、咨询、

---

①　参见张科勇：《绍兴乡镇“矛调”中心怎么建设？市委书记划重点》，载绍兴网 2020 年 7 月 1 日，http://www.shaoxing.com.cn/p/2814778.html。

调解、仲裁、诉讼全流程“一条龙”服务，确保矛盾纠纷得到彻底解决。

截至 2020 年 12 月 4 日，浙江省绍兴市柯桥区人民法院已有 5 个“天平”调解团队入驻区矛调中心，并在矛调中心设立了审判庭，组建速裁团队入驻。“天平”调解团队主要开展诉前调解、诉调对接、诉前鉴定等工作，对于调解难以化解的纠纷，在经当事人同意后当场立案，由速裁团队第一时间对简易案件安排庭审速裁。除了人民法院，还有人大代表联络室、政协委员工作室、妇联伊家工作室、乡贤娘舅工作室等调解力量，以及 10 余个专业性、行业性调解组织入驻柯桥区矛调中心，开展常态化工作。矛调中心深度整合专业调解力量，根据群众反映的矛盾纠纷类型，将不同的矛盾纠纷分流至不同的调解工作室，或组织多个团队联合调解。

矛调中心建立了“一站式”多元纠纷化解工作格局，并形成了“调解为主、诉讼断后”的递进式调解机制。跑一个地方就能解决问题，部门扯皮现象减少了，办事效率提高了，浙江省绍兴市柯桥区以县级矛调中心建设为抓手的“最多跑一地”改革深得民心。

矛调中心还整合在线矛盾纠纷多元化解平台、移动微法院、线上调解平台等应用系统，实现矛盾纠纷线上线下联动联调。截至 2020 年 11 月底，浙江省绍兴市柯桥区矛调中心共接待群众 7404 人次，受理矛盾纠纷 3109 件次，调处化解 2849 件次，办结率达 91.63%。①

二、矛调中心的组织结构和治理工具

（一）矛调中心的组织结构

浙江省印发了县级矛调中心规范化建设的相关文件，综合考虑各地人口、面积、经济社会发展、矛盾纠纷等情况，指引各地在场地落实、人员进驻、机制集成等方面分“三类地区”设置和推进矛调中心的建设。矛调中心的建设，涉及空间的统一、人员力量的归并，基础建设不能搞“一刀切”，必须从实际出发，因地制宜、分类建设、尊重基层首创，既有“大而美”，也有“小而精”。浙江省绍兴市柯桥区以推动“最多跑一次”改革为契机，于 2019 年 12 月率先在浙江省建立“一站式服务、一条龙调处、一揽子化解”的矛调中心，由区机关 16 个部门轮驻。全区 16 个镇街相继成立镇村两级矛调中心；全区矛调中心形成三级架构、多元共治的社会矛盾化解

---

① 参见《打造矛调中心“全能版”——多方团队参与　受理诉讼全包》，载绍兴市人民政府网，http://www.sx.gov.cn/art/2020/12/9/art_1462938_59239214.html。

体系。

截至2020年9月，绍兴全市6个区、县（市）已经全部建成实体化运作的矛调中心，镇村两级矛调中心建设已在市域范围内推行，有58个标准化的乡镇（街道）矛调中心投入运作，构筑起集信访和矛盾纠纷调处化解、社会治理事件处置、社会风险研判为一体的综合治理平台。[①] 2019年12月12日，浙江省绍兴市柯桥区矛调中心正式揭牌运行。该中心是浙江省规模最大、功能最完善、服务最便捷的社会治理综合体，也是柯桥区社会治理指挥中心，按照集中办公、集约管理、集成服务的理念，统筹整合政法、司法、行政、信访、仲裁以及法律咨询、心理服务、行业性专业调委会等进驻，由教体、交通、市场监管等16家单位轮驻，开设劳动仲裁、劳动调解、仲裁复议、法律援助、法律咨询中心，推动“多中心”转变为“一中心”，构建集多元化解、指挥决策、预警预测为一体的社会治理大联动体系，致力实现群众诉求反映、矛盾纠纷化解“只进一扇门”“最多跑一地”。[②]

与此同时，该中心融合“城市大脑”“雪亮工程”“智慧公安”“智慧城管”“基层治理四平台”“视联网”等六大系统资源，通过3.7万余路监控视频，260套执法记录仪信息，2400余个网格信息，400余个视联网的数据对接、服务对接、应用对接，实现统一归集、分流交办、实时感知、动态预警、综合决策、高效指挥。该中心还设立无差别受理窗口，通过前台受理、登记，准确区分事项类型，将矛盾纠纷分类引导到12处不同的化解调处场所，就地解决群众矛盾，避免出现多地跑、反复跑、越级跑。

浙江省绍兴市柯桥区柯岩街道矛调中心自建成启用以来，在全省率先接入“110”警情专线并进行实体化运作，将非公安业务范围内事项分流至“四平台”流转系统进行闭环处理，共接入警情事件1050件，流转移交560件，占比53%。浙江省绍兴市柯桥区矛调中心积极践行新时代“枫桥经验”，深化推进“最多跑一次”改革和“三服务”活动，不断提升基层治理现代化水平。浙江省绍兴市紧紧围绕让老百姓遇到问题能有地方“找个说法”，根据浙江省在矛调中心建设上不搞“一刀切”的要求，因地制宜，分类管理，把“最多跑一次”改革的理念、方法、作风创造性地运用到社会治理领域的政策指示中，整合力量资源，将“多中心”整合成“一中心”，通

① 参见《建好矛调中心　推进基层治理——孙景淼来绍调研》，载绍兴市人民政府网，http://www.sx.gov.cn/art/2020/9/17/art_1462938_57711977.html。

② 参见《绍兴柯桥社会矛盾纠纷调处化解中心今天运行　规模为全省最大》，载新蓝网2019年12月12日，http://i.cztv.com/view/13368225.html。

过一站式接收、一揽子调处、全链条解决、闭环化运行、智能化治理、系统化推进，扎实稳步推动县级矛调中心的建设。

（二）矛调中心的治理工具

关于治理工具的研究，主要集中在政府的治理工具层面。张成福认为，治理工具是实现政策目标的手段和机制。[①] 传统上，政府的治理工具集中在三个方面，主要有组织性工具、规则性工具和经济性工具，奥斯本和盖布勒提出了除常规办法之外的36种提供公共服务的办法或治理工具，主要包括传统类（如管制、监督等）、创新类（如特许经营、技术支持等）和先锋类（如种子资金、股权投资、志愿者协会等）三类，这些工具既可由政府单一使用，也可由政府糅合使用。[②] 在信息社会，信息公开也成为政府治理的重要工具。[③] 在网络治理模式下，网络本身就是治理的重要工具，教育、信息提供、贴标签、宣传、建立顾问团体、建立利益团体、制度改革等是程序性工具的主要形式。[④] 政府治理的工具主要有直接行政、社会管制、经济管制、合同、津贴、直接付款、贷款保证、保险、费用等。[⑤]

矛调中心坚持“以人民为中心”的创建服务理念，紧紧依靠人民、服务人民。在调处过程中，弘扬“枫桥经验”的基本精神和工作方法，围绕基层社会治理的主体、机制和目标问题，构建多元化社会矛盾纠纷调处化解格局。矛调中心将科技、情感元素融入治理机制，整合自治、法治、德治、技术治理、文化治理、情感治理、政策治理等制度机制，加强社会治理共同体建设，在枫桥警务治理模式的基础上推进基层社会治理实践，搭建多主体参与、多元共治的平台，充分调动党政组织、公共部门、基层组织、社会组织、居民群众参与社会治理的积极性，积极探索“多元化解矛盾”的工作方法，充分发挥统筹协调作用，增强社会治理的整体性、协同性，形成社会矛盾风险化解治理的强大合力。

矛调中心能够接入警情事件，也能向公安、检察院、法院等机关流转移交案件。2019年，浙江省绍兴市诸暨市枫桥镇率先探索开展社会矛盾纠纷“一站受理、全程代办”工作，并专门出台了初信初访办理规范化实施意见，进一步规范办理责任及

---

① 参见张成福：《论政府治理工具及其选择》，载人大复印报刊资料《公共行政》2003年第4期。

② 参见张璋：《政府治理工具的选择与创新——新公共管理理论的主张及启示》，载《新视野》2001年第5期。

③ 参见邓蓉敬：《信息社会政府治理工具的选择与行政公开的深化》，载《中国行政管理》2008年第S1期。

④ 参见朱立言、刘兰华：《网络化治理及其政府治理工具创新》，载《江西社会科学》2010年第5期。

⑤ 参见朱喜群：《论政府治理工具的选择》，载《行政与法（吉林省行政学院学报）》2006年第3期。

流程。[①] 自该意见实施以来，枫桥镇已有效办结初信初访案件1356件。[②] 镇级矛调中心立足矛盾纠纷化解主阵地的定位，提供接访、诉讼、调解、劳动仲裁监察、投诉举报、法律咨询、心理辅导等服务，为实现县级矛调中心“终点站”功能提供支撑。

浙江省绍兴市柯桥区柯岩街道矛调中心在2020年3月接入全省第一条“110”警情专线并进行实体化运作，将非公安业务范围内的事项分流至“四平台”流转系统进行闭环处理。辖区派出所民警到现场处理后，将警情推送至街道综合信息指挥室，指挥室能立即联系村居干部对当事人进行谈话教育，并请网格员加大巡查、宣传力度。从矛调中心的建立、运行机制上看，其所涉及的治理工具主要有强制性政策工具、自愿性政策工具、混合型政策工具，其将社会化手段与工商管理技术、市场化工具、现代科技工具结合，具体包含直接行政、社会管制、建立自愿性组织、社区动员、提供信息、劝导、公共事业、公私合作等治理工具手段。

三、矛调中心的运行逻辑和机制

浙江省绍兴市各县级矛调中心坚持“信访打头、调解为主、诉讼断后”原则，强化县级矛调中心一站式接收、一揽子调处、全链条解决，完善诉调、警调、检调、专调、访调等多调联动机制，加强诉源治理，构建完善“一中心四平台一网格”上下贯通、左右联动的县域社会治理体系，真正让矛盾纠纷化解只进一扇门、最多跑一地，使矛调中心成为解决群众信访问题、社会矛盾问题的终点站。在具体运行机制上，首先进行“信访打头接诊分流”，然后实施“调解为主专家门诊”，最后进行“诉讼断后手术治疗”。[③]

（一）有案必接，信访打头，派单分流

矛调中心又被老百姓称为“信访超市”，主要解决群众信访中多头跑、重复跑、反复跑及部门间推诿扯皮问题。矛调中心将解决信访矛盾问题所涉及的司法资源、行政资源和社会资源集中在一个地方，变多中心为一中心。信访和矛盾纠纷调处化解平台是矛调中心的首要职能定位：信访打头，意味着“一个窗口”无差别受理群众提出的各类信访诉求、纠纷化解和投诉举报事项；对重大复杂疑难信访矛盾

---

① 参见顾洁丽：《将矛盾纠纷化解在萌芽状态　绍兴全面推开乡镇矛调中心建设》，载平安浙江网，http://www.pazjw.gov.cn/duiwujianshe/duiwudongtai/202006/t20200630_12098150.shtml。

② 参见《绍兴实现乡镇街矛调中心全覆盖》，载浙江之声网2020年7月2日，http://www.am810.net/7226926.html。

③ 《“信访打头调解为主诉讼断后”全链条解纷——浙江县级矛调中心开启“中国之治”新窗口（中）》，载法治网，http://www.legaldaily.com.cn/judicial/content/2020-07/29/content_8262674.html。

事项实行联合接访、联合调处、联合督办,实行常态化的县级领导公开接访,为群众提供全覆盖、全领域、全过程的优质服务。矛调中心设置信访接待、行政复议、法律援助、劳动纠纷等专项接待窗口,如同进入医院接诊部门,群众信访只需取号排队,导引人员即根据诉求有效匹配接访窗口。

“信访超市”再造流程改变了传统信访工作由“信访部门接待后派单再分流处理”的做法,将综治工作中心、人民来访(联合)接待中心等多个中心全部整合到一起,用常驻、轮驻、随驻三种主要形式统筹多个部门数十项职能,老百姓反映的事项无论涉及多少个部门,都能现场接诊分流,实现一站式接待、一揽子调处、一条龙服务。把接访、报案作为领导干部执政的基本功和必修课,开展县级领导坐班接访活动,市民通过电话、网络或直接到中心预约,就可以面对面向县级领导反映有关事项,将信访疑难杂症在矛调中心里一一化解。

(二)流程化服务,就地调解,专家对口服务

矛调中心按照浙江省绍兴市要求,坚持把规范化、法治化融入中心建设全过程,通过完善中心运行机制,建立受办一体的即接即办机制、事心双解的教育疏导机制、协调联动的会商研判机制、上下对接的协调办事机制、阳光透明的公开监督机制等,先依法就地进行调解,调解不成的按规定导入诉讼程序办理。建立重大疑难信访事项听证终结制度,推进信访事项依法终结,提升中心工作效能。

“和事团”是矛调中心向镇村两级延伸的调解触角。村级和事调解工作室机制,邀请村里合适的人担任矛盾纠纷“调解员”、法律政策“解说员”、综治维稳“参谋员”。村民发生口角、叔侄因祖屋产权产生纠纷、夫妻俩闹矛盾、村民遇到烦心事,都可以找村里的“和事团”解决。在“和事团”的协调下,一桩桩一件件的矛盾纠纷,大事化小,小事化了,实现矛盾不出家门,纠纷不出村。在“基层治理四平台”的支撑下,浙江省绍兴市积极推动社会治理优质资源向镇街下沉,完善镇街“四平台”运行管理机制,有效解决镇街社会治理力量分散、条块分割的问题。网格员是网格里的“百事通”,也是县级矛调中心的坚实底座,有助于平安创建人人有责、人人共建的新局面。

中心建得好不好,调解队伍是关键。人民调解是县级矛调中心发挥实质性作用、推进社会治理领域“最多跑一地”改革的主要力量和重要支撑,依托矛调中心整合人民调解、律师、公证、仲裁、复议等资源入驻县级矛调中心,有助于最大限度把矛盾解决在基层、吸附在当地、消除在萌芽。学习、借鉴和发扬“枫桥经验”,紧紧依托数十年形成的地方“调解文化”,在推进矛调中心建设中创新“5 + X”联调

模式,开展诉调、警调、检调、专调、访调的“五调联动”;调解员队伍实现村、镇、市三级覆盖,通过培育社会组织参与矛盾纠纷调解、吸引单位部门加盟专业调解等方式,挖掘矛调文化的民间资源,共同书写矛盾纠纷调解“五线谱”。

矛调中心还建立了专业调解委员会和调解专家库。专业调解员开设专家门诊——调解工作室,运用情感治理技术,采用“真情调解”方法。人民法院按照“坚持把非诉讼纠纷解决机制挺在前面,从源头上减少诉讼增量”的要求,出台关于进一步推进诉源治理工作的意见,在推进“最多跑一地”改革中,广泛吸纳各方力量,积极参与县级矛调中心建设,从源头减少诉讼增量,切实推进审判体系和审判能力现代化。

法院探索组建由“员额法官 + 法官助理(诉调对接员) + 书记员”组成的多人诉调对接小组,并在各镇(街道)设立各类调委会,开设品牌调解室,聘请调解人员。检察院专设检察接待窗口及检察工作室,将检察力量融入中心建设,运用动态监督、调解前置等方式,参与诉源治理;探索建立乡村检察官、片区检察官制度,打通检察官调处化解基层涉法涉诉矛盾纠纷“最后一公里”。

(三)分层施策,诉讼调解前置,裁判兜底

矛调中心主动把法院调解工作置于“党政领导、政法主导、社会协同、多方参与、法治保障”的社会大治理格局中,推动矛盾纠纷多元化解。建立健全递进式的矛盾纠纷分层过滤体系,努力推动形成“社会调解优先,法院诉讼断后”理念;县级基层法院已入驻矛调中心,提供调解指导、司法确认、诉调对接、登记立案、简案速裁和涉诉信访线上线下的诉讼服务。矛调中心集合了法官、专职调解员、律师等专业调解员,能够发挥其各自优势,协同解决矛盾问题。矛调中心设立无差别综合窗口,对责任不清的矛盾诉求兜底化解,确保群众诉求“样样有着落”。

矛调中心还组建了以诉前调解员、员额法官为核心的简案快调速裁团队,能够将调解作为前置必备条件,确保能调尽调、诉调速裁。基层人民法院在县级矛调中心能够提供调解指导,即现场帮助调解,远程指导调解,通过推送典型案例、举办培训班等形式,帮助各类调解组织,进行业务指导,提高调解质量,提高调解成功率。调解成功的,经当事人申请,法院对这类案件提供司法确认服务,并在 10 日内完成;调解不成的,如果当事人坚持要通过诉讼解决纠纷的,法院则按照矛调中心诉调对接程序,及时登记立案,并依据“简案快审、繁案精审”标准再次分流。对于简案,入驻法院直接在矛调中心快审快结;对于复杂案件,就像进入医院的“手术治疗”,由法院本部繁案团队精审,切实保障人民群众合法权益。

此外，法院在矛调中心还接受当事人对生效裁判不服的申请再审、申诉信访、执行立案，并可以全链条解决。矛调中心的一体化工作机制，有助于推动矛盾纠纷调解公共资源和服务的整合，推进规范化建设，确保人民群众在全省每家矛调中心都能享受到优质高效的诉讼服务，努力使其成为展示“重要窗口”的标志性工程。

四、矛调中心的配套保障

（一）政法委牵头协调，地方及有关部门协调配合

浙江省绍兴市作为“枫桥经验”的发源地和全国市域社会治理现代化试点城市，有条件、有基础、有责任推动县级矛调中心建设向乡镇延伸。2020 年，浙江省绍兴市 6 个县级矛调中心全部建成并投入使用，市委政法委充分发挥牵头协调作用，各地按照“县级终点站、镇级主阵地、村级触角器”的功能定位，组织开展县镇村三级矛调中心建设试点探索，矛调中心采取实体化运作方式。

为了防止重复建设、资源浪费，按照不重复建设、不多头运行的原则，各镇街矛调中心充分整合镇级综治中心、“基层治理四平台”、便民服务中心、信访代办服务中心、联合调解中心、公共法律服务站等线下线上工作平台成建制入驻。乡镇（街道）信访办、综合信息指挥室整体入驻，整合镇域内纪委（监察办）、政法、民政、人社、卫健等机构、内设科室和对接所属公安派出所、司法所、法庭、检察室以及国土、市场监管、综合执法等站所资源，采取常驻、轮驻、随叫随驻等方式，实行集中统一办公。

各镇街的矛调中心还整合对接政务咨询投诉平台、在线矛盾纠纷多元化解平台、移动微法院、“12309”检察服务平台、人民调解大数据平台、人社一体化经办平台等应用系统，实现矛盾纠纷联动联调、分析研判，推动线下矛盾纠纷化解与线上数据管理有机融合。

（二）多层级、多部门协同，提供“一站式”服务

在浙江省绍兴市三级矛盾纠纷调解联动体系建设中，镇一级是主阵地。百姓有愁事、难事、怨事，不仅有地方说法，还能找到满意的说法。在浙江省绍兴市柯桥区柯岩街道矛调中心，特色调解室、社会心理服务站、律师驻所工作室、诉调对接工作室等次第排列。司法所、妇联、派出所、交警中队、劳动保障所等 10 余个部门派员进驻，其他涉事部门随叫随到。矛盾纠纷从“进门”到化解，形成闭环。调解也不再是一个部门的事，而是由多个部门联合发力。无论是法律咨询、纠纷调解还是诉讼立案，都可以得到一站式解决。工作人员志愿担当百姓的“代办员”。

一窗式受理、一揽子调处、一条龙服务。县区级矛调中心成为矛盾纠纷化解的

终点站。将“多中心”转变为“一中心”，将原来分散在各个部门、互不隶属的矛盾调解功能整合起来，有效防止了矛盾外溢或上行。5G、云计算、人工智能，让矛盾纠纷化解有了更大的想象空间：用“一根网线”联通各种资源、各个环节、各类空间，推动矛调中心从“线下”延伸到“线上”。浙江省绍兴市柯桥区开通了“轻纺城微司法”，纠纷当事人在微信公众号就能申请调解，简易调解事项能够做到“立申立解”“当日申，当日解”。

（三）数字化运作，智能化服务

县级矛调中心建设纳入数字治理大格局，从政法机关“一体化办案系统”到“社会矛盾纠纷调处化解协同应用系统”，不断完善线上线下联动机制，打造社会治理共同体，推动基层治理从数字化到智能化再向智慧化进阶。矛调中心指挥大厅设有实时实景指挥调度的电子屏幕，视频、数据不断滚动，趋势分析一目了然，矛调中心指挥大厅还可现场连线工作中的专职网格员。

以数字化“城市大脑”建设为抓手，把县级矛调中心建设成为社会治理事件处置和社会风险研判的智能平台。运用现代网络通信、大数据信息技术，研发、建设社会治理智慧平台，织密“区—镇街—村社—网格”四级防控网络，打通公安、交警、消防救援等部门信息系统，实现数据互联互通，形成社会治理“块状数据”网络。工资专户停止走账、社保缴纳显示欠费、工商处罚、舆情信息、法院黑名单等数据，能够生成纠纷预警模型。

“在线法院”等实时智能平台，实现了调解板块和诉讼板块的无缝衔接，能够为当事人提供全生命周期的纠纷解决方案，打造成为“一个平台、一次报事、一体联动”线上诉源治理新模式。开发建设“掌上服务”模块，导入各种矛盾纠纷调处化解资源，打造24小时在线矛调中心，健全矛盾纠纷化解的机制，有力推动地方社会治理现代化水平。

浙江省绍兴市柯桥区依托浙江省绍兴市全力打造的集网上受理、网上调处、咨询预选、赔损预测、数据共享五大功能为一体的网上调解系统。“云E”网上调解平台可以实现当事人、调解人、管理员远程视频调解，完成线上音频交互、证据展示、资料共享；通过区镇村“三级视频接访”，可以邀请区镇村干部每日线上接待，律师、法官线上服务，真正实现为群众排忧解难。

五、各类矛盾化解的新机制与新模式

（一）突出“自愿”调解，充分尊重群众意愿

群众有纠纷，自行到矛调中心，或者通过村代办员向矛调中心反馈，基本可实

现矛盾纠纷“最多跑一地”甚至“一次都不用跑”。浙江省绍兴市诸暨市枫桥镇实施矛盾化解甄别疏导机制，推进矛盾纠纷问题分类甄别，将依法处置和自愿调解相结合。对于涉法涉诉、应由司法机关办理的民事侵权案件、不宜调解案件、多次调解无果案件，对相关当事人实施司法劝导，劝导当事人通过司法途径依法维护自身权益。在双方当事人自愿的基础上，整合人民调解、司法调解、行政调解和社会组织调解力量，综合开展多种形式的依法调解工作。对当事人提交的诉求不适合调解或明确表示不愿意接受劝导的，则由镇综治中心牵头，联合派出所、检察室、法庭、司法所进行会审甄别，应当依法处置的直接移交相关政法部门。

（二）强调“流程”运作，构建高效运行机制

人民调解先行、职能部门处置、司法力量托底，是矛调中心高效运行的机制呈现。人民法院准确把握自身在矛调中心的职能定位，做到“到位不越位”，转变以法院为中枢通过诉非衔接方式分流矛盾纠纷的模式。建立健全以矛调中心为枢纽的“科学分类分流、社会调解优先、法院诉讼断后”的运作机制，打造“资源集聚、分层递进”的漏斗式过滤解纷格局，建立属地纠纷镇街调解、专业纠纷行业调解、重大疑难复杂纠纷党委综合调解的诉讼前端多元化纠纷解决模式，强化司法的终局解纷功能，确保法院入驻发挥实效。①

法院充分运用好矛调中心的各类优质解纷资源，积极与入驻矛调中心的公安、司法、仲裁、信访等部门协调配合，推动形成各司其职、各负其责、顺畅协调、联动配合的工作格局，形成强大工作合力，预防和减少纠纷产生，促进多数纠纷通过非诉方式及时、高效、就地化解。同时，充分发挥法院职能优势和法官专业优势，加强对非诉解纷方式的支持、指导和规范，通过调解指导、联席会商、示范调解、专题培训等方式对调解机构和人员进行专业指导，积极敦促当事人依法依程序办理涉诉事务，避免衍生案件进入法院。

（三）强化“兜底”落实，确保矛盾纠纷调解效果

矛调中心运作紧紧围绕以“矛盾不上交、平安不出事、服务不缺位”为核心的新时代“枫桥经验”，打造现代警务机制，努力实现矛盾纠纷到县（区、市）就是终点站，确保群众有地方“要说法”，诉求有人帮忙，问题有法解决。在矛调中心的运作上，充分践行调解文化，努力调动主要领导、行政、司法、专业组织、社会组织等各方

---

① 参见李丹丹：《为了这件事！唐学兵院长走遍绍兴的矛调中心……》，载澎湃网 2020 年 5 月 21 日，https://www.thepaper.cn/newsDetail_forward_7497292。

力量,充分发挥考核的指挥棒作用,切实推动矛调中心各项工作真正落地见效。

六、矛调中心的社会成效和治理价值

(一)建强基层社会治理阵地,取得改革实效

浙江省绍兴市柯桥区矛调中心的建成、运作,充分体现了浙江省、绍兴市坚持“枫桥经验”基本精神,科学把握矛盾化解的工作规律,坚持把矛调中心建设成为“重要窗口”的标志性工程的使命担当和坚持为民的科学执政情怀。浙江省绍兴市柯桥区坚持一体化联动、全链条解决,强化制度设计,把“最多跑一次”改革的理念、方法、作风运用到矛调中心建设全过程,形成了各级各部门各司其职、齐抓共管的良好局面。各部门工作合作,变集中办公为集中办事,实现了“1 + 1 > 2”的效果。

矛调中心的运作,将“让老百姓遇到问题能有地方‘找个说法’”变成了现实,提升了群众的安全感、幸福感和获得感。矛调中心以现代科技为驱动力,用好数字科技,更好地推进了基层治理实践,发挥了风险治理的集成效应。在基层社会治理中,矛调中心坚持把握关口前移、便民利民、因地制宜、因时制宜的工作导向,切实建强了乡镇主阵地,筑牢了“矛盾上行的堤坝”。

(二)建成科学化三级矛盾纠纷调解运作机制,提升治理效能

浙江省绍兴市把矛调中心建设作为市域治理主要内容,建立起县、镇、村三级矛调体系,充分运用“智慧治理”创新成果,实现“小事不出村,大事不出镇,矛盾不上交”的目标。矛调中心健全了上下联动、内部流转、社会参与的工作体系,形成了一整套行之有效的工作体系,打通了服务群众的“最后一公里”,能够更好地把制度优势转化为治理效能。

据权威部门透露,镇级矛调中心全覆盖后,社会矛盾纠纷和信访总量逐年下降,万人成讼率逐年下降,调解参与率、就地化解率逐年上升,人民群众获得感、幸福感、安全感逐年提升的“两降低、两提升”,使90%以上矛盾纠纷化解在镇、村两级,把矛盾解决在萌芽状态、化解在基层,不断提高市域社会治理现代化水平。① 矛调中心村分中心建设落成,驻村民警、村干部、网格员当起了“代办员”“调解员”,为村民排忧解难,从制度、机制上切实守牢、守好村级矛盾纠纷化解的“第一道门”。

---

① 参见谢一舒:《绍兴实现乡镇街矛调中心全覆盖》,载浙江之声网2020年7月2日,http://www.am810.net/7226926.html。

（三）改进公共服务，群众满意度提升

县级矛调中心激活了县域部门与镇街村社的“一盘棋”，架构了党员干部与人民群众的“连心桥”，连接了基层治理与云上浙江的“驱动器”，实现了“网上联动，云端响应”。县级矛调中心致力于构建新时代“平安枢纽”，打造基层社会治理的“桥头堡”、矛盾纠纷解决的“终点站”，推动点线面结合、一体化联动、全方位延伸。

矛调中心将群众信访和矛盾纠纷吸附在当地、解决在当地，形成“一中心、四平台、一网格”上下贯通、左右联动的县域社会治理体系，提供接访、诉讼、调解、劳动仲裁、行政复议和公共法律服务等综合服务，整合发挥调解、仲裁、行政裁决、行政复议等非诉解决方式优势，努力把矛盾纠纷化解在诉访之前。

实践证明，矛调中心建设是深入推进矛盾纠纷源头化解工作的重要载体，是提升市域社会治理体系和治理能力现代化的有效途径。它带动“党委领导、政府负责、民主协商、社会协同、公众参与、法治保障、科技支撑”的社会治理体系，不断提高社会治理社会化、法治化、智能化、专业化水平，努力打造社会治理共同体，不断推进社会治理现代化。

（四）节约社会成本，促进社会和谐

在矛调中心建设上，绍兴市、柯桥区因地制宜对矛调中心进行功能优化，将矛调中心划分为诉讼服务、法律服务、劳动仲裁、联合接访等功能区块，服务“集成化”，并以县级矛调中心建设为牵引，深入推进社会治理领域“最多跑一地”改革，将矛调中心的功能定位为信访和矛盾纠纷调处化解平台、社会治理事件处置平台和社会风险研判平台，实现继承传统与集成创新统一、顶层设计与基层探索互动、资源整合与机制融合并重。

矛调中心通过提供“一站式”服务，实现“走进一个厅、事情全办清、怨气全消停”。矛调中心的建设和流程化、实质化运作工作的开展，形成了矛盾纠纷“联调”“速裁”的良好局面，有效提升了社会治理的效率、效果。矛调中心的多元化矛盾化解机制，有效集合各类公共资源参与社会治理工作，为群众参与社会公共治理搭建了平台，调动了群众参与矛调工作的积极性、主动性。矛调中心的建设，充分发挥了矛盾纠纷前端化解的高效率、低成本优势，为让更多的纠纷化解在基层、诉前起到了不可替代的作用。

第三节 从“矛盾不上交”到“矛盾风险治理”

一、“矛盾不上交”的历史回放

1963 年,全国社会主义教育运动轰轰烈烈地进行,浙江省诸暨县枫桥镇首创的“矛盾不上交,就地解决”经验引起全国关注。当时,诸暨县枫桥镇通过充分发动和依靠广大干部群众,开展说理斗争,在未经过武斗更未捕人的情况下有效制服了非捕不可的“四类分子”。这一经验符合中国熟人社会的治理逻辑,因治理有效而得到毛泽东同志的批示和肯定。

20 世纪 80 年代,枫桥镇积极面对复杂多变的新形势和涌现的新问题,在大力发展经济的同时,实施社会治安综合治理,依靠和发动群众管理治安,创造了化解矛盾的“四前”工作法、“四先四早”工作机制,组织群众预防矛盾,教育群众减少矛盾,依靠群众化解矛盾,实践形成了“党政动手,各负其责,依靠群众、化解矛盾、维护稳定、促进发展,做到小事不出村,大事不出镇,矛盾不上交”的成功经验,使“枫桥经验”成为社会综合治理、维护社会稳定的典范。

进入 21 世纪,枫桥镇干部群众以学习推广新时代“枫桥经验”为抓手,狠抓平安建设、法治建设,坚持“枫桥经验”基本精神,贯彻、实践党的群众路线,推动平安社会建设。党的十八届三中全会以后,浙江省绍兴市各级地方党委、政府以乡村治理现代化、基层党建引领基层社会治理、社会组织参与基层治理、村规民约推进协同治理、“互联网 +”社会治理、基层治理信息化等为载体和切入点,以信息化、大数据为驱动力,全力打造“枫桥经验”升级版。枫桥镇积极推进基层社会治理创新,在实践创新中坚持和发展“枫桥经验”。

二、从“小治安”向“大平安”转变

“小治安”的突出思维方式是化解“已经存在”的矛盾,为典型的“存量”治理方式方法,对于维持社会稳定具有针对性。但是,在“事前”管控的角度,“小治安”方式捉襟见肘,效果不佳。“新枫桥经验”既重视对存量矛盾的处置,又着眼于隐患问题的治理,防患于未然,实现了从“小治安”向“大平安”转变。

(一)以组织化途径拓展居民活动空间

浙江省绍兴市枫桥镇传承了计划经济时期生产大队经常举办集体活动、娱乐活动,经常开大会的优良传统。枫桥镇组建了枫江书画社、花木盆景协会、油画协

会、古玩协会等，以各类社区组织团结、凝聚居民，实现对居民组织上管理、思想上引导、生活上指导、情感上疏导、行动上教导，通过社会组织对居民实施日常教育。一些村社居民还参加了“红枫义警”、“枫桥大妈”互助联合会、消防志愿者协会等维护社会稳定、提供社会服务的社会组织，不仅实现了社会力量的集聚化、再组织，而且实现了民众的动员，提高了民众自我组织和自我服务能力。

(二)开启情感管理模式，促进共识形成

情感管理模式的主要措施是搭建居民的共述平台，重塑集体记忆。枫桥镇依然保持定期举行“平安议事”活动的习惯，让干部、群众尽情地说心里话、提问题，有针对性地展开讨论，对那些“破坏团结”“不讲公德”的行为进行集体评判，揭露不法行为和丑恶现象。枫桥人以地方旧事、名人事迹、传奇人物故事等增进集体记忆，比如以“破缸而逃”“枫桥三贤”等故事和人物塑造枫桥人的共同情感，让情感将居民凝聚起来，从而有效预防矛盾的滋生；即便是存在纠纷，也能够以共同情感的方式加以化解。

(三)重塑政府、干部和社区民警与群众的关系

从经验上看，很多社会矛盾源于公共权力与人民群众之间的沟通不畅，所谓“干群矛盾”“警民冲突”等都是由缺乏互信造成的。重塑关系为预防问题激化、化解冲突提供了前提。枫桥镇的做法是党委、政府、干部和社区民警坚持群众路线工作方法，要求社区民警每周至少走访20户，基本掌握枫桥镇的社情民意，满足社会治安防控工作需要。亲密的警民情感联系，为各项治理和服务工作顺利开展奠定了基础，对矛盾纠纷事件和情感心理同时进行了“疏导”，将可能产生的风险前移化解。

(四)科技广泛应用于矛盾风险治理

在浙江省绍兴市，矛盾风险治理不仅融入了“情感”“关系”“权威”等要素，还有效借用了现代技术，为增强治理能力、提高治理效率提供了科技支撑。

在数据化治理方面，推动建立开放式、去中心化的数据体系，实施“互联网＋”的社会安全治理模式。以数据化技术管理和“读取”基层社会，建立以数据驱动为基础的治理机制。实施可视化精准管理，将大数据、人工智能引入基层社会治理，实现由“管人”、“管物”到“管数”的转型，以虚拟管理技术提升对社会的可视化精准管理能力。

智能化平台建设成就突出。浙江省绍兴市将科技广泛运用于公共安全保障、社会治理防控、风险应急管理、矛盾纠纷化解等领域，推动社会安全治理从被动安

全管理向主动安全治理模式转变。

在调查研究的应用方面，浙江省绍兴市既注重定性调查研究的科技应用问题，也注重从国家治理和群众情感交流的角度调查研究问题，同时通过问卷调查、统计分析、模型构建等定量调查研究，推进基层治理。

在联结领域建设方面，浙江省绍兴市善于创建和创设联结政府和社会的联结载体。让基层派出所、社区居委会等社会组织成为“国家力量”和“社会力量”的双重代表，使这些治理主体兼具“国家在场”和“社会支持”的双重属性。

在仪式规范应用上，浙江省绍兴市充分发挥仪式规范的规则属性和联系属性的双重作用。浙江省绍兴市公安局将过去、现在和未来联系在一起，给参与者带来共同的心理和情绪激发，促进参与者之间凝聚力和认同感的形成。

当然，过分强调技术治理，也可能会导致“过度技术化”“过度专业化”“过度绩效化”问题，而过分突出治理程序、流程再造，可能造成对社会主体教育塑造和公共价值创造的忽视和弱化，反而会使基层治理陷入新的治理困境之中。对于新时代“枫桥经验”来说，要将情感治理与科技治理进行嵌入融合，积极构建“科技”与“情感”嵌入融合的衔接机制，充分发挥“调查研究、联结领域、仪式规范”的衔接作用。

三、探索“三治”合一的实践路径

由“矛盾不上交”拓展为“矛盾风险治理”是一个创新拓展的显性过程，赋予了“新枫桥经验”以新时代市域社会治理的新属性。那么，这个创新拓展的经验表现在哪些方面呢？浙江省绍兴市从镇级层面落实“三治”合一，形成了宝贵的镇域社会治理新经验。

（一）以“自治”为基轴，确保基层社会治理运转顺畅

推动镇村两级综治中心建设。浙江省绍兴市枫桥镇严格按照“强中心、带全局”的要求，不断推进镇村两级综治中心规范化建设。全镇建成镇级综治分中心3个，村级综治中心29个，企业综治中心32个，快递行业等新型综治组3个，拥有各类综治组织成员360余名，治调、巡防等配套组织成员1600多名，积极推动“枫桥式公安派出所”“枫桥式人民法庭”“枫桥式检察室”“枫桥式司法所”建设，依据“全国示范、全省一流”的要求，自我加压开展专业化建设。

实现村务、居民事务和公共管理大融合，促进“最多跑一次”改革落地。居民事务千头万绪，诉求多样，很多事务往往无法在自治范围内解决，给居民造成了困扰。浙江省绍兴市枫桥镇将“最多跑一次”事项下放到镇行政审批服务中心办理，

推动办事流程优化。比如,实施“一窗受理,集成服务”,率先试行“一证通办一生事”,简化办事流程,将事项办理时间缩减50%以上;积极推进“城乡通办”,使群众足不出户、不出村就能办好事,真正做到“民有所呼、我有所应”“民有所需、我有所为”。

促进自治层面的协同治理。越是基层治理,越是需要协同机制。浙江省绍兴市枫桥镇现有专兼职网格员670多人,党员网格员占62.54%;实行社会组织党建工作三级组织架构,在镇“两新”工委领导下,设立中共枫桥镇社会组织服务中心总支委员会,下设实体支部3个,在实体支部基础上新增功能型支部3个,积极推进社会党组织建设。以“志缘、业缘、趣缘”为纽带,组建志愿公益党组织、经营之家党组织和趣缘党组织等功能型党组织3个。

(二)挖潜和创新德治方式

党建引领的政治濡化。党具有政治濡化的优势条件,也具备政治濡化的资源支持。浙江省绍兴市枫桥镇依靠党的政治优势和组织优势,积极发挥党组织对社会治理资源的整合作用,充分发扬“枫桥经验”核心优势,推动镇域社会治理多中心建设。通过联系群众、组织群众、带领群众,团结和凝聚群众,创新性地开展了干部“进村赶考”专项行动、机关干部“返乡走亲”、党员干部“结对联户”交心等,拉近干群距离,用脚步丈量民情,让干部走向一线,在第一时间从源头上解决矛盾和群众诉求。党建引领的政治濡化既拉近了干群关系,又提升了矛盾风险治理效能。

引导社会行动,塑造社会新规范。其中,党建引领扮演着政治优先的角色。比如,通过在社会组织中成立党支部,实现党的基层工作全覆盖,以“党员亮分、亮牌、亮业绩”的“三亮”活动为载体,以党员先锋模范作用引导社会组织行动,以党内法规和国家法律塑造社会规范。这一引导的效果已经开始显现,枫桥镇培育和发展的社会组织共有278个(镇级社会组织52个,村级社会组织226个),对于服务社会起到了积极效果。

与此同时,在公民个体层面引导社会行动也起到了显著效果,仅浙江省绍兴市枫桥镇的志愿者人数即达2.3万余人,占总人口的32%,他们的行动对社会的影响力可想而知。另外,浙江省绍兴市枫桥镇依法登记的枢纽型、支持型社会组织有3个,即枫桥镇社会组织服务中心、枫桥镇社会组织促进会和枫桥镇乡贤联合会。2017年,浙江省绍兴市枫桥镇首次召开了社会组织发展大会,建立了社会组织服务中心和社会组织党总支,设立了专门辅助基金,实施公益创投,在社会上引起了良好反响。

“三社联动”助推社会治理。德治成效的重要指标之一是社会风气。在共建共治方面,浙江省绍兴市枫桥镇努力推动社区、社会组织和社工“三社联动”,引导社工、社会组织骨干参加专业培训、考试,指导社工广泛参与社区矫正、社区禁毒等治理工作,使社工成为帮教性工作主要力量,并鼓励社工参与秩序整治、妇幼维权、留守儿童关爱等活动。在专职社工方面,浙江省绍兴市枫桥镇专门组织招聘,培训村级行政审批“代办员”社工专职从事“最多跑一次”改革。

在“新枫桥经验”中,义警组织是一大亮点。为了弘扬“崇法尚义、积安向善”的义警精神,构建人人有责、人人尽责、人人享有的社会治理共同体,绍兴公安制定出台《关于进一步加强平安类社会组织培育管理的实施意见》,建立义警服务中心、义警总会等义警培养基地,广泛吸收律师、网格员、乡贤、保安、退休党员参与义警队伍建设。

激励新乡贤参与。德治需要示范机制,为了吸纳乡贤精英参与乡村治理,浙江省绍兴市枫桥镇成立了镇级乡贤联合会,各村成立村级乡贤参事会,吸收乡贤320多名。浙江省绍兴市枫桥镇积极引导乡贤参与民主决策,发挥各自优势,使其协助谋划和处理公共事务,推进公众议事决策,确保重大决策公开、透明。(1)建立乡贤资源库。开展“走近虞籍乡贤”等活动,把一大批作风优良、敢于仗义执言和主持公道的老干部、老民警、经商能人等纳入“乡贤资源库”。开展全要素育贤、全景式用贤,开展“最美乡贤”评比活动,力推乡贤回归,提级“乡贤治理”。(2)矛盾化解发挥作用。发挥乡贤特有的亲缘、人缘和地缘优势,实现矛盾纠纷源头治理、标本兼治、就地化解。(3)乡贤参与平安建设。坚持共建共治共享,建立乡村“1名驻村民警+1名乡警+N名乡贤”的最小警务工作单元架构,充分发挥社区民警牵头抓总、乡贤建言献策作用,汇聚最大合力提升服务群众水平。[①]

(三)加强法治建设,有序推进社会治理制度化进程

加强基层公共事务的议事制度建设。根据《村民委员会组织法》和相关政策规定,浙江省绍兴市枫桥镇枫源村创造了“三上三下”议事决策制度,体现了民主协商精神,彰显了法治精神,现已经在全市范围得到推广。浙江省绍兴市进行的其他制度化社会治理也是有声有色,如开展的“五议一创”(议安全防范、议矛盾调处、议案件办理、议普法宣传、议警务工作、创平安社区)平安议事模式也具有法治

---

① 参见《源头活水清如许——浙江公安在坚持中创新发展新时代“枫桥经验”》,载新华网,http://www.xinhuanet.com/politics/2018-11/13/c_1123708013.htm。

特色。此外,开展重大事项风险评估,以专业机构结合民意征集的形式广泛收集意见,及时化解社会稳定风险点,都取得了积极效果。以法治为基础的议事制度充分尊重民意、吸收民意、表达民意,有效吸引了居民参与,得到了群众的认同。

完善村规民约治理体系。浙江省绍兴市枫桥镇党委、政府深入推动各村修订村规民约,对村风建设进行治理,对不讲规矩又够不上违法处罚的行为进行制约,依情节轻重给予处罚:对情节较轻者批评教育、舆论谴责;对情节较重者微信曝光、黑榜公布;对情节严重者取消资格、要求损害赔偿等。

完善基层法律服务体系。通过"12·4"法治日宣传活动、法治大讲堂等弘扬法治精神,高标准建设公共法律服务站,整合律所、辖区法律服务资源,设立窗口为群众提供法律服务,与市法律服务中心建立视频连线,将枫桥法庭与行政村进行QQ视频连线,分别为群众提供可视化法律咨询和专业法律问题解答。枫桥法律服务所把名片发至行政村,及时提供法律咨询,提供人性化、援助性、救助性司法服务。

建立公共法治建设体系。枫桥全镇有国家级民主法治示范村2个,省级民主法治村(社)3个,市级民主法治村(社)30个。村(社)依托法治大讲堂、法治讲座、下乡普法宣传等开展法治教育,注重从源头预防矛盾纠纷,以案说法,依法育人。

推动警务治理规范化建设。浙江省绍兴市诸暨市、嵊州市、新昌县坚持党建引领、政治建警,扎实推动党建工作制度化、规范化。浙江省绍兴市诸暨市公安局工业新城派出所以"民意警务"为导向,充分"依靠和发动群众",把政治建警放在首位,推动党建工作制度化、规范化和常态化。通过创建"六有"基层组织、打造"六常"党建品牌、开展"六一"系列活动,推动公安队伍全面、协调、可持续发展。坚持实战、实用、实效原则,推行派出所警务改革,实施情报主导、精准指挥,科学布警、精准勤务,整合力量,精准打防。依托"越警管家"平台建立警民在线常态互动机制,畅通民意感知渠道,优化公安服务举措,提高群众满意度。

开展形式多样的法治文化建设活动。浙江省绍兴市枫桥镇党委、政府始终坚持以文化人、以文惠民的原则,构建法治文化的氛围。主要做法有:大力弘扬"三贤文化",积极修缮推广梁焕木纪念馆、枫桥大庙等红色教育基地,弘扬革命精神,推动村文化礼堂建设,定期举办讲座培训,开办文艺会演、文明传习,举办年度最美枫桥系列先进表彰活动。此外,积极推动矛盾纠纷化解的法治宣讲活动,在群众中弘扬法治文化,筑牢法治思想根基。

四、建立社会矛盾多元化解模式

立足市域治理现代化建设战略全局,依据"党政统领、公安主责、部门协同、保障有力”的标准，争取全市各级党委、政府和有关部门、多方力量的支持，建立社会矛盾多元化解模式。自 2019 年以来，浙江省绍兴市委、市政府出台《关于坚持发展新时代“枫桥经验”全面加强“枫桥式公安派出所”创建工作的通知》《全市公安基层派出所和交警中队营房建设三年规划(2020—2022 年)》等系列文件，并落实政策、队伍、经费、装备等各方面保障和奖励措施。2018 年绍兴公安出台了《创建“枫桥式公安派出所”实施方案》《推广枫桥警务模式三年行动方案》等系列文件；2020 年制定了加强新时代公安派出所工作 1 号文件和深化“枫桥式公安派出所”创建方案等 25 个文件，列出新时代派出所建设 17 类 63 项，创建枫桥式公安派出所 7 大类 35 项，创建评估办法 7 大类 49 项，“扬旗”行动 4 大体系 26 项等一系列任务，逐一明确了时间表、路线图，以清单方式加以推进。

(一)坚持“人民本位”理念，创新“群众路线”应用模式

1. 树立“群众事务无小事”观念

浙江省绍兴市全力推进“破小案、办小事、解小忧、帮小忙、惠小利”的“五小工程”，强势推进反诈、治堵两件民生实事工程。实行“五议一创”，深入开展“向人民报告、请人民评议、对人民负责”活动，实施派出所所长每半年一次、警务站站长每季度一次、社区民警每月一次向辖区群众报告工作、听取意见、接受批评；建立民意回访、民意画像等机制，依托智慧民意感知系统平台，对每起警情、案件、服务等进行全量回访，做到民意感知、分析、处置精细化和系统化。深化“五员三星”行动，坚持“面对面”交流、“键对键”互动、“心与心”沟通，网上网下结合，警民互动，切实增强群众的号召力和影响力。

2. 及时、有效回应群众诉求

坚持民意引领，构建多元化矛盾化解体系。以人民调解工作室牵头成立 580 个大调解中心，逐步形成扁平化、一站式、全流程矛盾纠纷排查调解工作模式。依托“智慧公安”和“管家式”警务改革，全面推动矛盾大调解。

努力构建立体化治安防控体系。比如，以“654 了我事”社区工作法提炼社区工作职责，利用“警务通”移动接处警辅助警务工作，以“五勤工作法”创造良好社会环境。在打击违法犯罪等警务工作中最大限度征求民意，以“每案必研、每案必侦、每人必研、每逃必追”的“四必”机制解决人民群众最关心、最痛恨、最反感的问题，坚持大案要案小案必侦必破，深入推进无诈、无邪、无案等系列创建活动。

完善市、县、镇、村四级反诈体系，持续推动严打盗抢骗、黄赌毒和食药环等违法犯罪活动，做到打得狠、防得严、管得住、控得牢。积极探索“枫桥式刑警队”经

验,全面实施“平安护民”工程。

3. 开展驻点、结对、帮扶工作

实施机关民警“一对一”联系村社制度,率先推进“联千村访万户”活动,全面推进乡警回归,配合辖区民警做好群众工作。利用微信、钉钉等软件打通警民联系通道,推动派出所民警建立和加入群众群组,加强网上互动,打造“网上枫桥经验”品牌。通过走访,收集大批民众呼声,解决大批民生实事,构建“两喊一不叫”生动型警民关系,加深警民鱼水情。

(二)矛盾风险的预警与处置模式

预警是矛盾风险治理的先导性环节。在重大风险信息处置、集体访联动处置方面,浙江省绍兴市委政法委联合制订重大涉稳风险信息处置机制,与信访部门联合制订信访重点人员及规模性集体访联动处置机制,依托稳控中心,建立风险隐患常态排查、三级评估、及时流转、挂牌督办、销号推进等闭环处置流程,有效化解风险隐患。

风险排查是矛盾风险治理的前置环节。浙江省绍兴市实施社区警务网、“四个平台”网、虚拟社会网“三网”联排,横向到底、纵向到边实施全时空、全领域排查机制。(1)通过社区警务网实施一站式排查,将常态排查与集中排查相结合,将排查风险隐患落实到走访、巡逻、接处警、走访等滚动排查之中,实施专项精准排查。(2)依托“四个平台”,整合全市2万多名保安员、1738个村社治保组织和108支平安类社会组织等,强化涉稳风险隐患排查,延伸情报信息触角。(3)实施虚拟社会网数据式排查,建立网上巡查责任区,深化网警警务室建设,落实24小时巡查机制,利用大数据技术,对辖区内网络论坛、社交软件、电商平台等进行常态监测,全面抓取、深度嗅探数据和案件线索。实施社会风险隐患提前介入化解机制,实施全域推广,做到社会风险隐患前置工作遍地开花;以“线上平台+线下走访”,全面防范化解社会风险隐患。

浙江省绍兴市完善了涉稳风险的市、县、所三级评估机制。该机制可以准确预测发展趋势,根据危害程度,将风险等级划分为高、中、低三级。制定出台风险隐患评估标准,量化三个等级具体评定标准,为风险评估提供依据。在风险处置上,建立第一时间流转通报、跟踪化解、督办销号“三层”盯控处置机制,着力破解风险处置不到位问题。在城市社区治理方面,强化“组织力、统筹力和改革力”,培育壮大义警组织,培育社会治安“吹哨人”、平安建设“新警力”等警务队伍,建立乡贤调解组织、校调会、医调会等参与矛盾化解调解。

(三)创新全方位警务治理模式

在实践上,绍兴市坚持理论与实践并重,开展“枫桥经验”55周年调研,提炼形成了以“矛盾不上交、平安不出事、服务不缺位”为核心的新时代“枫桥经验”,探索了“多元化解矛盾、全时空守护平安、零距离服务群众”的机制,拓展了“枫桥经验”的外延。绍兴市全市公安机关在监所警务、交通警务、反恐、警务督察、法治宣建、网上办事、公安信访等领域坚持和发展新时代“枫桥经验”,围绕市域治理任务,开辟工作新局面。

在监所警务方面,坚持“以人民为中心”的人本理念,落实被监管人员人性化权益保障机制,强化制度建设,重点保障医疗建设权益,加强工作体制机制建设,坚持日常管理法治化,积极推进“最多跑一次”改革,改进管教方式、管教方法和机制建设,提高监所管理智慧化水平。

在交通管理条线现代警务模式改革中,以枫桥式交警中队创建和枫桥式车管所创建为抓手,打造以信息化为核心,具有新时代特色的交警枫桥警务模式;利用交管局“1+4+X”情指行一体化合成作战模式,强化指挥“大脑”,打造扁平化警务、合成化警务和服务化警务,加强交警业务实时监测和感知,对路面交通管理进行全面监测、运营分析、指令协调,实现工作标准化、数据化,重点对交通事故、交通拥堵、交通违法、车辆状况、舆情信息、规范执法等六大情况进行分析研判;推动实施网格化巡区管理和全员处警新模式,提升对交通警情、舆情的处置效能;建立轻微交通事故快处快赔机制,实施轻微物损交通事故处理“一件事”改革,探索“自撤自处、联勤联调”的轻微物损交通事故处理模式,推进“互联网+车管服务”。

在少数民族服务管理方面,探索实施少数民族群众“三位一体”网格化服务管理模式,做好管理文章,拓展服务品牌,积极营造少数民族基层治理新生态,全面打造社会面反恐防范新体系。

在警务监督方面,积极打造大数据平台“升级版”,通过融合浙江公安督察实战综合应用平台,①推动形成“大数据督察感知平台”。通过打破多平台壁垒、深化智能化应用和开发研发信息模块,规范工作流程,拓展感知内容,提高督察能力和水平。

---

① 参见《浙江警务督察大跨越:打响“智慧督察”品牌》,载浙江省公安厅网,https://gat.zj.gov.cn/art/2018/12/24/art_1229488108_59079815.html。

在法治建设上，坚持民意导向，创新执法监督评价机制，坚持“刚柔相济”，提升执法效果，出台公安机关执法办案管理中心运行规范、公安机关执法责任层级管理规定、中层领导执法履职规定等规章制度，压实各层级执法责任，强化诉源治理，加强专业警种办案，破解执法中的警民矛盾，强化服务保障。

绍兴公安聚焦“重要窗口”新定位，以“最多跑一次”改革为指引，推进服务能力提升，拓展新时代“治理窗口”。坚持供给需求双侧发力，打造标准化“云上窗口”，积极打造公安网上服务矩阵，为辖区群众提供实时咨询服务。做强“一窗办”、创新移动窗口“延伸办”，聚焦服务质量新需求，在公安信访工作中，紧紧围绕“矛盾不上交”，全面推进信访“最多跑一地”改革。

（四）开展标准化试点试验，创新“情指行”一体化警务运作模式

依托2014年申报的全国首批社会管理和公共服务综合标准化试点，浙江省绍兴市枫桥镇重点推进基层治理综合标准化建设，通过对矛盾化解、公共安全、违法监管、公共服务、民主自治五大方面23个子项目的梳理，制定了基层社会治理标准体系，形成了一套可复制、能推广、内容翔实的操作办法，对社会矛盾风险化解起到了指导作用。

在浙江省绍兴市，“情指行”一体化运转提升了矛盾风险化解效率。实行警种按需入驻，合成“搭台唱戏”，构建事权清晰、科学高效的警务治理体系。市县所按照粗加工、深加工、精加工要求，积极划分情报研判职责；在内部分工上，做到既相互独立，又融为一体。侦查中心、维稳防控中心、舆情中心、反恐中心、督察中心等相互配合、协调，在“1+6”中心运行模式下，由值班局领导牵头、执行指挥和执勤指挥具体负责24小时值守模式。

（五）推广“枫桥式公安派出所”模式

绍兴市级层面主动对接党委政法委，组织、人社部门，将“枫桥式公安派出所”创建纳入城市市域治理现代化考核，市对县、部门的平安考核，定期督导检查，推动创建落地。

在基层派出所，浙江省绍兴市越城区府山派出所坚持政治建警，积极创建“红海棠”党建品牌，实施“1103”党建体系工程，以“六最”为标准，深入开展“最强党支部”创建，打造忠诚担当、清廉和谐的美丽警队；坚持智慧防控，以“智安社区”建设为牵引，联通基层治理“四个平台”，创新民生服务，提升智慧管控能力，打造千年文化、魅力古城的平安卫士；坚持服务民生，打造“邻舍警务”社区警务新模式，

创建民安为本、亲和主动的“邻舍警务”，切实提升群众满意度。① 浙江省绍兴市越城区皋埠派出所以“党政认可、群众满意、警民幸福”为创建目标，培育“党建110”红色文化，打造皋埠派出所“东城卫士”党建品牌。该派出所不断组织开展入党、入警、表彰、拜师等富有仪式感的活动。

为了推动现代枫桥警务创建，做活民意警务，浙江省绍兴市越城区公安分局把“群众满不满意、办事方不方便”作为衡量标准，探索服务举措，让老百姓办事更加安全、放心、便利，大大提升群众对公安派出所工作的满意度。浙江省绍兴市越城区府山派出所还积极做强邻舍警务，践行智慧警务，夯实城市安防基础。依靠民力参与公安工作，在社区、媒体、学校、医院等各单位、行业中组织平安力量，常态化开展“矛盾纠纷化解、邻里守望巡逻、治安防范宣传、法制咨询服务、社会信息采集、风险隐患排查”等六大活动，夯实基层治理基础。②

（六）亮点带动，打造联勤警务模式

根据市域治理现代化要求，浙江省绍兴市统筹推进由网上到网下、从农村到城市、由派出所到警种的警务格局，形成了“枫桥经验”与地方实际相结合的特色行动局面。“红枫义警”“乡警回归”“邻舍警务”“尚明工作室”等大批特色亮点工作，打造出了具有绍兴特色的联勤警务模式。

浙江省绍兴市越城区沥海派出所深入贯彻落实“两队一室”体系框架，在落实“有警处警、无警巡逻、三警融合”实践中亮点纷呈。该派出所创新实施了“一警情三推送三保障”机制，推动警务模式改革；在认真贯彻落实“绍兴19条”的基础上，落实一村一辅警制度，按照“11211”配备“一村一民警二辅警一老娘舅一夜巡队”；积极争取街道支持，深入开展“五员三星”行动，深化“警务夜市”等特色化警务服务，组建“蓝海义警”志愿者服务联盟，切实实现“矛盾不上交”、平安不出事、践行主动警务，实现服务不缺位。

浙江省绍兴市柯桥区安昌镇通过建立联勤警务站、强化义警组织培育等工作，积极打造联勤警务工作站，培育义警组织也成为亮点。由安昌船老大、沿街商户、退伍军人、律师、医护人员、治理积极分子等热心公益事业的人员组成，以“守护百姓安宁、服务安昌百姓”为宗旨，为人民群众提供法律咨询、纠纷调解、民间救援、

① 参见辛闻：《绍兴越城公安：凝心聚力绘“枫警”砥砺奋进谱“越章”》，载中国警察网2023年2月22日，https://news.cpd.com.cn/n12021581/n12021592/223/t_1072254.html。

② 参见《越城区公安分局想群众所想，为城市安防保驾护航》，载绍兴市公安局网，https://ga.sx.gov.cn/art/2019/12/30/art_1488084_41335515.html。

应急救助、防范宣传、交通秩序维护、企业安全生产培训等服务,以实际行动促进社会公平正义,弘扬崇法尚义的道德风尚。

嵊州市公安局黄泽派出所"旗兵义警"的亮点是,发动民力组建队伍化解矛盾纠纷。[①] 该派出所结合实践需求,创意"正能反诈",构建"关系轴、时间轴、空间轴"三轴防御,做实"一项计划",依托"调治结合、调训结合、调普结合、人机结合、虚实结合"五个结合机制,确保矛盾纠纷发现早、处置早。

坚持服务引领,构建"不熄灯"服务体系是浙江省绍兴市越城区皋埠派出所的亮点。在"邻舍警长"牵头下,平安义警队被重组拆分为7支义警小队,成为皋埠派出所特色七彩义警,构建"民警主导、团队协同、部门参与、社会共治"的社会治理工作格局。[②]

浙江省绍兴市上虞区在派出所创建中积极打造联勤警务模式,力推乡警回归是另一个亮点。重华警务站围绕"资源在网格叠加、诉求在网格解决、任务在网格落实",不断创新实践联勤警务机制,通过"部门站所、社会力量、公安警种"联勤,探索"枫桥式"基层社会治理共同体建设,坚持搭建平台,开展联勤警务,创新"党建+综治+警务",一站式解决基层治理一揽子问题;创新模式,提高联勤能力,明确权责,提升联勤质效;倡导三圈联动,实施"三警融合",以重华警务站为驻点,以巡特警、交警、派出所民警"三警"为主体,提升网格内"三警"交通纠违、道路疏导、纠纷化解、人员盘查等综合能力,实现民警单兵作战向协同作战转变,坚持联动联体,倡导共建共治;统筹一站体验,培育壮大平安力量,有效提升群众安防理念。[③]

（七）探索和推广社会心理服务介入

浙江省绍兴市枫桥镇于2017年在全市率先设立镇级心理服务站,推动心理服务教育进学校、进村庄、进社区、进企业。浙江省绍兴市枫桥镇还与心理卫生协会合作,通过购买服务,将心理防范纳入社会综合治理,形成留守儿童关爱、社区禁毒、社区矫正、心理咨询等工作全覆盖,对社区戒毒(康复)人员定期走访,实施心理疏导,为镇村两级心理咨询室提供走诊服务,为有需要的群体提供心理服务。在范围上,实现校园、行政村、社区心理咨询室服务项目全覆盖,对镇村干部、在校生、

---

① 参见《嵊州市公安局黄泽派出所组建"旗兵义警"护平安》,载绍兴市公安局网,https://ga.sx.gov.cn/art/2019/11/20/art_1488084_40369521.html。

② 参见《快看！这个派出所里有"彩虹"！》,载绍兴网2020年10月14日,http://www.shaoxing.com.cn/p/2831955.html。

③ 参见《重华警务站:从联动到联体 探索"枫桥式"基层社会治理共同体》,载绍兴网2020年10月27日,http://www.shaoxing.com.cn/p/2833968.html。

社区矫正人员、重点信访对象实现心理服务全覆盖，建成村级心理咨询室示范点4个。在信访积案化解、社区矫正、社区禁毒和预防青少年犯罪等领域灵活运用心理干预手段，从源头上预防和化解矛盾风险，培育健康社会心态。

五、促进社会矛盾信息沟通共享

（一）开展综治中心网格建设

浙江省绍兴市不断完善镇、片区、村（社、企业）三级综治中心网格，创新实施全科网格；积极推进“互联网+”综合治理，促进基层治理智能化建设取得显著成效。坚持镇村（社）联动、功能集成、反应灵敏、扁平高效的基本原则，深入推进高标准综合信息指挥室建设。以网格员和群众协助收集、视频抓拍、无人机巡查等方式采集信息，统筹平安通 App、平安浙江 App、“古镇枫桥”微信公众号等信息渠道，统一收集、管理、应用，并增加数据分析、管理考核等功能，优化实施全科网格，提升对社会问题隐患的接触面和敏感度。高标准建成的综合信息指挥室专职负责信息上报、分析、流转、指派、考核等工作环节，确保网格、村社与镇党委、政府无缝衔接，实现信息来源多元化、上报流转信息化、指挥调度扁平化、管理服务精细化、事件处理专业化、绩效考核制度化，有效确保在第一时间处置问题，最大限度地解决问题。

（二）积极打造现代警务模式，推进“整体智治”

浙江省绍兴市各级公安机关在绍兴市公安局的统一部署下，紧扣大数据、云计算、人工智能、5G 时代发展脉搏，主动创新求变，根据浙江省公安情指行一体化“三合六全”工作体系建设要求，面向基层社会治理，全面构建以大数据为驱动力的现代警务体系。①

1. 加强公安大脑建设，实现警务资源调配多跨协同

市县两级公安机关依托情指中心建立了“1”个情指行合成作战指挥中心，设有侦查、反诈、维稳防控、反恐、舆情、督察“6”个中心，按需设立交管中心“X”个，并在全市 94 个派出所设立综合指挥室。“1+6”中心以情报、指挥为核心业务，市局从国保、经侦、技侦、网安等 15 个警种抽调 200 多名人员的警力全勤进驻，实行 7×24 小时值守，开展常态化情报收集研判工作，无条件实时支撑作战，建立最小作战单元，即时响应。围绕“做精机关、做优警种”，坚持整体、系统、关联、融合的理念，通过体制不变、结构重组的方式，跨部门、跨警种组建大政工、大侦查、大治

---

① 参见《绍兴市公安局 2021 年工作总结及 2022 年工作思路》，载绍兴市公安局网，https://ga.sx.gov.cn/art/2022/1/10/art_1229452573_3903931.html。

安、大监管、大警保等大部门警种。通过四项基础性改革，打通情指行“最后一公里”。开展派出所警务机制改革，打造城区派出所“一室两队”、集镇派出所和农村派出所的“综合指挥室 + N(站)”，推行社区民警专职化，实施一警多能，多警融合、网格布警，推进网上网下公安政务服务机制改革，建设网上网下服务队。

2. 实施数据驱动，完善一体化合成作战平台

(1)依托“双十工程”“雪亮工程”建设，全面接入全市视频、人像卡口、车辆卡口、智安小区等前端感知单元，全面汇聚公安、政务、社会、互联网等各类数据，实现公安机关对社会的全方位、全时空感知。(2)实施一网应用和双擎驱动。通过板块化运作、集成化应用，开发实战模型，实现“一图展示、全局共用，一点发起、全网支撑”。建设视图智能引擎，实时解析人脸图片、车辆图片，建成存储量达 7.6PB 的数据智能引擎，汇集健康码、安心码等 56 大类 440 小类 980 亿条数据，实现实时上云。(3)全面推广绍兴公安智慧调度“1 + 6”系统，研发三位一体化平台，一图展示网格警情、警力，实行一警情三推送三支撑，有效提升接警效率，打通综治“四平台”，实现非警务警情分流处置，减轻基层负担。(4)完善情指行一体化运作机制。依托“1 + 6 + 7 + X”与相关警种开展一日三会商，每周由公安局领导召集分管中心会商周工作情况，每月由党总支书记召开“1 + 6 + 7 + X”月工作例会。专门出台关于规范预测预警预防体系运行的相关方案，明确“6 + X”中心牵头负责政治安全、社会稳定、经济金融、社会治安、公共安全、互联网六大领域研判预测预警工作。内部请求全天候响应，利用电子签章系统，实现审批网上流转、结果实时反馈，做好内部零跑腿。

3. 深化网络综合治理

浙江省绍兴市探索“互联网 + ”监管工作模式，深化网上“枫桥经验”建设；强化网上巡查研判，建立网上内容协调处置机制和各级网安警务联络机制，推进情报挖掘研判，做到“矛盾不上交”；构建了多层级、网络化舆情发现预警体系，完善了跨部门网络舆情分析研判制度。

在浙江省绍兴市的科技应用中，突出民意导向理念，切实提升服务企业、服务群众和服务基层的能力，实现服务不缺位。充分运用《中华人民共和国网络安全法》《公安机关互联网安全监督检查规定》等法律法规，指导各地网络分类管控监管，积极拓展网吧场景的“安心码”认证。

（三）探索科技支撑的应用场景建设

浙江省绍兴市的现代科技应用已经全面铺开，覆盖到村级公共领域。以浙江

省绍兴市枫桥镇的“雪亮工程”建设为例,全镇安装640多个高清摄像头,实现重要部位、复杂场所和农村薄弱地区公共视频监控全覆盖,有效提升了防控水平。在交通秩序监管方面,整合交警抓拍系统,实现对车辆停放及交通事故问题的动态化管理,强化了行业专项督导功能,在快递点及加油站全部加装高清监控,确保24小时实时监控不断点。

借助现代科技,浙江省绍兴市建成了汇集乡镇地理信息的“三维建模”。借助这一技术,能够实景呈现全镇整体面貌,在重点时段、重点位置运用无人机进行信息巡查、反馈。显然,这些技术提升了各级公安机关的应急指挥能力。

第八章 “平安绍兴”市域社会治理新探索

市域社会治理是国家治理体系的重要组成部分,而在当前的治理过程中,往往是由负责顶层设计的中央和执行政策的基层唱主角,作为承上启下统筹协调的市域却略显活力不足。如何盘活市域社会治理是实现国家治理体系和治理能力现代化的一道难题。

浙江省绍兴市公安局以“枫桥经验”为基础,积极推动“平安绍兴”市域社会治理的探索。从治理逻辑看,“平安绍兴”的实现主要有存量建设和增量发展两种模式。存量建设注重政府内部资源的分配与整合,具体实践中治安防控体系构建和扫黑除恶专项行动构成了“常规—运动”的治理内循环。但是存量建设容易落入“内卷化”的陷阱,因此增量发展在于开拓行政资源,弥补存量建设的弊端。培育和孵化平安类社会组织和运用数字技术实现整体智治是其两大重点措施。存量建设为增量发展提供体制支撑,增量发展缓解存量建设的资源短缺,两者相辅相成,共同谱写市域社会治理现代化的“绍兴经验”。

第一节 社会治安防控体系

一、构建社会治安防控体系的现实背景

2019 年 1 月,在省部级主要领导干部坚持底线思维着力防

范化解重大风险专题研讨班上，习近平总书记强调：“面对波谲云诡的国际形势、复杂敏感的周边环境、艰巨繁重的改革发展稳定任务，我们必须始终保持高度警惕，既要高度警惕‘黑天鹅’事件，也要防范‘灰犀牛’事件；既要有防范风险的先手，也要有应对和化解风险挑战的高招；既要打好防范和抵御风险的有准备之战，也要打好化险为夷、转危为机的战略主动战。”①在社会风险中，有两种不确定性事件对社会影响深远。第一种是“灰犀牛”事件，比喻大概率高风险事件，该类事件一开始早有征兆，却由于人们的疏忽大意和放任自流而造成严重后果②，例如全球气候变暖、水资源短缺。第二种是“黑天鹅”事件，比喻小概率高风险事件，这类问题的发生概率非常小，而且人类完全无法探知为何发生以及预知在何时何地发生，而其一旦发生，会对社会造成巨大的损失③。

中国在短时间内迅速实现工业化，同时又迎上信息化发展的潮流，传统、工业化和后工业化三个不同的社会发展逻辑在同一时空背景下叠加和激荡④，对社会治安提出了较大的考验和要求。

出于社会治安“预防”和“控制”的需求，中国政府开始注重建立治安防控体系。社会治安防控体系是指以提升公众对社会治安的安全感和满意度为目标，在政府的领导下，以公安机关为主导，依靠社会力量，充分调动各种资源，通过防控网络和运行机制的建设而形成预防和控制违法犯罪的系统性工程。⑤ 2001 年，中共中央和国务院正式出台了《关于进一步加强社会治安综合治理的意见》，提出各地要针对违法犯罪建立和完善全社会的防控体系。由此，各地关于社会治安防控体系的探索逐渐地出现在中央文件中，社会治安防控体系作为中央治理社会治安的一项重要手段被正式提出。如今，社会治安防控体系已走过了 20 多个年头，制度不断完善，能力不断提高，为防控各种“灰犀牛”和“黑天鹅”事件、实现社会和谐稳定提供了体制性支撑。

---

① 习近平：《提高防控能力着力防范化解重大风险　保持经济持续健康发展社会大局稳定》，载《人民日报》2019 年 1 月 22 日，第 1 版。

② See Wucker M. , *The Gray Rhino: How to Recognize and Act on the Obvious Dangers We Ignore*, St. Martin's Press, 2016.

③ See Taleb N. N. , *The Black Swan: The Impact of the Highly Improbable*, Random House and Penguin, 2007.

④ 参见肖瑛：《风险社会与中国》，载《探索与争鸣》2012 年第 4 期。

⑤ 参见宫志刚、李小波：《立体化社会治安防控体系：从理论到实践》，载《山东警察学院学报》2016 年第 3 期。

二、构建社会治安防控体系的实际操作

党的十九届四中全会明确提出，坚持和完善共建共治共享的社会治理制度，就要“坚持专群结合、群防群治，提高社会治安立体化、法治化、专业化、智能化水平，形成问题联治、工作联动、平安联创的工作机制，提高预测预警预防各类风险能力，增强社会治安防控的整体性、协同性、精准性”。浙江省绍兴市以争创全国治安防控体系示范城市为目标，从以下三个方面高水平、高规格推进社会治安防控体系建设。

一是深入一线开展查控，实现精细化管理。(1)科学进行网格化管理。浙江省绍兴全市范围内以8分钟控制圈为基本要求，以警情、人口数为重要依据，划分勤务网格239个，投入网格警力4509名。网格内警情、警力由综合指挥室统一指挥，规定每周召开网格长会议，每日进行网格碰头会商，以此打通层级、职能和部门之间的沟通，实现“纵向到底，横向到边”的无缝隙化运作。① (2)加强源头治理。绍兴公安积极开展风险隐患大排查工作，每周组织一次集中排查，每月全面摸排梳理一遍，做到提前预防、事先疏导，把矛盾、问题、隐患消解在萌芽状态。② (3)推进清单式治理。清单可以汇集分散在各个部门和单位的信息，实现对全局信息的共享，进而降低工作中的交易成本。③ 浙江省绍兴市对排查出来的犯罪线索、风险隐患、社会矛盾按照相应的问题清单和任务清单分门别类，再根据责任清单，落实所属单位，逐条化解。那些严重暴力犯罪案件和专业性强以及跨地区作案的刑事案件，派出所可根据负面清单，移交专业警种处理。

二是改革警务模式，补齐治理短板。(1)实行项目警官制警务。为了优化营商环境，帮助企业化解各类纠纷，打击侵犯知识产权等违法行为，绍兴公安提出“项目警官制”，项目推到哪里，警务跟到哪里，始终坚持“警务围绕民意转，民警围绕百姓转”。(2)实行背包警务制度。为解决山区或外出不便的群众警务服务难题，建立以社区民警、辅警、网格员为主的“背包警务”，群众可以选择电话或网上预约上门服务，民警及时上门走访解决问题，打通公安与群众之间的“最后一公里”。(3)深入社区警务，实现社区民警专职化。社区民警兼任村社区党支部副书记，辅警负责辖区工作，将警力下沉到最小单元，规定社区民警非值班时间全部下

---

① 参见竺乾威：《公共服务的流程再造：从“无缝隙政府”到“网格化管理”》，载《公共行政评论》2012年第2期。

② 参见龚维斌：《改革开放以来社会治理体制改革的基本特点》，载《中国特色社会主义研究》2016年第3期。

③ 参见付建军：《当代中国公共治理中的清单制：制度逻辑与实践审视》，载《当代世界与社会主义》2016年第5期。

社区开展工作,切实掌握社区民意,提高见警率。

三是加强基层保障,提升战斗能力。(1)加强专业技能训练。浙江省绍兴市开展全警普训,组织基础理论、射击体能、网上群众工作、信息化应用等全警练兵训练。加强警种专训,实现“以比促训、以战带训”,制定专业警种专训方案,落实自训日、射击日、集训日制度。深化协同实训,依托实战场景开展指挥中心、不同警种、基层间协同实训,全方位提升合成战、整体作战能力。(2)扩充警力资源,补齐短板。浙江省绍兴市扩大民警和辅警的招募人数,新录用的民警全部深入基层派出所工作,并规定 3 年内不得随意调动,确保基层有足够的警力保障城市“一社区两辅警”和农村“一村一辅警”政策的落实。(3)提升基层工作待遇。在职务晋升方面,规定县级公安机关基层所队负责人中有不少于 20% 的人可晋升至市级公安机关内设机构负责人,基层派出所副所长一职拒绝空降,应在当地民警中选拔;在薪酬待遇方面,落实基层工作经费,严禁各种形式的克扣,让基层民警享受乡镇工作补贴待遇,扩大表彰奖励范围,基层年度考核优秀比例不得少于 20%。

三、构建社会治安防控体系的发展方向

浙江省绍兴市社会治安防控体系的建设在绍兴公安的不懈努力下,出色践行新时代“枫桥经验”的要求,切实保障社会稳定与和谐。然而,浙江省绍兴市当前的社会治安防控体系的建设还存在诸多不足之处,需要进一步提升与完善。

关于社会治安体系覆盖面的问题。党的十九届五中全会明确指出,坚持把解决好“三农”问题作为全党工作重中之重,走中国特色社会主义乡村振兴道路,全面实施乡村振兴战略。加快完善农村社会治安防控体系建设,确保农村“平安不出事,矛盾不上交,服务不缺位”,是实现乡村振兴的重要前提。然而在实际情况中,社会治安防控体系依旧体现出较大的城乡差异,治安防控体系难以覆盖农村地区。其主要原因在于:(1)农村地域宽广,人口居住分散,交通设施建设薄弱,客观上给治安体系建设造成一定困难。(2)农村警力不足,基层派出所警力的建设略显薄弱,故而很难开展治安防控行动。(3)资金支持不到位,一些经济不发达的村庄很难余存资金来支持治安防控体系的精细化建设。(4)部分农村基层组织对治安问题认识不足,认为维护秩序是公安的职责,与自己没有关系,在日常的工作中忽视社会治安防控体系建设。

针对这些问题,可作出相应改进:(1)加强法治宣传和教育。基层政府应组织法官、检察官、律师等人员下乡为村民普及被害预防知识,包括应注意防范的对象、犯罪人员采取的惯用手段、被害时如何自救的技能等,增强群众的风险意识和防范能力。[①] (2)组织和动员群众参与到群防群治工作中去,培育和孵化平安类社会组织,将一些非专业类警务活动交由社会组织完成。(3)加强基层政府建设,提高村干部的大局意识、风险意识和责任意识,在日常工作中突出社会治安防控体系建设的重要性,对建设比较规范的村庄予以嘉奖。

关于以控为主,忽视预防的问题。我国自然灾害、事故灾难、公共卫生和社会安全等突发事件时有发生,为了提高人民的安全感,实现社会的稳定有序,需要社会治安体系兼顾预防和控制两方面。控制的目的是及时抑制社会治安事件的扩大,使其所造成的损失最小化;而预防的目的是闻“风”而动,将有苗头的问题扼杀在萌芽阶段,避免其发生。然而在实际工作过程中,一些基层工作人员却习惯事后补救、“亡羊补牢”的工作方式,无法做到想在前、做在前、忙在前,导致以控为主、忽视预防的社会治安防控格局产生。

针对这一工作流程的疏漏:一是可以加强对警务人员的培训,增强其紧抓日常工作的责任意识,同时提高其发现线索、解决问题的能力;二是可以在日常的绩效考评中增加预防犯罪工作的评估指标,加大考核力度,落实目标责任制度,促使基层重视这一任务。

治安防控体系的建设表面上是由公安机关负责,但是在日常的工作过程中还需要其他政府部门如生态环境部门、市场监管部门和应急管理部门等协作完成任务。如果各个部门之间无法实现行之有效的信息共享、协调配合机制,那么势必造成行政资源的浪费以及社会治安防控体系的失灵。

针对这一问题,可实施如下措施:首先,按照社会治安防控体系建设的内在要求,规范多元主体的职责,并使其在各自的范围内充分发挥其功能,防止虚化泛化的现象发生。[②] 其次,各地区、各部门之间应建立信息交换机制,实现信息共享,为治安防控体系的运行和改善奠定坚实的信息基础。[③] 最后,在日常工作中,强化区域和部门的联动响应,集体出动,协作解决问题,建立常态化的协作机制,使防控体系真正做到一体化防控。

---

① 参见佘杰新:《农村治安善治方案研究》,载《中国人民公安大学学报(社会科学版)》2020 年第 4 期。

② 参见董士昙:《对立体化社会治安防控体系建设的探索》,载《山东警察学院学报》2017 年第 4 期。

③ 参见宫志刚、李小波:《社会治安防控体系若干基本问题研究》,载《中国人民公安大学学报(社会科学版)》2014 年第 2 期。

第二节　扫黑除恶专项行动

绍兴公安通过做优做强基础管控、智能防控、基层治理、所队建设、基层保障五大方面，推进社会治安防控体系进一步完善。从根本上来说，社会治安防控体系依循的是行政科层化的制度逻辑，即运用网格化管理、目标管理责任制、量化指标考核等一系列行政技术来增强战斗力，[①]社会治安防控体系和扫黑除恶专项行动相互配合，形成“常规—动员”的良性治理内循环。其现实路径主要体现在以下三方面：

一是关注重点领域，实现总体性治理。扫黑除恶专项行动的重点领域有：(1)清扫农村黑恶势力。始终紧盯城郊和农村黑恶势力犯罪，严厉打击渗透基层政权、垄断非法行业、形成区域控制的黑恶势力。(2)强化在逃人员缉捕。严格落实一逃一档工作要求，通过领导包干、建立专班、逐人研判等方式，穷尽手段措施，全面强化在逃人员缉捕工作。(3)清剿“套路贷”犯罪。主动开展“套路贷”犯罪打击专项行动，在浙江全省率先集中收网打击“套路贷”犯罪。(4)整治黄赌毒乱象。常态开展“清风”“三清一创”“云战”系列黄赌毒集中打击整治行动，对若干重点地区进行专项整治。(5)刀刃向内。对包庇纵容黑恶势力的涉案警察严肃处理，绝不姑息。同时积极开展“不忘初心、牢记使命”主题教育，提升广大公安干警的警惕意识和自觉意识。

二是内外整合，有效搜集和利用线索。(1)动员全民积极举报。绍兴全市公安机关线上利用网络平台以及线下运用横幅、标语、宣传牌、电子屏、宣传册等，广泛开展宣传，同时设立专门举报电话、邮箱、网址，建立举报奖励、证人保护等工作机制，对有效举报行为进行嘉奖，发动广大群众举报涉黑涉恶违法犯罪线索。(2)推动公安部门排摸。全警签订扫黑除恶承诺书，落实派出所所长线索排摸签字背书和每周“零报告”制度，开展异地排摸、交叉排摸，坚持线索排摸“四长责任制”，积极压实各级责任。(3)高效线索核查。刚性落实线索核查“三长责任制”、分级分类核查等工作机制。省厅督办以上线索，由副市长、公安局局长签字批办，下发线索均由各地“一把手”局长签字办理，并建立两级公安机关局级领导包干领

① 参见彭亚平：《照看社会：技术治理的思想素描》，载《社会学研究》2020年第6期。

办制度,确保责任到人。(4)提级核查。市局扫黑办从举报线索入手,开展分类分级处理工作,紧盯重点敏感线索,及时对相关重点线索采取提级核查等手段措施,确保线索核查秘密进行,核查深度到底到边,及时依法打处。

三是加强合作,建设协同治理格局。(1)加强部门联动。加速推进社会治安防控、涉黑案件等一批重大案件查办、公共安全监管、网络安全管理、基层组织建设、智能化建设等制度建设,密切和行业主管部门联动,常态落实线索传递、反馈等机制,全市公安机关向金融办、国家金融监督管理、市场监管、交通运输等10个行业主管部门传递监管漏洞建议,进一步压实行业主管部门责任,推动综合治理。(2)加强检法协同。主动适应以审判为中心的刑事诉讼制度改革,重大黑恶案件提前邀请检法机关介入,常态化开展市县两级公检法“大小三长”会商,涉黑案件一律由市级“小三长”会商。(3)加强纪委监委协作。始终把查处“保护伞”“关系网”作为专项斗争主攻方向,案件侦办中发现公职人员违纪违法办案的,第一时间移送同级纪委监委。与纪委监委建立专题会商机制,常态开展日常会商、重点会商和案件会商,及时商请纪检监察机关同步介入,共同抓住幕后黑手。

尽管扫黑除恶专项行动的工作取得了较好的成绩,但是离社会的长治久安还有一定差距,同时其在日常的工作中暴露出一定的问题,需要进一步改善。

第一,完善情报利用工作机制。情报信息是扫黑除恶工作的生命线,因此要全面加强此项工作,建立健全扫黑除恶信息库,将群众举报、案件串并和涉枪线索等全部录入其中,不断扩大情报信息源①,同时充分运用黑恶犯罪研判系统,对黑恶警情、案件、线索落实每案必研工作。第二,优化队伍运行流程。对于不同类型、不同区域、不同群体、不同对象、不同时段发生的黑恶犯罪,应该依据相应专业区别对待,科学严控。② 厘清工作专业职责的划分,特别是理顺扫黑除恶专业队和专业打击队之间指导办案和案件侦办等关系,实现高效协同治理。第三,提升大案要案破案攻坚能力。大力加强对黑恶犯罪的研究,总结分析黑恶犯罪的变化、特点及规律,撰写扫黑除恶典型研究案例供各个部门分析借鉴。规范专案审讯、指定居所监视居住等手段的使用,严格确保办案流程的依法依规,杜绝过度执法行为。加强市县两级审讯攻坚队伍建设,通过理论讲评、实战训练等方式提升审讯专案人员的指挥能力和审讯能力,并在内部建立专家、行家、能手三级分层机制,激励工作人员积

① 参见阎子忠:《关于深化“打黑除恶”工作的思考》,载《公安大学学报》2002年第1期。

② 参见岳平、陈伊韬:《社会治理:黑恶犯罪治理进阶与启示》,载《上海大学学报(社会科学版)》2020年第5期。

极进取。同时针对案件的复杂、严重程度科学调配人手，实现人员运用的帕累托最优。

第三节　平安类社会组织的培育与治理实践

一、平安类社会组织兴起的现实基础

近年来，“枫桥经验”发源地——浙江省绍兴市以建设人人有责、人人尽责、人人享有的社会治理共同体为目标，积极组织和动员群众，成功打造了一支志愿参与群防群治工作的义警队伍。全市共建立平安类社会组织 1009 个，参与人数达 28,000 人，涌现出了“红枫义警”“邻里警队”“点亮一盏灯”“反家暴联盟”等具有较大影响力的社会组织。那么，平安类社会组织为何会在浙江省绍兴市兴起呢？

（一）合作生产相比于常规治理和运动式治理的优势

马克斯·韦伯指出科层制具有专业化、层级化、法治化、非人格化等特征[①]，而这些特征容易导致官僚体制陷入循规蹈矩和刻板僵化等，也就是常规治理的失败。运动式治理通过自上而下地调动所有资源对某些问题或事件进行大规模暴风骤雨式的重点治理，能有效弥补常规治理的不足。但问题是，运动式治理也逐渐被常规治理所同化和俘获[②]，逐渐失去其整合资源、突破集体行动困境的意义，陷入“内卷化”的困局之中。同时，运动式治理也并非万能的，它同样存在能力有限，无法真切解决问题的难题。

常规治理和运动式治理本质上都是一种存量思维，注重体制内部资源的最优配置。但是如果要实现国家治理体系和治理能力的现代化，就必须具有增量思维，运用群众的智慧和力量来实现公共安全的合作生产。合作生产是指常规生产者和消费生产者一起努力。[③] 公安部门以及政府是社会公共安全的常规生产者，但其却面临治理资源不足的困境，因此需要动员群众参与到维护社会秩序的过程中。如上文所述，平安类社会组织能为公安部门提供情报、调解纠纷、协助应急救援等，从而有效缓解基层公安人手不足、能力有限的压力。在合作生产中，公安部门只需

---

① 参见何艳玲：《公共行政学史》，中国人民大学出版社 2018 年版。

② 参见倪星、原超：《地方政府的运动式治理是如何走向“常规化”的？——基于 S 市市监局“清无”专项行动的分析》，载《公共行政评论》2014 年第 2 期。

③ 参见李华芳：《合供：过去、现在与未来》，载《公共管理与政策评论》2020 年第 1 期。

要“掌舵”而不用“划桨”,因而不会卷入“一管就死,一放就乱”的怪圈中去。

(二)枫桥实践的经验积累

“枫桥经验”经历了产生—发展—创新三个阶段①,从“一个不杀、大部不抓、矛盾不上交”到“小事不出村、大事不出乡、矛盾不上交”,再到“矛盾不上交、服务不缺位、平安不出事”,经历了各种复杂现实的考验。无论“枫桥经验”如何随着时代的变迁而演化,其核心要素永远是依靠群众,就地化解矛盾。因此正是在“枫桥经验”这片沃土上,平安类社会组织才能够发展起来。

(三)改革开放以来社会组织迅猛发展的趋势

社会组织是在政府和企业之外,向社会某个领域提供社会服务,并具有公益性、非营利性、自治性、志愿性等特点的组织机构。② 社会组织在政治、经济、文化、社会等领域发挥着不可忽视的作用,其既可以弥补政府在提供公共产品和服务中的不足,更好地满足群众多样化的需求,亦可以帮助社会弱势群体,参与到制定公共政策的过程中去,维护弱势群体的利益,还可以推广宣传公益、慈善、利他的志愿精神,推动社会文化建设。

改革开放以来,我国政府高度重视社会组织的发展问题,政府不仅向非营利组织购买公共服务助推非营利组织的发展,也简化登记管理流程和开启去行政化改革,以提高非营利组织的自主性。③ 党的十九届五中全会指出,要发挥群团组织和社会组织在社会治理中的作用,畅通和规范市场主体、新社会阶层、社会工作者和志愿者等参与社会治理的途径。截至 2021 年年初,全国民政部门共登记注册社会组织超过 90 万个,这表明社会组织日益凸显的功能优势和所倡导的价值观念已被社会广为接受,所以扶持平安类社会组织的发展是顺应时代发展潮流的体现。

二、平安类社会组织的培育和孵化

虽然社会组织呈现出良好的发展态势,但是由于其发展历史较短、社会公共性建设不足、治理网络不完善等诸多方面的因素影响④,社会组织自我发展的内生动力不足,需要政府的培育和扶持。对此,绍兴公安从以下几个方面对社会组织予以培育和扶持。

---

① 参见吕德文:《枫桥经验:基于群众工作方法的检视》,载《科学社会主义》2019 年第 1 期。

② 参见王名主编:《社会组织概论》,中国社会出版社 2010 年版。

③ See Smith D. H. & Zhao T., *Review and Assessment of China's Nonprofit Sector after Mao: Emerging Civil Society?*, 1 Voluntaristics Review 1 (2016).

④ 参见黄晓春:《中国社会组织成长条件的再思考——一个总体性理论视角》,载《社会学研究》2017 年第 1 期。

实施分级联系机制。充分发挥公安牵头作用，确定每位公安局领导和科所队长分别联系1至2家被重点培育在壮大中的义警组织，每月一次到所联系的义警组织走访调研，指导帮扶，送奖上门，看望慰问义警组织负责人或会员代表，切实为义警组织办实事、解难题、送温暖，激发广大义警参与基层社会治理的热情，推动义警组织发展形成良性循环。

推行义警工作积分制管理。依托“枫桥警务—越警管家”义警平台模块，推行义警工作积分制管理，实现义警组织和义警活动信息化、可视化、精细化管理，明晰义警“情报信息员、纠纷调解员、平安守护员、应急处突员、群众服务员”的五大员职责并全部上墙，对表现优异的义警组织和优秀义警进行表彰，以提升其主动性和积极性。

设立红十字会平安（义警）基金。通过政府支持、自筹募集、社会援助等途径，为义警组织蓬勃发展提供必要的资金支持，购置必要的装备设施和商业保险，提供急需的自防自救物品。2020年6月，浙江省绍兴市公安局上虞区分局积极对接区红十字会，设立红十字会平安（义警）基金，首期接受浙江龙盛集团股份有限公司50万元的资金注入，用于表彰奖励具有突出贡献的义警集体、个人，对履职过程中发生伤亡的义警队员和困难义警家庭进行慰问，最大限度地消除其开展工作的后顾之忧。

组建平安志愿服务发展总会。为规范义警组织的培育发展，浙江省绍兴市上虞区积极推动注册成立平安志愿服务发展总会，每年由区财政部门全额保障资金50万元。同时，在浙江省绍兴市上虞区百官派出所重华警务站设立集中办公点，定期举行义警招录活动，开展义警组织注册备案，鼓励广大群众踊跃投身义警队伍，切实搭建起一个学习、服务和交流的平台。

打造义警之家实体平台。为盘活资源，在浙江省绍兴市上虞区百官派出所重华警务站等地开辟专门场所，精心打造“义警之家”，有效整合治安防范共同体、民间救援队、邻里警队等各类组织，开展集中办公。汇聚“3+X”力量，以巡特警、交警、派出所民警“三警”为主体，以义警组织“X”个进行补充，充分发挥派出所领导兼任义警党组织书记的组织优势，通过“组织带动组织”，促进义警组织做强做大。

完善警长制和优秀队员表彰制度。绍兴公安设立义警员、义警长、高级义警长三个层级，义警成员根据自己在提供情报、调解纠纷、维护秩序等活动中获得的积分实现从下至上的晋升。每季度根据巡逻、调解、宣传、线索四个方面，评选出10名“巡逻之星”“调解之星”“宣传之星”“鹰眼之星”。对于义警组织，设立一至五星的义警组织称号。表现出色的义警成员和义警组织由平安基金进行拨款和表彰。

三、平安类社会组织的治理实践

社会组织是社会治理的重要主体和依托,在维护社会秩序、扩大公民参与、承接公共服务等方面发挥重要作用。[①] 浙江省绍兴市平安类社会组织积极参与社会群防群治工作,大力弘扬“崇法尚义、积安向善”的义警精神,认真履行五大职责:

提供情报,做好“耳聪目明”的平安合伙人。平安类社会组织延伸基层公安管控触角,及时上报风险隐患和违法犯罪线索,全力挤压违法犯罪分子生存空间。第一,和“饿了么”平台合作,吸纳外卖小哥进入义警组织,利用其分布广、移动快等优势协助基层派出所破获案件。第二,探索物联自治,整合物业力量,将物联会纳入义警组织,参与风险排查、信息采集、流动人口管理等工作。第三,每村设立治安信息员、平安志愿者队伍、护村队、老年协会等[②],动员农村群众中的积极热心分子搜集情报、服务大众,进而实现基层自治。

调解纠纷,化解矛盾。“枫桥经验”的核心是“矛盾不上交”,实现这一目标依靠的就是群众自我组织起来的调解类社会组织。在浙江省绍兴市,老杨调解中心、调解志愿者协会等一批调解品牌组织积极活跃在民间调解矛盾的活动中。[③] 对于那些未涉法涉诉、暂时不需要由司法机关处理的民事侵权案件、普通矛盾纠纷等,调解类社会组织可以介入,通过平等对话与理性协商来化解矛盾。这样既能缓解司法部门的压力,又能减轻当事人的负担。[④]

守护平安,维持公共场所秩序。学校、公园、医院等公共场所区域范围广且人员流动性大,很容易产生盗窃、医患纠纷甚至恐怖袭击事件,威胁公共场所的秩序与稳定。浙江省绍兴市公安局以构建“共建共治共享”的社会基层治理共同体为目标,积极整合红枫义警、诗路志警、南明先锋队等社会资源,大力开展校园周边巡逻、景区出入口整治等联勤联动活动,最大限度实现义警平安守护效能。在义警组织的努力下,浙江省绍兴市街头虽然人流涌动,但是却井井有条,群众再也无须担

---

① 参见马立、曹锦清:《社会组织参与社会治理:自治困境与优化路径——来自上海的城市社区治理经验》,载《哈尔滨工业大学学报(社会科学版)》2017 年第 2 期。

② 参见姬艳涛、杨昌军:《社会组织在基层治理法治化中的功能及其实现——基于“枫桥经验”的调查和思考》,载《中国人民公安大学学报(社会科学版)》2018 年第 4 期。

③ 参见赵挺:《“枫桥经验”中的社会组织参与》,载《中国社会组织》2019 年第 7 期。

④ 参见王世卿、杨叶锋:《枫桥经验:历史、价值与警务模式创新实践》,载《中国人民公安大学学报(社会科学版)》2018 年第 6 期。

心出行安全问题。

应急处理,参与救援救灾活动。当前社会是风险社会,容易产生各种突发公共事件,这给基层公安带来了巨大挑战。在面对如疫情、地震洪水、危险品爆炸等突发事件时,基层公安的精力有限,无法顾及太多的人。在平安类社会组织中,有些社会组织由退伍军人或者专业救援人士组成,具有较高的抢险救灾能力,若其通过技术和行动介入应急管理的过程中,能充分发挥其价值。[①] 浙江省绍兴市兰亭派出所培育的“战狼”救援队,不仅可以独立开展寻人、救援等活动,还能与公安、应急管理、农业等部门联合开展应急救援活动,提高社会效益。

服务群众,为人民排忧解难。“服务不缺位”是新时代赋予“枫桥经验”的崭新内涵。平安类社会组织可以弥补政府所提供的一般性公共产品的缺陷,心系特殊群体、弱势群体的需求,积极开展各项服务活动。“枫桥大妈”志愿协会针对受家暴女性群体,积极开展法律援助、生活照料、情感慰问等活动;枫桥义工联合会帮助各个村庄行动不方便的老年人免费开展体检、理发、修理小家电等活动,提高老年群体的获得感;枫桥“一米阳光”志愿组织开展社区矫正志愿活动,做好服刑人员心理工作,帮助其以良好的心态积极回归社会和家庭,用行动来实践“恢复性司法”的理念。

第四节　整体智治下平安绍兴的实现

一、整体智治的理论内涵

随着社会的快速发展,大数据在社会治理中的作用越来越重要。然而,当前社会治理的各个领域中,数据被限制在特定领域、行业,相对分散且互不关联,相应形成的数据处理方式是一种“条数据”的处理方式,从而带来数据烟囱、信息孤岛等问题。因此,追求“块数据”治理方式的“整体智治”成为社会治理方式的新目标。[②] “整体智治”既包括“整体”又包括“智治”:“整体”指政府、市场和社会相互协作;“智治”则突出运用数字技术。因此,“整体智治”指的是政府通过广泛运用

---

① 参见陶鹏、薛澜:《论我国政府与社会组织应急管理合作伙伴关系的建构》,载《国家行政学院学报》2013 年第 3 期。

② 参见余敏江:《整体智治:块数据驱动的新型社会治理模式》,载《行政论坛》2020 年第 4 期。

数字技术，推动治理主体之间的有效协调，实现精准、高效的公共治理。①

“整体智治”虽然是一个崭新的概念，但它的理论内涵却源自公共管理领域中“整体性治理”这一经典理论。20 世纪 70 年代以来，针对科层结构僵化和服务效率低下等问题，西方国家以新公共管理理论指导政府再造活动。新公共管理理论强调结构的分散、服务供给的竞争以及绩效激励，其显著提高了公共服务的效率。但是其同时带来了资源浪费、目标冲突、问题转嫁等问题，造成了治理的碎片化。②为了加强协调，解决日益严重的碎片化问题，整体性治理理论兴起。

整体性治理包括治理理念、组织结构、运行机制和服务方式四个方面。(1)从治理理念来看，整体性治理强调对项目的责任感，以公共利益为导向，以公众需求为基础。(2)从组织结构来看，整体性治理试图建立无缝隙政府，克服政府内部各自为政的部门主义，实现跨部门合作。(3)从运行机制来看，整体性政府以公众需求为核心，强调服务的一站式供给。(4)从服务方式来看，整体性政府主张对多元主体参与的公共服务供给格局进行高度控制，同时运用网络信息技术，实现信息公开和共享。③

以协调、整合的方式突破治理碎片化的逻辑其实贯穿于“平安绍兴”市域治理的过程中，如上文提及的从常态化治理到运动式治理的政府内部整合，又如由政府单独维持公共安全到动员平安类社会组织合作生产的政社整合，都明显体现出整体性治理的思路。笔者认为，这种整合方式更多的是一种整体人治，即依靠人的理性思维，运用高超的行政技术来实现整体化。但是这并不能彻底解决问题，反而还会带来更多的问题，如运动式治理趋向于“内卷”，平安类社会组织内生动力不足。运用发达的网络技术，可以避免人为因素的影响，并突破人的有限理性的限制，提升政府的科学决策能力、社会监管能力、公共服务和应急管理能力，实现整体性治理的可持续性和有效性。④

二、整体智治下平安绍兴的实现

2019 年以来，浙江省绍兴市公安局为适应社会稳定新形势和犯罪新形态，大力推进情指行一体化改革，探索建立了情指行“1 + 6 + 7 + X”合成作战体系，主动

---

① 参见郁建兴、黄飚：《“整体智治”：公共治理创新与信息技术革命互动融合》，载《人民周刊》2020 年第 12 期。

② 参见竺乾威：《从新公共管理到整体性治理》，载《中国行政管理》2008 年第 10 期。

③ 参见胡佳：《迈向整体性治理：政府改革的整体性策略及在中国的适用性》，载《南京社会科学》2010 年第 5 期。

④ 参见唐皇凤、陶建武：《大数据时代的中国国家治理能力建设》，载《探索与争鸣》2014 年第 10 期。

打好警种区域整体战，并以此为基础，初步搭建以大数据为驱动力的现代警务模式，有力推进平安绍兴的实现。

在组织架构上，实现“横向到边，纵向到底”。(1)构建“1 + 6 + 7 + X”合成作战体系。市局依托情指中心建立“1”个情指行合成作战中心，内设侦查、反诈、维稳防控、反恐、舆情、督察(民意感知)“6”个中心以及按需设立交管中心“X”个。绍兴全市6个区、县(市)公安局也相应地设立“1 + 6”中心，并在全市各个派出所建立综合指挥室。(2)建设大部门大警种。通过机构整合和重组的方式，跨部门、跨警种组建大政工、大侦查、大治安、大监管、大警保等大部门大警种，减少职能交叉，以完成任务为导向，加强合作。(3)警力下沉。积极构建街(路)面勤务网格，整合巡特警、交警、民警等力量，分区巡逻，多警合作，实现动中备勤，精准防控，有警处警，无警巡逻。

在流程再造方面，实现内外联动，闭环管理。(1)情报流转全面掌控。预测预警预防体系明确“6 + X”中心牵头负责政治安全、社会稳定、经济金融、社会治安、公共安全、互联网六大领域研判预测预警工作。各类情报信息统一由“1”个情指行合成作战中心归口，经甄别、复核、加工后统一在情指行合成作战发布系统共享，并以交办、催办、督办的形式流转于党委政府相关职能部门以及6个中心、警种处置，确保“事不过夜、日清日结”。(2)内部请求全天候响应。利用电子签章系统，实现审批网上流转、结果及时反馈，提升“放管服”改革效能，做到内部“零跑腿”。“1 + 6”中心对不同请求进行分类处理：对于普通请求，规定在24小时内进行研究判断，并及时反馈至原单位；对于紧急请求，组织专业化团队，投入资源，持续跟进。(3)指令落地全过程跟踪。情指行合成作战中心作为“1”负责下达总命令，将任务分解至侦查和反诈等其他6个中心，并对指令的签收、响应和反馈工作进行不定期检查，定期通报结果。“6 + X”则向县级对口中心进一步下达任务，负责监督指导各个领域的基层执行。县级对口单位负责任务的具体执行和落地，及时上报具体信息。

在职责划分方面，统分结合，加强考核。“1 + 6”中心以情报收集、协调指挥为主，为服务和实战提供资源。在内部分工上，“1 + 6”中心彼此既相对独立，又融为一体。(1)“1”个情指行合成作战中心负责体系的日常运行管理和绩效监督考核，牵头组织解决请求发起，并承担重大活动安保支撑、综合性维稳情报研判工作。(2)侦查(反诈)中心主要负责请求服务支撑、案件合成研判、打击治理电信网络新型违法犯罪、接警处置、预警劝阻等。(3)维稳防控中心主要负责社会面信息收集,警情研判,涉稳风险隐患收集、评估、流转、跟踪督办,指导重点人员建档、管控和案件线索推送。(4)反恐中心主要负责基础指导管控、情报线索搜集研判、涉恐案件线索经营打击。(5)舆情中心主要负责舆情监测、分析研判、网评引导和指令落查处置。(6)督察(民意感知)中心主要负责全量访评群众满意度,汇聚民意,通过大数据分析队伍风险隐患,督促队伍整改。

在运行模式上,“1+6”中心常态化管理由值班局领导牵头、执行指挥和执勤指挥具体负责的24小时值守模式,指挥合成处置各类突发事件,同时为警种作战提供支撑,即时响应警种实战请求。任何警种都可按需入驻,在中心平台合成“唱戏”;专项行动按照“谁需要、谁发起,谁组织、谁负责”原则,由专项工作局领导按需召集警种部门进驻,牵头警种具体负责。

三、整体智治的发展方向

从以上平安绍兴的建设来看,在数字技术上实现了跨部门、跨警种的高度协同合作,推动了整体性治理的进一步深化。但是也应注意到,整体智治这一治理模式发展时间较短,在日常工作中运行还不够顺畅,尚与原有体制处在磨合期。事实上,所有的组织变革都是一项长期工程,需要管理者倾注大量耐心,成功的管理者更应该像园丁而非工程师或建造师。① 因此,管理者在日后的工作中应注意以下几点问题:

(一)强化大数据专业人才培育

虽然在以往的智能化建设中培养、锻炼了一批人才,但总体上讲,民警队伍中从事大数据工作的技术人才不仅数量少,结构也不尽合理,尤其缺少既掌握信息技术又了解、熟悉公安业务的复合型技术骨干。

因此,需要强化人才培育,健全人才队伍培育体系,打造精英团队,全面提升浙江省绍兴市公安队伍科技信息化建设与应用能力。一是建立专家智囊团队。在公安内外广募人才,建立信息化咨询委员会参与或指导顶层设计、立项论证、高端科技应用与课题研究等工作。二是打造应用专业团队。联合高校、科研院所和先进信息技术企业,共建大数据人才培育基地,培养一批既熟悉公安业务又精通大数据应用的复合型人才。② 三是提高全警信息化素质。推动公安信息化应用普及和深化,全员培训练兵,全警考试达标,激发全警信息应用技能训练的主动性、自觉性和

---

① See James G. March & Johan P. Olson, *Organizing Political Life: What Administrative Reorganization Tells Us about Government*, 77 American Political Science Review 281 (1983).

② 参见李文彬、陈醉:《大数据时代的地方政府数据应用》,载《行政论坛》2016年第6期。

积极性。

(二)完善信息数据采集与运用制度

在工作过程中搜集到的各类信息,虽然能极大地帮助工作的运行,但是各类信息数据标准不一,价值密度低,又缺乏隐私保护,因此需要强化资源整合,规范基础信息采集。一是坚持标准先行。在数据存储和共享中,严格执行国家、公安部和省厅统一的数据标准,以避免信息孤岛或数据孤岛的现象发生,提高数据利用率。① 二是坚持全面汇聚。按照“应采尽采”的工作要求,进一步拓展数据接入源头,扩大数据整合范围,实现数据全警共用,创新数据共享应用模式。三是建立健全数据采集、维护责任制度。保护人的隐私,对采集到的民众数据设立保存时限,使超过时限的数据自动删除。此外,对数据使用者的痕迹进行留痕处理,使其可以被随时查阅,一旦出现问题,可对使用者问责。②

(三)理顺机制运行

在情指行一体化改革过程中,警种之间磨合不够顺畅,配套机制不够完善,全能型多面手人才缺乏,组织协调各部门、各警种之间的能力有待提高,需要推行配套规章制度,提高信息化实战应用平台的便捷性、可操作性。因此,在未来的工作中:一是严格规范化运行。要落实报告、请示、会商等12项工作制度,要熟悉平时作战和紧急出动两种模式,全时全域掌控全区整体社会面形势。二是形成科学化统筹。“1+6”中心涉及多个部门合署办公,必须明确规定工作职责以及不同部门之间的关系,否则容易导致组织内部的混乱无序③,因此要做到岗位、人员、机制、模式四要素高度匹配。三是推行绩效量化考评。全面推行以绩效考评为主要内容的激励机制,细化中心工作人员的岗位职责,6个分中心(专班)要根据职责梳理工作清单、岗位清单,要分层级实施考核通报,考核成绩计入个人绩效考核和警种的队伍、业务考核。

---

① 参见马亮:《大数据技术何以创新公共治理?——新加坡智慧国案例研究》,载《电子政务》2015年第5期。

② 参见谢治菊、范飞:《大数据驱动民生监察的价值、逻辑与图景——以“T县民生监察大数据平台”为例》,载《中国行政管理》2020年第12期。

③ 参见孔凡义、徐张欢:《合署办公的改革动因、实践类型和发展进路》,载《新视野》2021年第1期。

第九章　绍兴公安市域社会治理的理论与实践意义

在总体国家安全观视域下，绍兴公安为市域社会治理做了积极工作，在治理理念、治理框架、治理机制、功能实现等方面都进行了开拓性探索。绍兴公安坚持“以人民为中心”的发展思想，坚持“秩序优先”①，努力推动矛盾纠纷调解化解，构建和谐安全稳定的社会。

第一节　绍兴公安市域社会治理的理论总结

在总体国家安全观视域下，绍兴模式的理论总结可以概括为4句话16个字，即人民本位、立足警务、协同融合、创新拓展。其中，“人民本位”是治理理念，“立足警务”是治理框架，“协同融合”是治理机制，“创新拓展”是治理动能。

一、“人民本位”的治理理念的确立与展开

（一）“群众路线”的新发展

“枫桥经验”的核心就是坚持党的群众路线。党的群众路线是指党在工作中坚持一切为了群众，一切依靠群众，从群众

---

① 吴新叶：《中国社会治理话语体系的当代建构》，载《中国高校社会科学》2018年第3期。

中来，到群众中去，把党的正确主张变为群众的自觉行动，是马克思列宁主义同党的领导和工作方法相结合形成的根本工作路线。①要坚持好、发展好“枫桥经验”，必须把党的群众路线坚持好、贯彻好。②坚持党的群众路线是“枫桥经验”的重要思想内涵，走群众路线也是新时代创新发展警务模式的基本方法。

在城市社会治理中，绍兴公安认真贯彻马克思主义的人本思想，顺应新时代、新治理形势下人民群众对平安中国建设的新期待。“枫桥经验”强调“打防结合、整体防控、专群结合、群防群治”，以“矛盾不上交、平安不出事、服务不缺位”为主要内容的新时代“枫桥经验”，体现了党委和政府在坚持群众路线基础上的治理自信。在国家治理和社会治理维度上，浙江省绍兴市各级政府及职能部门作为治理主体，坚持以人民为中心的理念，倾民诉，察民愿，与人民群众一道致力于社会安全建设，将广大人民群众作为党的路线方针政策的拥护者，社会道德和法律、法规的遵守者，社会安定的贡献者和推进社会治理的参与者。

(二)提升人民群众的安全感是目标

“枫桥经验”体现了“坚持以人民为主体”的思想，体现了中国共产党全心全意为人民服务的根本宗旨，是在党的发展历史过程中逐渐形成、发展和不断完善的工作方式。坚持群众路线，就是坚持一切为了群众。浙江省绍兴市各级公安机关始终坚持“警务围绕民意转，民警围绕百姓转”的理念，紧盯群众最关切、最直接、最现实的问题；积极推动警务治理模式改革，以“枫桥式公安派出所”创建、枫桥警务建设、矛调中心建设等推动重心下移、警力下沉。

社会治理在于发挥治理主体功能不断解决各类社会矛盾，实现动态有序平衡。“枫桥经验”的精神体现在能够依靠群众，通过将矛盾就地化解，实现“矛盾不上交”。绍兴公安作为新时代“枫桥经验”的践行者，始终坚持人民主体地位，切实维护群众的现实权益和根本利益，满足人民群众对于美好生活的需要。在“枫桥经验”的基础上，绍兴公安始终坚持依靠群众化解矛盾纠纷，根据基层社会治理形势和任务、人民群众的诉求，不断创新矛盾纠纷多元化解机制，不断提升风险治理能力和水平。

(三)人民群众的矛盾处置是一项长期任务

对于社会治理而言，解决人民日益增长的美好生活需要同“不平衡不充分”的

---

①　参见吴新叶：《贯彻群众路线首先要学会如何“从群众中来”——公共管理视角的解读》，载《思想理论教育》2013年第19期。

②　参见黄新春：《树立和推进中国特色社会主义的治理自信——新时代“枫桥经验”的理论价值和实践意义》，载《公安学刊(浙江警察学院学报)》2021年第5期。

发展之间的矛盾最为关键，而这一矛盾在现实中又表现为各式各样的具体矛盾纠纷问题，制约着社会的安全、和谐、稳定和发展，这些矛盾都需要在第一时间被察觉、化解，以防止矛盾因积累时间过长而激化。

公安机关把守着国家和社会安全的第一线，承担着护安全、保平安、促发展的责任和使命。“枫桥经验”的精髓在于“发动和依靠群众，坚持矛盾不上交，就地解决”。枫桥式警务建设就在于切实维护政治稳定和社会公共安全，团结和凝聚广大人民群众加强平安社会建设，真正做到“忧民需”“疏民怨”“解民难”。浙江省绍兴市新时代警务建设很好地继承和发扬了这一优良传统，坚持发动和依靠群众解决地方矛盾纠纷问题，能够及时避免矛盾扩大化，第一时间解决百姓难题，通过枫桥警务治理达到“顺民意，赢民心”的善治格局。

二、“立足警务”的治理框架

（一）人民是警务的出发点，也是落脚点

国家的一切权力属于人民，“枫桥经验”正是人民广泛参与社会治理的生动写照。在治理方式上，“枫桥经验”要求必须坚持以法治为保障、以公正为原则、以效率为标准，坚持民主协商和多主体参与，实现公共利益和公共价值最大化，不断推动善治的发展。绍兴公安坚守“枫桥经验”的固有精神内核，以党的领导为指引，推进人民当家作主，让人民群众参与关涉自身利益的重大决策，顺应社情民意，坚持走群众路线，运用法治思维和法治方式解决涉及群众切身利益的矛盾问题，使群众感受到公平正义。

绍兴公安推动互联网警务、大数据警务、人工智能警务、合成作战警务建设。借助和运用现代信息手段，加强信息建设，推动网上了解社情民意，在线解决矛盾纠纷，集聚线上治理正能量，将线上与线下服务同步融合，由单一部门监管向多主体参与、协同治理转变，运用互联网、App 等终端技术实现“掌上服务”，各种在线服务 24 小时全天候服务。在 5G 通信迅速发展的新时代，把警务服务、司法服务、法律服务等送到居民家中、送至田间地头已成为现实。

（二）警务治理的核心是提供便民服务

为了配合浙江省“最多跑一次”“最多跑一地”政务服务改革，绍兴公安警务治理创新服务方式形式，为群众送上贴心服务。浙江省绍兴市柯桥区稽东派出所推动“大喇叭所长”说法，将法律知识送至家家户户。浙江省绍兴市上虞区丰惠派出所积极推动乡警回归，以“背包警务”为抓手，推动警务服务“送门入户”，极大地便利了出行不便的老年人、五保户和残疾人，为他们送去服务和温暖，确保警务服务

“不漏一人”“不漏一户”全覆盖。浙江省绍兴市诸暨市大唐派出所积极动员警员和新乡贤、志愿者等参与社区平安建设和治理工作,传承“枫桥经验”的情感式治理、说理式治理模式,将乡情与治理融合,创新了“乡情治理”模式。公安信访部门主动推动“最多跑一地”改革,努力推动矛盾纠纷的就地化解。

在实践中,绍兴公安将乡土文化与法律文化、乡村警力建设、警民关系建设一体化推进,在提高干警素质、服务能力和质量的基础上,建立警民协同治理的长效机制。警务治理与人民调解相结合,创新发展了新时代“枫桥经验”,推动了现代法治体系的发展。警务机关与法院、司法局等部门的业务对接、信息联通、治理行动互动筑牢了基层社会治理的防线,能够根据不同的案件情况和当事人需要,及时提供满意服务。

(三)人民警务为人民,构建现代治理共同体

党的十九大报告指出:“中国共产党人的初心和使命,就是为中国人民谋幸福,为中华民族谋复兴。”绍兴公安在党的领导下,牢记服务人民群众的宗旨,主动顺应当前我国社会主要矛盾变化的现实,努力解决警务治理、警务服务的不平衡不充分的发展问题。

一是创新服务载体。在警务服务提供上,浙江省绍兴市各级公安机关不断创新服务载体,积极开展“一局一品牌”“一所一品牌”“一队一品牌”“枫桥式公安派出所”创建活动。浙江省绍兴市开展了“学枫桥、树新风、做表率、创一流”主题活动,以“多元化解矛盾、全时空守护平安、零距离服务群众”为口号,引领带动公安工作,切实为民服务。

二是各类组织共同参与社会治理。在基层矛盾纠纷化解调解工作中,以及各类矛盾纠纷调解、化解过程中,坚持调解自愿原则,使矛盾化解符合当事人各方利益诉求。绍兴全市各基层公安派出所创新枫桥式治理模式,使自治、法治、德治相融合,推动公安、司法、信访、社会组织等力量与基层自治有效衔接,将矛盾纠纷调解化解与精神文明建设相结合,培育崇德向上的社会风气,增强居民的安全感、归属感和幸福感。

三是推动警民协同治理共同体。在基层警务治理中,绍兴公安积极构建警民联动协同治理共同体,不断推动义警建设,全市已建成108支共2.5万人的义警组织。浙江省绍兴市公安局与绍兴市红十字会积极联络,建立了“平安(义警)基金”。通过广泛吸纳企业和社会各类公益组织的捐助、捐赠,以义警建设推动“枫桥警务”建设,构建共建共治共享的警务治理大格局,以扎实的行动真正做到利

民、惠民。

三、“协同融合”的治理机制

(一)创设协同共治的条件

积极培育各类社会组织。在浙江省绍兴市各级公安部门的引导、支持下,有效整合和调动了商会、安企义警、蓝海救援、红十字户外救援队、公益律所、越城好邻居、诗路志警等社会组织,使其成为基层公安系统和基层政府的补充力量。社会组织作为联结党、政府和人民群众的枢纽型载体,能够充分发挥“多方代表”优势,在社会矛盾化解和风险治理中发挥重要作用。

吸纳不同主体参与矛盾纠纷化解和风险治理。浙江省绍兴市公安局将教师、乡贤、律师、乡警、村干部、网格员、街道干部、法官等不同职业与主体纳入基层矛盾纠纷化解的队伍中,发挥其各自优势,有效增强了社会矛盾纠纷化解能力。

创新乡警和义警协同参与社会矛盾调解的工作机制。乡警、义警群体是浙江省绍兴市社会矛盾调解的重要参与主体。新时代“枫桥经验”传承“枫桥经验”中的“乡警回归”理念,充分利用和发挥乡警受过良好教育,具有开阔思维和眼界,有更高文化素养和道德涵养的优势特征,选树先进典型,推动基层矛盾纠纷化解和优良乡风的建设。“乡警回归”契合了乡贤文化建设和乡贤治理的政策倡导,能够有效发挥关键人物在乡村、社区法治建设,群众法治意识和法治观念树立中的辐射带动作用,推动现代法治乡村的创建。

(二)开展民主协商,开放人民参与警务评议

“新枫桥经验”尤为突出治理的公共价值,充分尊重人民在社会治理中的主体地位。其中,参与主体平等多元,决策过程重视协商,治理实践强调合作,这些都彰显了民主协商的特质。公民参与有效地调动了广大群众参与公共事务管理和公共治理的责任感、积极性、自觉性,能够促进基层民主扩展,将治理主动权还给人民。

绍兴公安坚持把群众满意作为一切公安工作的出发点和落脚点,主动将评价权交给群众,依托智慧感知体系,对办过事、报过案的群众全量访评。群众评议警务方面的做法有:(1)将户政业务、出入境业务、交管业务纳入办事服务回访机制;(2)开通“88966110”民意热线建立执法办案回访机制,实行“110”接处警、现场勘查、案件办理、交通事故处理专项回访;(3)针对社区民警、派出所进行专项民意调查,实时掌控民意感知信息;(4)为保障市民权利,浙江省绍兴市开通“12389”平台、“12345”热线,24小时接受在线投诉举报,对于信访、“110”涉警警情、涉网络舆情的进行信息监控,搜集反馈信息。

利用“越警管家”收集社情民意，畅通警务反馈渠道。浙江省绍兴市建立了民意大数据平台统一沉淀分析研判机制，将可能引发涉警舆情的信息同步流转至舆情中心，提请情指行合成作战中心会商处置。对于发现的问题，由情指行合成作战中心下发指令，进行跟踪核查，限时反馈。将群众明确表示不满意的工单转入督察（民意感知）分中心，再派单到督察（民意感知）岗进行反馈整改，并使之进入二次回访流程。对于认定无责的工单及时办结。

建立每日分析研判制度。形成每日督察报告，定期综合研判，形成情报产品。浙江省绍兴市各级派出所注重建立与民融合的沟通机制，以民意警务建设为牵引，主动改善警民关系，树立民警形象，密切警民联系。在民意警务建设上，建立督察通报考核、民意指数分析报告，实施警务勤务机制改革和队伍风险预测预警，努力提升群众满意度。

（三）推进“三治融合”型治理

自治是基础。自治是基层社会治理的基础性制度，它不仅有利于激发各社会治理主体积极发挥作用，为基层社会治理提供“内生力”，还有助于各社会治理主体发挥作用，把群众自己能够办的事交给群众，构建“人人有责、人人尽责”的社会治理格局。浙江省绍兴市全面推行乡镇（街道）和行政村（社区）两级权力清单、责任清单和服务清单制度，在自治维度上有效规范镇村两级权责边界。

法治为本。法治是基层社会治理的保障，是基层社会治理的“硬实力”。它有助于解决社会治理的法律依据和法治手段问题，推动运用法治思维和法治方式谋划思路、构筑底线、定分止争。浙江省绍兴市全面推行法治绍兴建设，推进全面从严治党，推动各治理主体和当事人运用法治思维、法治方式解决矛盾纠纷，不断推进基层社会治理的法治化。

德治为先。德治在基层社会治理中具有先导作用，能够增强基层社会治理的“软实力”。它有助于解决治心和治本问题，能够有效提升城乡居民道德修养，厚植基层社会治理道德底蕴，促进社会和谐稳定。浙江省绍兴市积极推动优秀传统文化的创造性转化和创新性发展，构建以社会主义核心价值观为核心，以村规民约、社区公约、家规家训、行业规章、最美系列等为主要内容的“枫桥式道德体系”，推动形成广泛认同、可操作性强的道德观念，并使之成为人们共同遵守的行为规则。

四、“创新拓展”的治理动能

（一）将服务对象拓展到全体人民群众

传统上，通过“党政联动、依靠群众、预防纠纷、化解矛盾、维护稳定”，“枫桥经验”开创了“捕人少、治安好”的良好治理局面。在新中国成立初期,社会治理的对象以发生纠纷的少数人为主,而“新枫桥经验”则坚持人民本位,将服务对象拓展到所有群众。比如,绍兴公安顺应时代变化和群众需求、人民愿望,充分尊重不同主体参与治理的积极性,广集民智、汇聚民力,不断推动基层社会治理的科学化、民主化。在枫桥警务治理模式下,广泛吸纳村民、自治组织、社会组织、私有企业和外来人员等相关利益群众平等参与。浙江省绍兴市“新枫桥经验”将党的群众路线落实到治理实践和具体治理行动之中,契合了当前市域社会治理的实际需要,开创了人民群众参与基层社会治理的善治路径。

(二)从公安警务拓展到市域社会治理全领域、全过程

经过60年的发展,“枫桥经验”不断地创新迭代,并开辟新时代“枫桥经验”政策创新扩散新路径。“枫桥经验”始于公安机关,在坚持和发展新时代“枫桥经验”方面,公安机关负有义不容辞的责任。各地公安机关要切实按照平安中国、法治中国建设的要求,争当坚持和发展新时代“枫桥经验”的排头兵。同时,枫桥警务模式和警务调解经验向司法、检察、监察、信访等领域拓展,建设具有时代精神的“枫桥司法”“枫桥检察”“枫桥监察”“枫桥信访”,并覆盖到市域社会治理的全领域、全过程。

(三)从线下向线上拓展

绍兴公安以电子警务、智慧警务建设为抓手,积极推动“互联网+”新时代“枫桥经验”,推进“一网通办”“最多跑一次”“最多跑一地”等改革,实现网上处警,践行网上“枫桥经验”。

在警务科技建设方面,结合党的群众路线,浙江省绍兴市依靠现代手段实施社会治理工作,极大地提高了治理效能。比如,浙江省绍兴市各级矛调中心充分利用现代科技工具助力中心软硬件建设,“互联网+”公共安全模式、线上法院、掌上警务、网上调解、网上信访、大数据联通等现代治理模式,极大地提高了矛调中心运作效率。

在警务公共服务方面,浙江省绍兴市公安舆情中心探索“枫桥式”网上工作站,与绍兴市委网信办协作,成立联合执法办案点,为社区居民群众提供绿色、净化的网络空间。网上办事服务中心以“互联网+”“App应用”等工具手段,探索实践“枫桥警务·越警管家”建设,推出“安心码”一码服务,极大地方便了居民群众。

(四)从秩序维护拓展到治理共同体

党的十九届四中全会《中共中央关于坚持和完善中国特色社会主义制度　推

进国家治理体系和治理能力现代化若干重大问题的决定》提出，坚持和完善共建共治共享的社会治理制度，建设“人人有责、人人尽责、人人享有”的社会治理共同体。“新枫桥经验”与社会治理共同体建设存在内在逻辑关系，坚持和发展“枫桥经验”就是从根本上推动社会治理共同体建设。

绍兴公安在精准研判治理形势的基础上，认识到社会治理共同体建设的重要性，着力于警民协同治理共同体建设：通过吸取“枫桥经验”的先进治理经验，以人性化的制度、情感式治理方式创新治理举措，充分相信和发动人民群众，从形体、精神上构建警民协同治理共同体，不断推动社会治理由“合作治理”向“治理共同体”转变。

从实践来看，“枫桥式公安派出所”“枫桥式人民法庭”“枫桥式检察室”“枫桥式司法所”等，是公共管理机关与人民群众治理共同体的行动体现。绍兴公安还积极推动各类社会组织建设，建立民警联系社区、联系困难群众制度，以实际行动拉近警民关系，推动民警融入社区、融入群众组织之中，有效发挥警民协同治理合力效用，促进群防群治、警民联通联动的生动治理局面，促进社会治理能力的提升。

第二节　绍兴公安市域社会治理的实践意义

一、“总体国家安全观”的落地

2014 年 4 月 15 日，习近平总书记在中央国家安全委员会第一次会议上指出：“当前我国国家安全内涵和外延比历史上任何时候都要丰富，时空领域比历史上任何时候都要宽广，内外因素比历史上任何时候都要复杂，必须坚持总体国家安全观，以人民安全为宗旨，以政治安全为根本，以经济安全为基础，以军事、文化、社会安全为保障，以促进国际安全为依托，走出一条中国特色国家安全道路。”①坚持总体国家安全观，就是要把国家安全问题置于国际和国内整体宏观背景下进行思考，对国际战略形势、国家安全环境作出精准研判，树立忧患意识，强化居安思危意识。绍兴公安市域治理实践，是落实总体国家安全观的现实行动实践。

（一）“平安中国”建设有抓手

浙江省绍兴市各级公安机关认真贯彻“以人民安全为宗旨”的总体国家安全

---

① 习近平：《保证国家安全是头等大事》，载求是网，http://www.qstheory.cn/zhuanqu/2022-04/24/c_1128590203.htm。

观,坚持以党的领导为根本保证,将人民群众作为最强大的靠山,坚持国家安全建设中的人民主体地位,推动新时代"枫桥经验"创建;通过推动基层社会矛盾问题化解,主动服务于平安国家建设,切实维护人民群众的根本利益。

总体国家安全观是一个具有严密逻辑结构的安全体系①,强调在安全问题上坚持"预防和治理"结合,内外统筹、合作治理,防范各类风险联动。绍兴公安认真落实中央和浙江省关于平安国家建设的各项路线、方针、政策,以总体国家安全观统领全市公共安全工作,深入推进新时代"枫桥经验"的创新发展,推动全警创新、警务实战,有效地解决了重大社会风险治理等难题,为"中国之治"和新时代"平安中国"建设提供了地方经验样本。

(二)"平安城市"建设有保障

绍兴公安精准研判、准确把握新时代的基本特征和"枫桥经验"的基本遵循,将警务工作置于社会主要矛盾转变、市域治理现代化建设和警务治理现代化战略的宏观背景下,系统谋划新时代警务工作。绍兴公安以创建"平安绍兴"建设为己任,坚持发展新时代"枫桥经验",以警务现代化建设推进市域社会治理现代化,进行了一系列卓有成效的实践活动。

在理念、方法、路径等方面加强警务现代化建设。按照市县主战、整体智治要求,浙江省绍兴市着力推动警务的数字化、智能化和智慧化发展。借助现代科技力量赋能警务工作,浙江省绍兴市创造了"大数据 + 情指行一体化 + 网格化"的闭环式矛盾风险治理管控机制;以"重要窗口"建设为契机,推动形成了共建共治共享的现代化市域社会治理格局,化解了各类社会风险。"平安城市"建设实现了由"小平安"到"大平安",由基层治理到市域治理的转型发展,为新时代"枫桥经验"制度化、法治化奠定了坚实基础。

浙江省绍兴市各级公安机关上下一致,同心协力,为创建平安绍兴作出了积极贡献。近年来,浙江省绍兴市先后荣获"全国文明城市""全国社会治安综合治理先进集体""中国十大魅力城市""联合国人居奖"等荣誉,②连续 12 年获浙江省"平安市"称号,被浙江省委省政府授予"平安金鼎"最高荣誉。

(三)"平安社区"建设有体验

在"平安浙江""平安绍兴"建设的实践中,"平安社区"建设旨在打造安全和谐

---

① 参见杨海:《总体国家安全观中的"总体性"探析》,载《马克思主义研究》2019 年第 12 期。

② 胡思源:《建设更高质量更高水平的平安绍兴——访中共绍兴市委政法委常务副书记、平安办主任王荣彪》,载平安浙江网,http://www.pazjw.gov.cn/gongchuangpingan/pingandongtai/201907/t20190707_10538728.shtml?eqid=b5ba586000005eb30000000364708818。

社区,为人民群众创造安定的社会环境,提升人民群众实实在在的安全感。绍兴全市各基层公安派出所、社区民警深化“一警多能”“一警多用”,使警务“微服务”与社区“微治理”相融合,努力改善警民关系,为社区居民提供亲情警务服务。现代通信技术为居民提供线上和线下多维度服务,通过加强社区民警、辅警、乡贤乡警、平安志愿者、网格员建设,有效改进警务服务质量,提高服务效率。

以民意警务、民定民评促进警务建设,深入开展以“平安护民、执法为民、服务惠民、沟通亲民、形象暖民”为主题的“五民工程”。(1)在平安社区建设上,不但违法犯罪打击力度得以加大,而且社会治安防控体系得以强化,同时在重点村整治、无案村创建、平安类和治堵类专项任务建设等方面,推动隐患点和堵点疏解与畅通。(2)在执法为民工作中,强化执法管理,推动执法的规范化、制度化,推动政法一体化建设,严格落实执法监督,及时排查突出执法问题,强化倒查问责,不断优化执法评价。(3)在服务惠民上,认真排查乡村、社区矛盾纠纷问题,聚焦于群众的强烈诉求和急难生活需要,认真落实“最多跑一次”“最多跑一地”改革,运用互联网、人脸识别等技术解决民生事项,推进“刷脸办”“一证办”。(4)在沟通亲民和形象暖民上,推动绍兴全市开展联千村访万户全警大走访活动。认真落实社区民警每月在社区工作不少于10天,入户走访不少于60户,依托“五议一创”“十访十清”等深化警民联系,强化警民“面对面”接触,加强警民“心连心”沟通。

二、科技赋能的范本

(一)践行整体性治理

整体性治理强调政府内部机构和部门间整体运作,其核心理念在于推动管理从分散化、个体化、破碎化走向集中化、整体化和整合化,其实现依赖于适当的组织载体和信息技术的发展。整合、重塑、重建、再造等词语,是整体性治理的重要概念。希克斯认为,整体性治理意在建立一个中心的整体性运作,以有效处理公众最关心的问题。[①] 整体性理论强调政府内部各部门的合作协同。

在治理体系建设上,绍兴公安坚持“党建统领”与“组织体系改革”并行实施,体现出整体性治理的特征。为了推动警务智能化建设和情指行一体化组织体系改革,浙江省绍兴市在“整体智治”框架下进行警务流程的整体性、系统性重塑,完善情指行一体化合成作战中心的“大脑”“躯干”“手脚”,以大警种建设、基层网格化

---

① See Perri 6, Diana Leat, Kimberly Seltzer & Gerry Stoker, *Towards Holistic Governance*: *The New Reform Agenda*, Palgrave, 2002, p. 34.

勤务警力建设推动警务体系协调运作,有效地推动了整体性治理。

此外,在组织载体上,绍兴公安实施枫桥警务,以社会治理中心为载体,积极推动现代社会治理格局。在参与主体上,绍兴公安积极推动各基层派出所、民警、巡特警、辅警、义警、乡贤乡警、网格员、乡村干部、社会组织、居民群众等多元主体参与治理,建立了制度化参与机制。通过以"最多跑一地""最多跑一次"改革为契机,以市域治理现代化建设为目标,积极推动"三治"融合,积极推动各层级、各部门、各领域、各力量的整体性协同治理。

(二)实施智慧治理

在全球化、信息化、智能化时代,智慧治理作为一种新型政府治理模式在推动政府改革中发挥着重要作用。[①] 在尼古拉斯·伯格鲁恩和内森·加德尔斯看来,智慧治理不只是政府的一种有效的治理工具或方法,这一治理模式的政治价值在于其作为一种有效推进民主的路径,既能有效避免西方"自由民主"下的治理弊端,又能推动民主观念的扩展,其优势在于以中庸的方式为中西方推进民主治理提供了较好的路径选择。[②] 因而,智慧治理的价值不在于其工具价值,而在于其能够促进和扩大民主,彰显公共价值。

2016年9月,国务院印发《关于加快推进"互联网+政务服务"工作的指导意见》,2016年12月,国务院办公厅印发《"互联网+政务服务"技术体系建设指南》。浙江省认真贯彻国务院的决策部署,将"互联网+政务服务"作为深化"放、管、服"改革的关键抓手,集全省之力打造省市县乡一体架构、多级联动的浙江政务服务网,开启了智慧治理创新实践的新阶段。

浙江省绍兴市较早地开启了智慧城市建设。早在2015年7月,浙江省绍兴市人民政府就颁布了《绍兴市智慧城市建设规划纲要》[③]。绍兴公安主动承担起"智慧城市"建设的责任,坚持创新新时代"枫桥经验",推动情指行一体化建设,以大数据驱动为支撑,通过建立预测预警、扁平指挥、合成作战、立体防控的现代智能警务治理体系,践行城市智慧治理新模式。绍兴公安整体性智慧治理的实践,实现了

---

① 参见董立人:《智慧治理:"互联网+"时代政府治理创新研究》,载《行政管理改革》2016年第12期。

② 参见[美]尼古拉斯·伯格鲁恩、[美]内森·加德尔斯:《智慧治理:21世纪东西方之间的中庸之道》,朱新伟等译,格致出版社、上海人民出版社2013年版。

③ 参见《绍兴市人民政府关于印发绍兴市智慧城市建设规划纲要的通知》,载绍兴市人民政府网,http://www.sx.gov.cn/art/2015/7/29/art_1229311201_1705013.html。

“以顾客为基础和以功能为基础的组织重建”①，使提供“一站式”服务成为现实。

浙江省绍兴市积极推动“雪亮工程”建设，坚持以大数据驱动公安工作提档升级，聚焦智慧警务“双十工程”，打造以“泛感知、一中心、一平台、N应用”为核心的现代警务大引擎。以云上公安、城市大脑、安全中心、运维中心建设为基础，依托数据智能引擎（大数据中心）、视图智能引擎，建立涵盖社会数据、政务数据、警务数据、物联感知数据及其他数据等在内的泛感知引擎，结合N个应用建成合成作战平台，构筑三预体系、治安防控体系和合成作战体系。

例如，浙江省绍兴市诸暨市交警推出动态即时型接处警模式，报警人只要点击短信链接即可看到民警所在位置、行进速度和预警达到时间，处警民警能够同步获知报警人的精确定位信息。通过报警“点单”、系统“点单”、指挥“派单”、后台“跟单”和群众“评单”的“滴滴打车式”服务链，提高处警效率。

（三）网络治理的融合与互促

实践中，绍兴公安不仅践行了整体性智慧治理模式，强调科技赋能警务建设和公共安全治理，而且综合利用政策、信息技术等工具，积极开拓与市场、社会的合作治理网络建设，打造多主体、多中心的治理范式，践行了网络治理模式。

斯蒂芬·哥德史密斯和威廉·D. 艾格斯提出了网络治理的概念，将网络治理视为“一种通过公私部门合作，非营利组织和私人营利性组织等多主体广泛参与，来提供公共服务的全新治理模式”②。网络治理的特征主要有四，分别是治理主体多元化、治理手段多样化、治理结构网络化、治理目标明确化。网络治理致力于实现由政府、市场和社会三个领域主体的平等合作方式构成服务网络，综合运用行政、市场和社会手段，旨在提高公共服务的质量和效率，增进公共利益，满足公众需求。③

严格来说，整体性治理与网络治理分属于两种不同的治理理论和治理模式，二者既存在区别，也存在相似性和联系。在二者的差异方面，整体性治理强调政府的“内修”，即政府内部各部门、各行政主体的整体协同，而网络治理则强调“外联”，要求建立政府、市场、社会良性互动的公共服务治理网络。

网络治理的实现主要取决于多主体、多中心的社会化网络的支撑，同时其有效

---

① 竺乾威：《从新公共管理到整体性治理》，载《中国行政管理》2008年第10期。

② Steven Goldsmith & William D. Eggers, *Governing by Network: The New Shape of the Public Sector*, Brookings Institution Press, 2004.

③ 参见刘波、王力立、姚引良：《整体性治理与网络治理的比较研究》，载《经济社会体制比较》2011年第5期。

运作也有赖于信息技术网络的支持。网络治理不仅要求政府主体内部的有序运转和协调互动,而且注重政府、市场、社会的相互促进,强调政府政策的完整统一,以及面向公众的无缝隙服务。

在网络治理方面,浙江省绍兴市各级公安机关以创新新时代"枫桥经验"为牵引,实施公安系统内部改革:积极拓展公安机关与法院、检察院、信访部门、司法所、律所、仲裁机构、社会组织、村社自治组织、群众自治组织和广大居民的协同治理网络建设,推动多中心治理模式建设;依托矛调中心、合成作战平台等载体和技术支撑,构建了共建共治共享的网络治理格局。

三、"新枫桥经验"的新时代内涵

浙江省绍兴市以"枫桥经验"为典范,实现治理理念、治理机制、治理模式的创新,显现出良善治理的效果,市域社会治理创新走向深入发展阶段。"新枫桥经验"正在积累,要形成可复制可推广的模式尚需持续的内涵建设。

(一)治理理念和治理文化创新

首先,创建了"枫桥警务",创新和发展了"枫桥经验"。绍兴公安在坚持和发展新时代"枫桥经验"方面,以全面构建大数据驱动下的现代警务模式为目标,在警务模式创建上坚持"高规格推动、高站位谋划、高标准落实",实现了枫桥警务模式由"盆景"到"枫景"的转变。公安队伍实战能力显著增强,警务效能大幅提高,基层基础全面夯实,人民群众更加满意,队伍形象得到优化提升。

其次,以"最多跑一次"的初心理念实现"最多跑一地"的改革新境界。按照"一窗受理、功能集成、闭环运作、清单管理"的要求,以村(社区)治理为基础,以乡镇(街道)为中坚核心力量,凡是需要综合协调解决的问题,由区、县(市)兜底,实现矛调中心三级全覆盖,有力地促进了高水平的市域治理现代化。浙江省绍兴市在全市系列实践的基础上,总结提炼了以"矛盾不上交、平安不出事、服务不缺位"为核心的新时代"枫桥经验",创新实践了以"12345"为主要内容的枫桥警务模式。

最后,突出了枫桥特色,创新发展了"枫桥文化"。绍兴公安认真学习、总结"枫桥经验"的思想精髓,坚持"自律与他律、刚性与柔性、治身与治心、人力和科技相统一"的鲜明特色,将党的思想理论与枫桥警务治理相结合,践行群众路线,坚持人民本位。

(二)治理机制持续创新

矛盾调解中心机制建设呈体系化态势。在组织体系建设上,建立了"四级社会治理中心”,分别是市级社会治理中心、县级社会治理中心(矛调中心)、镇(街)社会治理中心(矛调中心)、村(居)社会治理中心(矛调中心)。行政、公安、信访、司法、检察、仲裁、律所等各主体进驻矛调中心,有效地提高了中心运作效率。矛调中心运行实施“一站式”管理、“一窗式”办理、“一条龙”处理,实现了多元化解矛盾、全时空守护平安、零距离服务群众,提高了群众满意度。

在运行机制上,实现了联动到联体的“三圈”治理格局。比如,在基层治理方面,浙江省绍兴市上虞区公安分局认真贯彻落实市局关于“推进枫桥警务模式迭代升级”的决策部署,不断健全多元治理框架,形成了三个圈层治理力量的“环层式”治理模式。三圈层治理力量从内到外分别为:第一层是由交警、派出所、巡特警组成的警务治理力量,把守基层治理最前线,重点解决村社一线各类矛盾风险问题。第二层是由综合执法、市场监管、教育体育、消防救援、应急管理五个主要部门组成的执法监管力量,治理和解决各行业专业化矛盾问题。第三层是包含网格员、义警组织、乡贤、乡警和其他群防群治力量在内的辅助治理力量,这些治理资源广泛散布于基层社会各个角落,既能够有效察觉问题、传递信息,也能够将矛盾问题及时在第一时间化解,充实了治理力量。

建立了四个平台联体运行的风险化解机制。浙江省绍兴市积极推行柯桥区柯岩派出所的“110”接处警平台与镇街“四平台”双向流转机制和“一警情三推送”的综合治理模式,构建了风险大排查、大整改、大落实的工作机制,积极推动风险的及时化解。在具体运作上,将全警推送、联动处置相结合,实现所有警情(除涉密警情外)全部推送至镇街“四平台”,并由“四平台”将警情推送到相应职能部门和村居、社区,开展联动处置。同时,将闭环管理与考核奖惩配套落实,实现受理研判、指令下达、处置反馈、评估跟踪一体化闭环运作,将发案及处置情况纳入部门、村居年度岗位目标责任制考核。

建成了专群力量联合处置的应急处突机制。浙江省绍兴市以新时代“枫桥经验”创建为抓手,努力构建突击队、“越剑”骑警队、防暴盔甲队、警犬队等专业力量和消防、水电、医疗、民间救援等民间力量相结合的协同型作战力量,通过扁平化、可视化指挥机制,实现多部门联动处置。

(三)以警务模式创新带动治理能力提升

绍兴公安构建了一套“矛盾不上交”到“矛盾风险治理”的全新枫桥警务模式,通过组织结构整合、技术融入与赋能,有效地推动了枫桥警务从派出所向全警种拓展。枫桥警务模式的“风险前置、全风险管理、智能警务和社会治理共同体建设”

有效实现了由“矛盾不上交”到“矛盾风险治理”的新跨越。

新时代枫桥警务模式有效地实现了从“服务不缺位”到“服务高质效”的跃升，将警务模式创新和市域社会治理现代化紧密结合，积极搭建社会治理大平台，构建了多主体协同治理体系。这有效融合了社会治理信息，促进了信息高质量传递，凝聚了多方力量，形成了市域社会治理整体合力。

新时代枫桥警务模式实现了从“平安不出事”到“平安和谐共治”的转型。枫桥警务模式创新了各类复杂社会风险的机制建设，着力破除市域治理现代化过程中的突出障碍。枫桥警务模式在有效化解各类社会矛盾纠纷，保障基层安定有序的社会环境的同时，通过组织、技术、文化等多层面发力，全面提升了市域社会治理能力。

第三节　绍兴公安市域社会治理的发展方向

一、“人民本位”指明未来的路向

（一）“新枫桥经验”焕发出时代生命力

“枫桥经验”是党的宗旨和群众路线的生动实践，其治理的有效性在于合乎社情民情，顺应了民心民意，密切了干群关系，有效调动了群众参与社会活动，体现了“为民、便民、利民”的“以人民为中心”的民生观和执政观，体现了党“为人民谋幸福、为民族谋复兴”的历史责任担当。党的十九届四中全会强调，“坚持党的领导、人民当家作主、依法治国有机统一”。在实践中，为人民服务就是要求为人民“办实事”“办好事”“解难事”，这也是创新和发展“枫桥经验”的重要内容和具体体现。

在新时代，建设平安中国和平安社会依然任重道远，“枫桥经验”还需要被不断推广，在实践中不断丰富其内涵，彰显其时代特征。“枫桥经验”在时代和实践的变迁中持续创新发展，成为政法战线和“平安建设”的一面永不褪色的旗帜。

（二）以“长剑利刃”保护群众的安全感

“枫桥经验”的基本精神在于“相信群众、依靠群众、发动群众”，通过“教育人、改造人”，在社会主义教育运动中实行群众、干部、工作队三结合，实现“捕人少、治安好”和“矛盾不上交、就地解决”，其核心经验在于“矛盾不上交、就地解决”。“枫桥经验”贯彻了党的教育政策，本着“教育、感化、挽救”的理念，开展集中排查社会矛盾的专项活动。

“枫桥经验”之后得到了延续和发扬，围绕“依靠群众力量解决社会矛盾”的实质和精髓，构筑专群结合的农村社会综合治理网络。“枫桥经验”将依靠群众和服务群众相结合，实现党的宗旨和群众路线的统一，建立了解决矛盾纠纷的“组织建设走在工作前，预测工作走在预防前，预防工作走在调解前，调解工作走在激化前”的“四前”工作机制。“枫桥经验”强调建立社会矛盾集中排查机制，摸索和掌握农村社会矛盾产生和发展规律。

创新和发展新时代“枫桥经验”，要求对公共安全负有直接责任的公安机关必须主动顺应时代发展和社会形势，加强政治领导，建强公安队伍，不断提升风险综合治理能力。这就要求每一位警务工作者必须具有良好的政治素质、强大的治理能力和治理本领。借助现代化治理工具，本着“为人民服务”的宗旨，将警务力量打造成为风险社会治理的“长剑利刃”，切实提高社会矛盾风险治理的成效。

（三）拉高标杆，不断更新时代特色

浙江省绍兴市各级公安机关在社会矛盾化解实践中，作出了诸多有益尝试和实践，初步形成了社会矛盾多元化解的机制和模式。对于绍兴全市各级公安机关来说，还要进一步强化“窗口意识”，创新和发展新时代“枫桥经验”，拉高标杆、完善思路、健全机制、落实举措，努力推动基层矛调中心建设，创新社会矛盾多元化解方式。

一方面，持续推动矛盾化解机制创新。推动矛盾纠纷化解分级、分类、分口解决，建立参与矛盾纠纷化解的社会组织和工作制度。在矛盾纠纷化解中：要充分发挥人民群众在和谐社会建设中的重要作用；不断创新社会治理方式，坚持教育、劝导、说服等方式；处理好安全、稳定和发展的关系，提升社会矛盾预防化解能力和水平，服务于经济和社会发展大局。

另一方面，不断提升全社会的法治水平。要把法治建设放在重要位置，加强警务工作者、基层干部和广大群众的法治意识和法律素养。要善于运用法治思维、法治方式解决关涉人民群众切身利益的矛盾问题，不断推进“法治社会”建设。

二、“立足警务”的基础框架不动摇

（一）书写“人民警务为人民”大文章

绍兴公安要持续创新和发展“枫桥经验”和现代警务模式，就需要围绕“人民本位”进行规划和定位，不断完善警务治理体系，提高警务治理能力，谱写新时代“人民警务为人民”新篇章。

要坚持党的领导。在创新枫桥警务、构建现代警务实践中,必须始终坚持党的领导、人民主体、整体智治、系统发展、做实基础和做强基层,不断提升基层治理实力、活力和战斗力。

积极推动警务治理社会化。新时代"枫桥经验",要坚持党政统领、联体治理和共建共治相结合,高质量推动警务治理社会化。在保障社会协调发展方面,坚持打击与保护并重、惩戒与教育并举、干预与疏导并行,推动警务治理法治化建设不断深化。

正确处理好人民与政府之间的关系。从治理理论上讲,人民与政府之间的关系不是治理者与被治理者的关系,而是平等的治理主体间的关系。

保持枫桥警务的开放特质,不断创新人民警务模式。新时代枫桥警务模式的创新发展要坚持系统化的治理理念,强化集成化组织特征,打造社会化动力源泉,提升智能化科技保障。

(二)继续深化警务改革

要加强警务部门党建工作创新。贯彻民主集中制、长官负责制,加强跨部门机构间协作和资源的整合调配,破除部门间壁垒多、协调不畅问题,以公安党建凝聚社会组织、村社自治组织力量,创建特色警务,展现民警党员的良好形象。

确立人民满意的改革原则。要坚持以人民为中心的工作理念,将人民满意作为警务工作的检验标准,着力推动重心下移、警力下沉、保障下倾,着力提升人民群众的幸福感和满意度。在社会治理工作中,以大数据推动警务机制变革,加强智慧警务建设,推动警务模式转型,由被动警务向主动警务转变,由单一警种向多警种协同转变,由事后处警向事前防控转变,由传统线下为主向线上与线下结合转变,有效维护社会安全稳定,提升服务水平。

改革警务监督,健全监督治理体系,推动群众参与警务治理建设。建立健全群众评价警务工作制度机制,推动服务转型、工作质效提升与自我管理相结合,有效实现社会风险治理、预防和管控。

积极构建新时代警务治理体系。建设系统化、集成化的警务组织结构,推进情指行一体化组织体系改革。推动警务流程整体性、系统性重塑,组建职能科学、指挥顺畅、运行高效的智慧作战系统。实施大警种改革,精简警种机构,提升警务工作效率。

(三)创建和发展特色警务

创新发展特色警务要着眼于形势发展和社会治理需要。在创新发展特色警务方面，要将当地传统文化与践行新时代枫桥精神相结合，打造现代警务文化，并提升警务质量和水平。例如，在旅游警务方面，应大力创建“旅游警务”，建立警务共同体，建立健全联防联勤机制，推动派出所民警、交警、巡特警、旅游警察等多警种联勤联动，深入推动形成“全警集结、全域覆盖、全时管控”，推动警务站点和地方纠纷调解组织联合化解纠纷。

继续深入推动项目警官制，始终坚持“警务围绕民意转，民警围绕百姓转”，使项目警官与企业组织合作开展社会综合治理服务，在维护市场秩序、促进经济纠纷化解、优化营商环境方面发挥积极作用。

积极推动背包警务工作。以群众警务服务需求难点为导向，建立以社区民警、辅警、志愿者和网格员为主的“背包警务”，为群众提供电话和网络预约上门服务，真正打通服务群众的“最后一公里”。

推动以公安系统为主的矛盾纠纷多元化解机制建设。以“枫桥建设”为牵引，将警务服务建设与社会组织建设、平安类社会组织建设相结合，推动商会、安企义警、蓝海救援、红十字户外救援队、公益律所、越城好邻居、诗路志警等社会组织与基层公安组织一体化建设，加强各组织在信息沟通、资源共享、技术支持、专业培训、工具配备等领域的合作，加强彼此间的相互联系，提升社会组织救援服务和自我发展能力。

三、“协同融合”的机制日益开放

（一）完善警务闭环管理机制

以“四平台”闭环处置“110”警情工作机制为基础，继续创新“一体化运作、一竿子到底、一揽子保障”警务工作模式，建立健全警情全警推送、联动处置、闭环管理、考核奖惩等工作机制，推动警情处置由联动向联体转变；加大对电信诈骗、涉黄涉赌、盗窃等重点警情的处置力度，建立事中、事后防范措施，切实压降警情；以受理研判、指令下达、处置反馈、评估跟踪四环节的有序、规范运转，形成“110”警情闭环处置机制；将“一警情三推送”灵活融入乡镇、街道和村居，推动基层矛盾全方位、宽领域化解，推动派出所民警、巡特警、义警等互联互通，妥善化解各类基层矛盾纠纷。

（二）推动矛盾化解专业化社会化机制

积极打造特色多元的矛盾调解品牌，以“我帮您”“反家暴中心”“乡音调解会”“青少年关爱中心”等特色矛盾调解组织为载体，积极引导成立律师驻所调解会、乡贤调解组织、校调会、医调会、交调仲裁会等专业广泛的调解机构，形成矛盾大调解中心。

推动调解方式多元化、矛盾化解专业化建设。持续推动线上远程调解,完善综合治理“越警管家”“COP 管家”等线上调解技术和平台应用,将乡贤文化、师爷文化、茶文化、戏剧文化等嵌入调解事务,创新调解方式。推进调解阵地建设,以“律师驻所”“心理驿站”等工作室建设为契机,吸纳律师专业力量、专业调解机构人员、家庭顾问、社会心理专家、心理医生等进入调解组织,有针对性地解决家庭、邻里矛盾纠纷以及未成年人心理健康问题。

(三)借助科技赋能提升社会治理能力

以科技强警助力风险治理和社会安全管理能力提升。新时代枫桥警务模式要将警务与科技相结合,达到风险预测、预警、预防和危机应对处置一体化。要将现代警务纳入基层社会风险治理制度体系和组织体系,创新警务方式,重点发展智慧警务、特色警务,建立基层社会风险自主性应对模式。

构建市域社会治理警务创新机制。积极创建跨系统社会治理平台,畅通各独立平台间的联系、融合、衔接,推动信息获取、信息反馈、信息输送、信息核准、信息校正等信息平台服务建设,以多主体平台推动基层社会治理的共建共治共享。城市公共安全管理平台机制与矛盾纠纷化解平台建设相结合,提升社会风险研判和应急处置能力。为群众维权、办事提供“一站式接待、一条龙调处、一揽子化解”等综合性服务,切实提高警务窗口服务质量,提高人民群众的幸福感、获得感和安全感。

提升治理能力需要加强政府及有关部门与社会的良性互动,尤其是公安机关与社会主体的融合互动,发挥群团组织、社会组织在市域社会治理体系现代化建设中的功能。利用大数据技术优化政府职能,破解社会治理问题,推进市域治理体系现代化。优化市域社会治理“政治体系、自治体系、法治体系、德治体系”四大体系建设,推进社会治理现代化建设。

四、“创新拓展”得到更广阔空间

(一)坚守“枫桥特色”与时代创新

“枫桥经验”是中国共产党领导人民群众在进行社会主义建设的探索实践中积累的宝贵治理经验,其蕴含的思想和要义对于新时代国家和社会治理具有重要参考价值。枫桥精神是党和人民在艰苦卓绝的历史斗争实践中积淀的宝贵精神财富,对于全面建设社会主义现代化国家具有精神鼓舞和激励作用。

“新枫桥经验”具有鲜明的特色,新时代“枫桥经验”实现了自律和他律、刚性和柔性、人力和科技相统一,这一特色需要接续传承和发扬下去,通过持续不断的创新实践使“枫桥经验”在新时代焕发光彩，助力中国之治和平安中国建设。要深入挖掘“枫桥”优势，创新“枫桥”品牌，挖掘“枫桥资源”，传承“枫桥经验”、创新“枫桥治理”、弘扬“枫桥精神”、集聚“枫桥能量”、塑造“枫桥文化”、传播“枫桥文明”、彰显“枫桥价值”。在实践中，“新枫桥经验”已经在“枫桥警务”“枫桥式道德体系”“枫桥式联创活动”等活动中得到体现。特别是在市域社会治理体系中，需要继续完善“枫桥特色”，使“新枫桥经验”在持续创新中传递和释放中国之治的强大正能量。

（二）以“适应性调适”促进创新拓展

“枫桥经验”之所以能够历久弥新，就在于它是马克思主义理论同中国特色社会主义建设实践相结合的产物，蕴含了深厚的民本文化、人本精神，以及深刻的政治哲理和治理智慧，体现了马克思主义政治观、社会观和人民观，顺应了社会运行和基层治理的客观规律，其体现规律性、指导性的经验、做法具有宝贵的可借鉴价值。

“新枫桥经验”在适应性调适的基础上葆有旺盛的生命力。浙江省绍兴市在创新和发展新时代“枫桥经验”上成功蹚出了一条具有地域特色的“枫桥式治理道路”，成功地创建了大数据驱动下的现代枫桥警务模式，使“枫桥经验”创建上升为一种具有现代化特色的政策治理模式。但是，“枫桥经验”还需要不断传承、发扬、扩散出去，使其在中国大地上“开花结果”，并助力中国之治。这就要求在创新和发展新时代“枫桥经验”中，实现“枫桥经验”在地方治理实践中的“适应性调适”，增强“枫桥经验”与地方、与时代、与人民群众的适应性，使新时代“枫桥经验”成为中国基层社会治理的“锐利之器”。

在“枫桥经验”的创新发展和政策扩散方面，也要进行不断的调适。具体包括：(1)“创新性调适”的路径。要使“枫桥经验”与时俱进，与时代形势、时代任务、时代使命相适应，在创新中适应新变化、服务新发展。(2)“渐进性调适”原则。注重“枫桥经验”思想内涵的转化，在时代、实践中不断赋予其新的内涵。(3)“转化性调适”。加强“枫桥经验”思想、理念、方式、方法的转化，切实增强“枫桥经验”的本土适应性。(4)“整合性调适”的路径。走整合协同、创新发展的调适道路，推动社会治理精细化①，使“枫桥经验”在持续创新中为社会主义现代化建设和国家、

① 参见吴新叶：《社会治理精细化的框架及其实现》，载《华南农业大学学报(社会科学版)》2016年第4期。

社会治理添翼助力。

(三)在持续创新中“再出发”

在中央和浙江省的殷切期待下,绍兴公安有责任将“枫桥经验”坚持好、发展好,将党的群众路线坚持好、贯彻好,也应该有能力扎扎实实地创新实践行动,不断创新和发展“枫桥经验”。实践一再表明,“新枫桥经验”对于打造社会治理共建共治共享格局以及建设平安中国、法治中国意义重大且深远。

一方面,使本土经验与“枫桥经验”的思想精髓相结合。要根据群众需要和环境任务变化不断创新调解方式,还要善于运用历史思维,深入挖掘“枫桥经验”的历史特征和深刻时代内涵,将“枫桥经验”与坚持“群众路线”,倡导“审判与调解相结合”的“马锡五审判方式”的内涵意蕴相融合,在法治水平逐步完善的条件下,不断拓展警务治理模式的生存空间,丰富和创新新时代“枫桥经验”,将其转化为体现枫桥特色的精神文化。

另一方面,将中国法治化治理与本土相结合,构建社会治理新模式。不断提高枫桥式治理模式的持续发展能力,使新时代“枫桥经验”在持续创新中再出发,为平安中国和法治中国建设添翼助力。

参考文献

一、著作类

[1] Stephen P. Osborne, *The New Public Governance？: Emerging Perspectives on the Theory and Practice of Public Governance*, Routledge, 2010.

[2] Beck Ulrich, *Conversation with Ulrich Beck* , Polity Press, 2004.

[3] Anil K. Gupta & D. Eleanor Westney, *Smart Globalization: Designing Global Strategies, Creating Global Network*, Jossey-Bass A Wiley Imprint, 2003.

[4] Beck Ulrich, *Risk Society: Towards a New Modernity*, Sage, 1992.

[5] Jan, Kooiman, *Governance and Govern Ability: Using Complexity, Dynamics and Diversity*, in Modern Governance ed. , Sage, 1993.

[6] Perri 6, Diana Leat, Kimberly Seltzer & Gerry Stoker, *Towards Holistic Governance: The New Reform Agenda*, Palgrave, 2002.

[7] Palmiotto & Michael J. , *Policing: Concepts, Strategies, and Current Issues in American Police Forces Durham*, Carolina Academic Press, 2000.

[8] Rogers Everett M. , *Diffusion of Innovations*, The Free

Press, 1983.

[9] Wucker M. , *The Gray Rhino: How to Recognize and Act on the Obvious Dangers We Ignore*, St. Martin's Press, 2016.

[10] Taleb N. N. , *The Black Swan: The Impact of the Highly Improbable*, Random House and Penguin, 2007.

[11] Steven Goldsmith & William D. Eggers, *Governing by Network: The New Shape of the Public Sector*, Brookings Institution Press, 2004.

[12] [德]乌尔里希·贝克、[英]安东尼·吉登斯、[英]斯科特·拉什:《自反性现代化——现代社会秩序中的政治、传统与美学》,赵文书译,商务印书馆2001年版。

[13] [美]弗雷德里克·杰姆逊、[美]三好将夫编:《全球化的文化》,马丁译,南京大学出版社2002年版。

[14] [美]约瑟夫·熊彼特:《资本主义、社会主义与民主》,吴良健译,商务印书馆1999年版。

[15] [德]乌尔里希·贝克:《世界风险社会》,吴英姿、孙淑敏译,南京大学出版社2004年版。

[16] [英]安东尼·吉登斯:《失控的世界》,周红云译,江西人民出版社2001年版。

[17] [美]詹姆斯·N.罗西瑙主编:《没有政府的治理》,张胜军、刘小林等译,江西人民出版社2001年版。

[18] [美]埃弗雷特·M.罗杰斯:《创新的扩散》,辛欣译,中央编译出版社2002年版。

[19] [奥]欧文·E.休斯:《公共管理导论》,彭和平等译,中国人民大学出版社2001年版。

[20] [美]尼古拉斯·伯格鲁恩、[美]内森·加德尔斯:《智慧治理:21世纪东西方之间的中庸之道》,朱新伟等译,格致出版社、上海人民出版社2013年版。

[21] 张碧琼:《经济全球化:风险与控制》,中国社会出版社1999年版。

[22]《习近平谈治国理政》(第3卷),外文出版社2020年版。

[23] 赵义:《枫桥经验:中国农村治理样板》,浙江人民出版社2008年版。

[24] 吕剑光:《"枫桥经验"的前前后后》,载政协诸暨市文史资料委员会、诸暨市公安局编:《枫桥经验实录》,中共党史出版社2000年版。

[25]吕剑光:《“枫桥经验”的产生过程》,载祝春林主编:《历史瞬间》,群众出版社 1999 年版。

[26]赵挺等:《新时代“枫桥经验”与社会组织发展》,浙江人民出版社 2023 年版。

[27]中国法学会“枫桥经验”理论总结和经验提升课题组:《“枫桥经验”的理论建构》,法律出版社 2018 年版。

[28]汪世荣、褚宸舸:《“枫桥经验”:基层社会治理体系和能力现代化实证研究》,法律出版社 2018 年版。

[29]牛文元主编:《中国新型城市化报告 2012》,科学出版社 2012 年版。

[30]习近平:《之江新语》,浙江人民出版社 2007 年版。

[31]《习近平谈治国理政》,外文出版社 2014 年版。

[32]习近平:《干在实处　走在前列——推进浙江新发展的思考与实践》,中共中央党校出版社 2006 年版。

[33]王名主编:《社会组织概论》,中国社会出版社 2010 年版。

[34]何艳玲:《公共行政学史》,中国人民大学出版社 2018 年版。

二、论文类

[1]Hood, Christopher, *A Public Management for all Seasons?*, 69 Public Administration 3 (1991).

[2]Denhardt, *The New Public Service: Serving, Not Steering*, 60 Public Administration Review 549 (2000).

[3]Robert Wilhelm Siegfried Ruhlandt, *The Governance of Smart Cities: A Systematic Literature Review*, 80 Cities (2018).

[4]Meijer & A. Bolivar, et al., *Governing the Smart City: A Review of the Literature on Smart Urban Governance*, 82 International Review of Administrative Sciences 392 (2016).

[5]Bache J, *Governing Through Governance: Education Policy Control Under New Labour*, 52 Political Studies 300 (2003).

[6]Andrew Dunsire, *Holistic Governance*, 5 Public Policy and Administration 4 (1990).

[7]Meijer A. et al., *Governing the Smart City: a Review of the Literature on Smart Urban Governance*, 82 International Review of Administrative Sciences 392

(2016).

[8]Meyer J. W. & Rowan B., *Institutionalized Organizations: Formal Structure as Myth and Ceremony*, 83 American Journal of Sociology 340 (1977).

[9]James G. March & Johan P. Olson, *Organizing Political Life: What Administrative Reorganization Tells Us about Government*, 77 American Political Science Review 281 (1983).

[10]Alex Turrini, Daniela Cristofoli & Giovanni Valotti, *Sense or Sensibility? Different Approaches to Cope With the COVID－19 Pandemic*, 50 American Review of Public Administration 746 (2020).

[11]Huafang Li, *Communication for Coproduction: Increasing Information Credibility to Fight the Coronavirus*, 50 The American Review of Public Administration 692 (2020).

[12]宋世明、王君凯:《我国政府机构改革历程与取向观察》,载《改革》2018年第4期。

[13]王海燕:《我国公共管理发展的历程、成就与经验教训》,载《中共山西省委党校学报》2011年第2期。

[14]庄友刚:《挑战与反思:全球风险社会语境中的历史唯物主义》,载《探索》2006年第3期。

[15]洪晓楠、林丹:《全球风险社会及其策略回应——乌尔里希·贝克的风险社会理论评介》,载《学术交流》2007年第4期。

[16]章国锋:《“全球风险社会”:困境与出路——贝克的“世界主义”构想》,载《马克思主义与现实》2008年第2期。

[17]张明明:《经济全球化进程中全球风险与中国发展应对方略》,载《中国青年政治学院学报》2011年第5期。

[18]肖巍:《“全球化风险”与中国的长期应对》,载《学术月刊》2010年第1期。

[19]郁乐:《不确定性、决策机制与审慎的义务——全球变暖怀疑论的事实、逻辑与启示》,载《天府新论》2014年第4期。

[20][英]格里·斯托克、华夏风:《作为理论的治理:五个论点》,载《国际社会科学杂志(中文版)》1999年第1期。

[21]唐贤兴:《全球治理与第三世界的变革》,载《欧洲》2000年第3期。

[22]张康之:《公共管理:社会治理中的一场革命(上)》,载《北京行政学院学报》2004 年第 1 期。

[23]张康之:《合作治理是社会治理变革的归宿》,载《社会科学研究》2012 年第 3 期。

[24]夏建中:《治理理论的特点与社区治理研究》,载《黑龙江社会科学》2010 年第 2 期。

[25]成伯清:《市域社会治理:取向与路径》,载《南京社会科学》2019 年第 11 期。

[26]党国英:《论城乡社会治理一体化的必要性与实现路径——关于实现“市域社会治理现代化”的思考》,载《中国农村经济》2020 年第 2 期。

[27]李佳、李兆友:《智慧城市建设过程中的社会治理问题研究——以沈阳市为例》,载《东北大学学报(社会科学版)》2017 年第 6 期。

[28]王少鹏:《“平安文化”建设的实践探索与理性思考——以扬州市公安局的实践为例》,载《公安研究》2013 年第 8 期。

[29]杨安:《大数据与市域社会治理现代化——厦门实践与探索》,载《经济》2018 年第 Z2 期。

[30]侯麟军、马成粮:《基层党建引领社区治理的创新实践及经验启示——以成都市新都区“五步工作法”为例》,载《行政科学论坛》2020 年第 8 期。

[31]孙莹:《市域社会治理现代化视野下的“珠海实践”》,载《探求》2020 年第 6 期。

[32]曹钰华:《南通:打造“平安前哨”工程》,载《人民公安》2020 年第 23 期。

[33]吴敦:《市域社会治理现代化与地方立法探求——以〈盐城市黄海湿地保护条例〉为视角》,载《人大研究》2020 年第 11 期。

[34]侯作前、周鲁耀、王茂庆:《论“法德并进”的社会治理模式:理论基础、经验与展望——以杭州探索为例》,载《法治研究》2013 年第 1 期。

[35]吴新叶、赵挺:《建设性空间:党员干部联系点的运转及其不确定性的克服——以基层治理为视角》,载《政治学研究》2018 年第 2 期。

[36]韩博天:《通过试验制定政策:中国独具特色的经验》,载《当代中国史研究》2010 年第 3 期。

[37]武胜伟:《转型期中国社会治安治理问题研究》,郑州大学 2016 年博士学位论文。

［38］蒋国长：《新时代“枫桥经验”的萌发与实践》，载《社会治理》2018 年第 10 期。

［39］杜志章：《中国国家治理现代化的时代性、民族性和实践性简析》，载《国家治理》2020 年第 13 期。

［40］宁洁、韩桥生：《以人民为中心：我国国家治理现代化的价值导向》，载《江西社会科学》2020 年第 6 期。

［41］金伯中、蒋国长：《坚持创新发展新时代“枫桥经验”加快推进基层社会治理现代化——纪念毛泽东同志批示学习推广“枫桥经验”55 周年暨习近平总书记指示坚持发展“枫桥经验”15 周年大会精神综述》，载《社会治理》2018 年第 12 期。

［42］杨婷：《新时代“枫桥经验”的新内涵、新境界——访浙江省公安厅副厅长金伯中》，载《社会治理》2018 年第 6 期。

［43］潘益民、陈福连：《创新发展新时代枫桥警务模式研究——基于新时代“枫桥经验”的视角》，载《公安教育》2021 年第 2 期。

［44］渠敬东、周飞舟、应星：《从总体支配到技术治理——基于中国 30 年改革经验的社会学分析》，载《中国社会科学》2009 年第 6 期。

［45］宋辰熙、刘铮：《从“治理技术”到“技术治理”：社会治理的范式转换与路径选择》，载《宁夏社会科学》2019 年第 6 期。

［46］陈成文、张江龙、陈宇舟：《市域社会治理：一个概念的社会学意义》，载《江西社会科学》2020 年第 1 期。

［47］余钊飞：《新时代“枫桥经验”与市域社会治理现代化》，载《人民法院报》2019 年 11 月 22 日，第 5 版。

［48］姜方炳：《推进市域社会治理现代化：历史源流与现实动因》，载《中共杭州市委党校学报》2021 年第 1 期。

［49］卢芳霞：《中国式基层社会治理的时代内涵与世界意义——以新时代“枫桥经验”为例》，载《马克思主义研究》2023 年第 10 期。

［50］林延斌：《基于“枫桥经验”推进市域社会治理现代化》，载《科学发展》2020 年第 6 期。

［51］杨典：《以党的治理体系现代化引领国家治理体系现代化——基于政党社会学的分析》，载《社会科学》2020 年第 7 期。

［52］朱志华：《“枫桥经验”两种根本不同的解读——评尹曙生〈谢富治与“枫桥经验”〉一文》，载《公安学刊（浙江警察学院学报）》2014 年第 5 期。

［53］俞红霞：《“枫桥经验”的形成和发展历程》，载《中共党史资料》2006 年第 2 期。

［54］郭星华、曲麒翰：《纠纷金字塔的漏斗化——暴力犯罪问题的一个法社会学分析框架》，载《广西民族大学学报（哲学社会科学版）》2011 年第 4 期。

［55］张海波：《风险社会与公共危机》，载《江海学刊》2006 年第 2 期。

［56］潘益民、陈福连：《新时代枫桥警务模式创新发展研究——基于新时代“枫桥经验”的视角》，载《公安学刊（浙江警察学院学报）》2020 年第 6 期。

［57］冯必扬：《社会风险：视角、内涵与成因》，载《天津社会科学》2004 年第 2 期。

［58］汪伟全、陶东：《新冠疫情防控情境下区域应急协同机制与效能优化》，载《深圳大学学报（人文社会科学版）》2020 年第 2 期。

［59］潘海波：《基层公安机关创建“枫桥式公安派出所”的实践和思考——以诸暨市公安局为例》，载《公安学刊（浙江警察学院学报）》2019 年第 5 期。

［60］孔祥涛：《科学推进新时代社会风险治理》，载《中国党政干部论坛》2019 年第 3 期。

［61］王东杰：《“枫桥式公安派出所”的源流、价值与构建》，载《河北公安警察职业学院学报》2019 年第 4 期。

［62］孙梓翔、赵颖：《落地生根：创建新时代“枫桥式公安派出所”实践研究》，载《铁道警察学院学报》2020 年第 5 期。

［63］任建通、冯景：《纠纷解决与基层社会治理——以“枫桥经验”为例》，载《社会科学论坛》2016 年第 1 期。

［64］陈一新：《新时代市域社会治理理念体系能力现代化》，载《社会治理》2018 年第 8 期。

［65］史云贵、周荃：《整体性治理：梳理、反思与趋势》，载《天津行政学院学报》2014 年第 5 期。

［66］宋琳琳：《构建以法治为核心的多元化矛盾纠纷解决机制》，载《法制与经济》2014 年第 17 期。

［67］许文静：《公安品牌建设研究——以“枫桥经验”为例》，中国人民公安大学 2020 年硕士学位论文。

［68］王丹、邱耕田：《习近平关于风险防范思想的研究》，载《社会科学》2018 年第 7 期。

[69]丁大尉、李正风、胡明艳:《新兴技术发展的潜在风险及技术治理问题研究》,载《中国软科学》2013 年第 6 期。

[70]田姝婕、郭伟:《我国智慧警务的研究进展:文献计量、述评与展望》,载《河北公安警察职业学院学报》2020 年第 3 期。

[71]季春东:《论当今警务管理体制改革之基本原则》,载《江西公安专科学校学报》2007 年第 2 期。

[72]陈军生:《浅谈我国警务改革发展问题》,载《公安研究》2013 年第 8 期。

[73]吴瑞、李彬:《警务机制现代化:基本理念和关键问题》,载《江苏警官学院学报》2010 年第 1 期。

[74]陈福连:《情指行合成作战体系改革的探索与思考——以绍兴市公安局为例》,载《公安学刊(浙江警察学院学报)》2018 年第 3 期。

[75]尚海燕:《借鉴军队合成作战理念 构建现代警务机制》,载《公安研究》2007 年第 9 期。

[76]郑灵吉、刘俊:《"情指行"一体化警务模式之践与思——以湖州市公安局吴兴区分局情指联勤中心为例》,载《公安学刊(浙江警察学院学报)》2018 年第 4 期。

[77]靳建辉:《突发事件警务应急先期处置现存问题探析》,载《辽宁警察学院学报》2018 年第 4 期。

[78]刘琳璘:《中国警务机制改革进程中的警务保障问题研究》,载《河南警察学院学报》2012 年第 3 期。

[79]潘益民:《关于公安派出所警务机制改革的思考——以绍兴市公安局上虞区分局为例》,载《公安学刊(浙江警察学院学报)》2020 年第 2 期。

[80]陈伟、张兰:《公安机关权力清单制度建设》,载《湖北警官学院学报》2015 年第 9 期。

[81]张成福:《论政府治理工具及其选择》,载人大复印报刊资料《公共行政》2003 年第 4 期。

[82]张璋:《政府治理工具的选择与创新——新公共管理理论的主张及启示》,载《新视野》2001 年第 5 期。

[83]邓蓉敬:《信息社会政府治理工具的选择与行政公开的深化》,载《中国行政管理》2008 年第 S1 期。

[84]朱立言、刘兰华:《网络化治理及其政府治理工具创新》,载《江西社会科

学》2010 年第 5 期。

[85]朱喜群:《论政府治理工具的选择》,载《行政与法(吉林省行政学院学报)》2006 年第 3 期。

[86]成伯清:《“风险社会”视角下的社会问题》,载《南京大学学报(哲学·人文科学·社会科学版)》2007 年第 2 期。

[87]肖瑛:《风险社会与中国》,载《探索与争鸣》2012 年第 4 期。

[88]程建新、刘军强、王军:《人口流动、居住模式与地区间犯罪率差异》,载《社会学研究》2016 年第 3 期。

[89]蒙克:《中美摩擦与修昔底德陷阱》,载《文化纵横》2018 年第 6 期。

[90]朱正威、刘莹莹:《韧性治理:风险与应急管理的新路径》,载《行政论坛》2020 年第 5 期。

[91]宫志刚、李小波:《立体化社会治安防控体系:从理论到实践》,载《山东警察学院学报》2016 年第 3 期。

[92]竺乾威:《公共服务的流程再造:从“无缝隙政府”到“网格化管理”》,载《公共行政评论》2012 年第 2 期。

[93]龚维斌:《改革开放以来社会治理体制改革的基本特点》,载《中国特色社会主义研究》2016 年第 3 期。

[94]付建军:《当代中国公共治理中的清单制:制度逻辑与实践审视》,载《当代世界与社会主义》2016 年第 5 期。

[95]余杰新:《农村治安善治方案研究》,载《中国人民公安大学学报(社会科学版)》2020 年第 4 期。

[96]董士昙:《对立体化社会治安防控体系建设的探索》,载《山东警察学院学报》2017 年第 4 期。

[97]宫志刚、李小波:《社会治安防控体系若干基本问题研究》,载《中国人民公安大学学报(社会科学版)》2014 年第 2 期。

[98]彭亚平:《照看社会:技术治理的思想素描》,载《社会学研究》2020 年第 6 期。

[99]杨志军:《运动式治理悖论:常态治理的非常规化——基于网络“扫黄打非”运动分析》,载《公共行政评论》2015 年第 2 期。

[100]何挺:《论我国黑恶犯罪形势及“打黑除恶”工作》,载《中国人民公安大学学报(社会科学版)》2005 年第 3 期。

[101]吴健强:《论黑恶势力犯罪》,载《西南民族大学学报(人文社科版)》2003 年第 11 期。

[102]于阳:《扫黑除恶之政策优化与方式提升》,载《理论探索》2020 年第 5 期。

[103]周雪光:《中国国家治理及其模式:一个整体性视角》,载《学术月刊》2014 年第 10 期。

[104]周雪光:《运动型治理机制:中国国家治理的制度逻辑再思考》,载《开放时代》2012 年第 9 期。

[105]李志明:《"扫黑除恶"的要求、冲突与调适——法治国家、法治政府、法治社会一体建设的视角》,载《湖南师范大学社会科学学报》2020 年第 2 期。

[106]臧雷振、徐湘林:《理解"专项治理":中国特色公共政策实践工具》,载《清华大学学报(哲学社会科学版)》2014 年第 6 期。

[107]阎子忠:《关于深化"打黑除恶"工作的思考》,载《公安大学学报》2002 年第 1 期。

[108]岳平、陈伊韬:《社会治理:黑恶犯罪治理进阶与启示》,载《上海大学学报(社会科学版)》2020 年第 5 期。

[109]吴新叶:《社会治理精细化的框架及其实现》,载《华南农业大学学报(社会科学版)》2016 年第 4 期。

[110]倪星、原超:《地方政府的运动式治理是如何走向"常规化"的?——基于 S 市市监局"清无"专项行动的分析》,载《公共行政评论》2014 年第 2 期。

[111]李华芳:《合供:过去、现在与未来》,载《公共管理与政策评论》2020 年第 1 期。

[112]尹华广:《毛泽东政法思想与"枫桥经验"的诞生》,载《公安学刊(浙江警察学院学报)》2018 年第 1 期。

[113]吕德文:《枫桥经验:基于群众工作方法的检视》,载《科学社会主义》2019 年第 1 期。

[114]黄晓春:《中国社会组织成长条件的再思考——一个总体性理论视角》,载《社会学研究》2017 年第 1 期。

[115]马立、曹锦清:《社会组织参与社会治理:自治困境与优化路径——来自上海的城市社区治理经验》,载《哈尔滨工业大学学报(社会科学版)》2017 年第 2 期。

[116]姬艳涛、杨昌军:《社会组织在基层治理法治化中的功能及其实现——基于“枫桥经验”的调查和思考》,载《中国人民公安大学学报(社会科学版)》2018年第4期。

[117]赵挺:《“枫桥经验”中的社会组织参与》,载《中国社会组织》2019年第7期。

[118]王世卿、杨叶锋:《枫桥经验:历史、价值与警务模式创新实践》,载《中国人民公安大学学报(社会科学版)》2018年第6期。

[119]陶鹏、薛澜:《论我国政府与社会组织应急管理合作伙伴关系的建构》,载《国家行政学院学报》2013年第3期。

[120]余敏江:《整体智治:块数据驱动的新型社会治理模式》,载《行政论坛》2020年第4期。

[121]郁建兴、黄飚:《“整体智治”:公共治理创新与信息技术革命互动融合》,载《人民周刊》2020年第12期。

[122]竺乾威:《从新公共管理到整体性治理》,载《中国行政管理》2008年第10期。

[123]胡佳:《迈向整体性治理:政府改革的整体性策略及在中国的适用性》,载《南京社会科学》2010年第5期。

[124]唐皇凤、陶建武:《大数据时代的中国国家治理能力建设》,载《探索与争鸣》2014年第10期。

[125]李文彬、陈醉:《大数据时代的地方政府数据应用》,载《行政论坛》2016年第6期。

[126]马亮:《大数据技术何以创新公共治理?——新加坡智慧国案例研究》,载《电子政务》2015年第5期。

[127]谢治菊、范飞:《大数据驱动民生监察的价值、逻辑与图景——以“T县民生监察大数据平台”为例》,载《中国行政管理》2020年第12期。

[128]任剑涛:《曲突徙薪:技术革命与国家治理大变局》,载《江苏社会科学》2020年第5期。

[129]孔凡义、徐张欢:《合署办公的改革动因、实践类型和发展进路》,载《新视野》2021年第1期。

[130]李书耘:《新冠肺炎疫情背景下的网络舆情引导》,载《探求》2020年第6期。

[131]芦何秋、程沁怡、陈诺:《重大公共卫生事件突发期的谣言传播与辟谣应对——以新冠疫情为例》,载《电子政务》2020 年第 7 期。

[132]张彩霞:《重大突发公共事件的舆论生态与引导研究——基于新冠肺炎疫情传播的舆论生态与引导的反思》,载《山东社会科学》2020 年第 10 期。

[133]李茂、王晨阳、李伟、李娜:《重大突发公共事件网络舆情演化与治理研究——基于我国新冠疫情网络舆情发展的启示》,载《经济论坛》2020 年第 6 期。

[134]周静、刘乐舟:《重大突发公共事件中主流意识形态传播的"变"与"不变"——以新冠疫情为例》,载《理论导刊》2021 年第 2 期。

[135]赵鼎新:《新冠疫情与中国改革》,载《文化纵横》2020 年第 4 期。

[136]赵仁青、黄志斌:《疫情防控下的农村基层治理短板与应对策略》,载《南昌航空大学学报(社会科学版)》2020 年第 2 期。

[137]朱丽荣:《从疫情防控看社区治理再完善》,载《辽宁行政学院学报》2020 年第 4 期。

[138]张桂文、吴桐:《新冠肺炎疫情对中国就业的影响研究》,载《中国人口科学》2020 年第 3 期。

[139]王震:《新冠肺炎疫情冲击下的就业保护与社会保障》,载《经济纵横》2020 年第 3 期。

[140]张弓:《网络舆情治理中的社会风险应对路径探析——基于新冠肺炎疫情防控的思考》,载《中国浦东干部学院学报》2020 年第 5 期。

[141]李雪莲、黄星:《从新冠肺炎疫情防控看现代农村社会治理》,载《当代经济》2020 年第 8 期。

[142]文军:《直面新冠肺炎:风险社会的社区治理及其疫情防控》,载《杭州师范大学学报(社会科学版)》2020 年第 2 期。

[143]石亚军、程广鑫:《优化部门协同:理顺部门非对称协调配合关系的应对——以防控新冠疫情为例》,载《政法论坛》2021 年第 1 期。

[144]曹爽:《试论"战时"警务的困境与出路——以新冠肺炎疫情为例》,载《四川警察学院学报》2020 年第 5 期。

[145]朱嘉:《关于 COVID－19 疫情防控警务保障工作的几点启示——以浙江公安的实践为例》,载《公安学刊(浙江警察学院学报)》2020 年第 4 期。

[146]陈会鹏:《大数据背景下公安机关应对疫情执法安全研究——以贵州省为例》,载《公安教育》2020 年第 12 期。

[147]王良:《论法治视域下的公安机关疫情防控工作》,载《上海公安学院学报》2020年第1期。

[148]惠志斌、李顾元:《突发公共卫生事件的数据安全治理——基于全球主要国家新冠疫情防控的实例分析》,载《国外社会科学前沿》2020年第8期。

[149]刘鹏:《科学与价值:新冠肺炎疫情背景下的风险决策机制及其优化》,载《治理研究》2020年第2期。

[150]薛澜:《科学在公共决策中的作用——聚焦公共卫生事件中的风险研判机制》,载《科学学研究》2020年第3期。

[151]吕佳龄、温珂:《循证决策的协同模式:面向国家治理体系和治理能力现代化的科学与决策关系建构》,载《中国科学院院刊》2020年第5期。

[152]刘兵、彭明强:《后疫情时代对我国国家公共卫生应急管理体系思考》,载《中国公共卫生》2020年第12期。

[153]吴新叶:《贯彻群众路线首先要学会如何“从群众中来”——公共管理视角的解读》,载《思想理论教育》2013年第19期。

[154]吴新叶:《中国社会治理话语体系的当代建构》,载《中国高校社会科学》2018年第3期。

[155]杨海:《总体国家安全观中的“总体性”探析》,载《马克思主义研究》2019年第12期。

[156]董立人:《智慧治理:“互联网+”时代政府治理创新研究》,载《行政管理改革》2016年第12期。

[157]刘波、王力立、姚引良:《整体性治理与网络治理的比较研究》,载《经济社会体制比较》2011年第5期。

三、统计资料类

[1]中共浙江省委工作队、中共诸暨县委:《关于〈诸暨县枫桥区社会主义教育运动中开展对敌斗争的经验〉的报告》(1963年12月1日)。

[2]中共中央文献研究室:《建国以来毛泽东文稿》(第10册),中央文献出版社1996年版。

[3]中央档案馆、中共中央文献研究室编:《中共中央文件选集(一九四九年十月—一九六六年五月)》(第45册),人民出版社2013年版。

后　记

“枫桥经验”诞生于浙江省绍兴市诸暨县(现诸暨市)枫桥镇,始于公安系统。“枫桥经验”是在党的领导下,由基层干部群众创造的有效化解各类社会矛盾冲突的经验做法。从最初的对“四类分子”改造,到基层社会矛盾治理、市域社会治理,“枫桥经验”始终强调基层党组织作用,充分发动群众,形成人民性的治理结构。“枫桥经验”在功能上强调问题导向和整体性治理效果的呈现,将问题化解在最基层。

在习近平新时代中国特色社会主义思想引领下,新时代“枫桥经验”的内涵、作用都得到了全新的发展。如何“讲好中国故事”,是学术与实践部门共同的使命责任。新时代“枫桥经验”的效果已经得到充分验证,得到多方认可,值得总结与推广,故需要对其进行进一步解释。

华东政法大学社会管理与公共安全研究中心在社会公共安全和社会治理领域有着一定的学术积淀和影响力,对“讲好中国故事”有着高度的学术使命感,对研究“枫桥经验”有着极大的学术热情和学术追求。2020 年 6 月,华东政法大学组建了专家团队,开始进行“枫桥经验”的相关研究。时任浙江省绍兴市副市长、公安局局长俞流江对本课题的选题、调研工作给予极大关心和支持。南京大学博士孔祥涛对课题研究提供了指导。团队多次前往浙江省绍兴市实地调研,足迹遍布基层派出所、平安类社会组织、党群服务中心、培训基地等,对“枫桥经验”发源地浙江省绍兴市诸暨市进行了深度调研。先后组织召开座谈会十多次，听取相关研究者、基层民警、自治组织成员、社会组织成员、企业家等的经验总结与成果。此外，团队还组织参与了“第二届新时代‘枫桥经验’与构建现代警务模式高端论坛”。

在近一年的时间，通过一系列的活动，团队对“枫桥经验”有了较为深刻与系统的认识，对新时代背景下的浙江省绍兴市警务改革、市域社会治理进行了系统研究。

绍兴公安始终坚持党的领导和群众路线，在治理模式上，构建了一套从“矛盾不上交”到“矛盾风险治理”的全新“枫桥警务模式”，有效地实现了从“服务不缺位”到“服务高质效”的跃升，从“平安不出事”到“平安和谐共治”的转型。绍兴公安以“枫桥经验”为典范，实现治理理念、治理机制、治理模式的创新，显现出良善治理的效果，具有重要的借鉴参考价值。

在数字化改革方面，为落实中共浙江省委全面深化改革委员会《关于印发〈浙江省数字化改革总体方案〉的通知》（浙委改发〔2021〕2号），绍兴公安着力打造数字化警务。

本研究得到浙江省绍兴市公安局的大力支持。众多单位为相关调研提供了最大便利，不仅提供了丰富而翔实的资料，而且与课题组进行了多次座谈，分享了“枫桥经验”实践的第一场景。感谢时任浙江省绍兴市副市长、公安局局长俞流江，绍兴市公安局党委委员、副局长潘益民，绍兴市公安局党委委员、流动人口管理服务中心主任俞伟峰，绍兴市公安局人口服务管理支队支队长陈福连，绍兴市上虞区综合行政执法局治理管理支队副支队长王建强等同志，绍兴市警察协会等各单位的大力支持！

特别感谢团队成员同济大学政治与国际关系学院吴新叶教授、华东政法大学社会发展学院院长李峰教授、华东政法大学政府管理学院赵挺副教授、中共江西省委党校应急管理研究中心陶东副教授等诸位老师。团队成员的密切合作和辛勤付出，为本研究的高质量提供了保障。

建设更高水平的平安中国任重道远，新时代“枫桥经验”需要在实践中不断丰富其内涵，彰显其时代特征，焕发旺盛的生命力。政策的推广依赖于成熟稳定的模式总结，希望绍兴公安的新时代“枫桥经验”创新发展能对全国市域社会治理现代化有所启发，起到推动作用。

汪伟全
2024年1月